最高人民法院
民事审判第一庭裁判观点

婚姻家庭卷

最高人民法院民事审判第一庭 编

人民法院出版社

图书在版编目（CIP）数据

最高人民法院民事审判第一庭裁判观点. 婚姻家庭卷/
最高人民法院民事审判第一庭编. -- 北京 : 人民法院出
版社, 2023.6
ISBN 978-7-5109-3804-7

Ⅰ. ①最… Ⅱ. ①最… Ⅲ. ①婚姻家庭纠纷－审判－
案例－中国 Ⅳ. ①D923

中国国家版本馆CIP数据核字(2023)第092640号

最高人民法院民事审判第一庭裁判观点·婚姻家庭卷

最高人民法院民事审判第一庭 编

责任编辑 田 夏
封面设计 尹苗苗
出版发行 人民法院出版社
地 址 北京市东城区东交民巷 27 号（100745）
电 话 （010）67550607（责任编辑） 67550558（发行部查询）
65223677（读者服务部）
客服 QQ 2092078039
网 址 http://www.courtbook.com.cn
E - mail courtpress@sohu.com
印 刷 天津嘉恒印务有限公司
经 销 新华书店

开 本 787 毫米×1092 毫米 1/16
字 数 348 千字
印 张 21.25
版 次 2023 年 6 月第 1 版 2023 年 6 月第 1 次印刷
书 号 ISBN 978－7－5109－3804－7
定 价 78.00 元

编写说明

在全面推进依法治国、建设中国特色社会主义法治国家的伟大进程中，最高人民法院坚持以习近平新时代中国特色社会主义思想为指导，坚决贯彻落实党的二十大精神和习近平法治思想，坚持党对司法工作的绝对领导，树立现代化的审判理念，促进审判体系和审判能力现代化，以司法审判工作现代化服务保障中国式现代化，充分发挥监督指导全国审判工作、确保法律正确统一适用的职能作用，紧紧围绕“公正与效率”这个主题，履行为大局服务，为人民司法，促进厚植党执政的政治根基的职责使命，把能动司法贯穿新时代新发展阶段审判工作始终，努力让人民群众在每一个司法案件中感受到公平正义，以高质量司法服务高质量发展。

公平正义是司法的灵魂和生命。司法的公平正义，具体体现在每一个司法裁判之中。司法案例中的裁判观点凝结着法官的司法智慧与辛勤劳动，承载着丰富的裁判规则和审判经验，蕴含着重要的法治和司法文化价值。最高人民法院民事审判第一庭权威案例所确定的裁判观点是法官智慧的集中体现，体现了先进的司法理念、公平的裁判尺度、科学的裁判方法，对人民法院审理类似案件作出裁判提供参考和指引，对于统一裁判思路和法律适用标准，促进类案同判和法律正确适用，提高审判质效和司法公信力、维护司法公正和社会和谐稳定具有重要意义。

最高人民法院民事审判第一庭裁判观点系列丛书收录了自2010年以来最高人民法院民事审判第一庭审判的各类权威案例的裁判观点。本丛书分为婚姻家庭、物权、侵权责任、民事合同、民事诉讼五卷。每个案例下包括【案例原文】【新旧法律依据对照】【法律适用指引】【类案裁判观点】四个栏目。通过对案例原文的全面呈现、新旧法条的列举对照、法律条文的适用指引、裁判观点的权威阐释，总结审判经验，体现了最高人民法院对各类型民事案件的法律适用和裁判标准。此外，为了真实地还原案例原貌，在【案例原文】中保留了案例裁判时所适用的裁判依据和法条内容，并在【新旧法律依据对照】中，对案例中所引用的重要法律条文做了新旧法条对照指引，方便读者更好地适用新法。

本丛书具有以下几个特点：一、全面系统。本丛书梳理了最高人民法院民事审判第一庭自 2010 年以来审判的婚姻家庭、物权、侵权责任、民事合同、民事诉讼五大类权威案例，并提炼、归纳了案例相关的法律适用疑难问题和裁判观点。二、权威准确。体现本丛书裁判观点的所有案例均来源于最高人民法院官方网站和《最高人民法院公报》《民事审判指导与参考》等官方权威出处，精选其中对审判和执行工作具有现实重要指导意义的权威裁判观点，对裁判观点已过时或不再适用的案例予以删除。三、新颖实用。本丛书密切联系当前民事审判工作中的重点、难点、疑点和热点问题，所收录的法律适用指引和类案裁判观点均体现《民法典》《民事诉讼法》等相关法律和司法解释的最新规定及政策精神，总结的审判经验、裁判规则、裁判观点对各级法院审判人员审理相同或相似案件具有较高的借鉴意义和参考价值。

对于本丛书编写工作中存在的不足或疏漏之处，敬请读者指正。

编者

二〇二三年六月

目　录

一、婚姻家庭

二、继　承

附录　最高人民法院典型案例

1. 离　婚

2. 离婚后财产

3. 离婚后损害责任

4. 同　居

5. 抚　养

6. 扶　养

7. 赡　养

8. 收　养

9. 监　护

10. 探　望

11. 继　承

一、婚姻家庭

【案例一】

抚养孙子女、外孙子女的祖父母、外祖父母主张探望孙子女、外孙子女的，人民法院应当予以支持*

一、案情简介

2003年，明某某2岁时父母离婚，明某某由其母傅某直接抚养。因傅某工作流动性强，傅某之母贺某承担起实际照顾外孙明某某的责任。2008年3月，傅某遇车祸身亡。因明某某之父明某无固定收入，经济状况窘迫，以往即欠付抚养费，故明某某仍随贺某共同生活。贺某家庭经济状况较好，并未通过诉讼向明某某之父追索抚养费。2010年4月，贺某突发脑血栓致半身不遂，无法照料明某某生活，接送其上、下学。经与明某协商，明某某随其父亲明某共同生活，考虑到明某嗜酒，无正当职业，经济困难，贺某每月为外孙明某某支付生活费600元。半年后，明某仍按月到贺某处领取明某某的生活费，但从不带明某某看望外祖母贺某。贺某多次提出要求见外孙明某某，均被明某以各种理由拒绝。贺某欲通过诉讼要求变更自己为明某某的监护人，经向律师咨询，考虑到明某某的父亲健在，自己的身体状况确实不允许直接照顾外孙，胜诉的可能性不大，遂起诉请求法院判决支持其定期探望明某某。

明某辩称，虽然自己没有工作，迫切需要贺某继续为明某某支付抚

---

* 案例来源：最高人民法院民事审判第一庭编：《民事审判指导与参考》2011年第2辑（总第46辑）。

养费，但自己直接抚养明某某后，明某某不听话，并总以外祖母说应该如何如何来顶撞自己，如果让明某某继续与外祖母贺某接触，只会使其更加难以管教，故不同意贺某探望明某某。

二、法院裁判情况

一审法院审理认为，我国《婚姻法》第三十八条[①]规定："离婚后，不直接抚养子女的父或母，有探望子女的权利，另一方有协助的义务。"根据法律的上述规定，探望权的主体是不与未成年子女共同生活的父或母。其他人则不属于探望权的主体因而亦不享有诉权，故裁定驳回了贺某的起诉。贺某不服该裁定，提起上诉。二审法院认为，贺某的起诉符合《民事诉讼法》第一百零八条之规定，人民法院应当予以受理，至于在实体上是否能够支持贺某的诉讼请求，则应当在审理后通过判决确定。二审法院遂撤销了一审裁定，指令一审法院对案件进行审理。

一审法院审理后认为，贺某是明某某的外祖母，既不是探望权的适格主体，也不符合行使探望权的条件，故判决驳回了贺某的诉讼请求。贺某不服，再次提起上诉。

二审法院经审理查明，明某某之父明某无正当职业和固定收入，在经济上没有承担明某某生活费和教育费的能力，明某某自小由外祖母贺某抚养长大，现在仍然是贺某负担明某某的生活费和教育费，贺某除按月给付生活费 600 元外，还为明某某支付学费和其他课外教育的费用，为明某某添置衣服和学习用品。也就是说贺某至今仍实际上承担了抚养明某某的主要责任，属于在明某某母亲死亡、父亲无经济能力独自对其进行抚养的情况下，实际尽抚养义务的祖辈直系血亲。根据权利义务相一致的原则，贺某既然代替明某某死去的母亲承担了抚养明某某的主要义务，就应当享有相当于明某某母亲的相应权利。考虑到明某某已经年

---

① 《婚姻法》已废止，相关规定参见《民法典》第一千零八十六条："离婚后，不直接抚养子女的父或者母，有探望子女的权利，另一方有协助的义务。行使探望权利的方式、时间由当事人协议；协议不成的，由人民法院判决。父或者母探望子女，不利于子女身心健康的，由人民法院依法中止探望；中止的事由消失后，应当恢复探望。"本文下同。

满9岁，对此事有一定的认知和表达能力，因此，二审案件的承办法官还征求了明某某的意见，明某某表示了与外祖母贺某一起生活或者经常去看望外祖母的强烈意愿。二审法院综合上述情况，判决支持了贺某的诉讼请求，判令明某每月至少带明某某去探望外祖母贺某一次。

三、主要观点及理由

本案二审审理期间，对于贺某主张探望外孙明某某是否应当获得支持，二审法院亦存在两种不同观点。

第一种观点认为：第一，我国《婚姻法》第三十八条规定："离婚后，不直接抚养子女的父或母，有探望子女的权利，另一方有协助的义务。行使探望权利的方式、时间由当事人协议；协议不成时，由人民法院判决。父或母探望子女，不利于子女身心健康的，由人民法院依法中止探望的权利；中止的事由消失后，应当恢复探望的权利。"根据上述规定，所谓探望权，是指离婚配偶中不与子女共同生活的一方，按照双方的约定或者人民法院的裁决，定期或不定期探望、会见未成年子女的权利。立法意义上，探望权的主体是特定的，只是赋予了离婚后不与未成年子女共同生活的父或者母，不仅并未扩大到其他直系血亲，而且也没有反过来赋予父母离婚的未成年子女。人民法院作为司法机关，无权随意对《婚姻法》第二十八条①作扩张解释。特别是对权利主体做扩张解释。第二，按照我国法律规定，父母离婚后，对于无民事行为能力或者限制民事行为能力的子女的监护，采取共同监护原则。无论子女由哪一方直接抚养，另一方仍为子女的监护人。本案中明某某之母傅某死亡后，其父亲明某健在，故明某某的监护权属于明某，其他人对明某某没有监护权，也就没有探望权。第三，人民法院驳回贺某关于探望权的主张，也并不意味着禁止其他亲属与作为被探望者的未成年子女接触，只是没

① 《婚姻法》已废止，相关规定参见《民法典》第一千零七十四条："有负担能力的祖父母、外祖父母，对于父母已经死亡或者父母无力抚养的未成年孙子女、外孙子女，有抚养的义务。有负担能力的孙子女、外孙子女，对于子女已经死亡或者子女无力赡养的祖父母、外祖父母，有赡养的义务。"本文下同。

有通过国家强制力给予保护。明某某长大后完全可以自行去探望外祖母。因此，目前应当驳回贺某关于定期探望外孙明某某的诉讼请求。

另一种观点则认为，明某某自幼为外祖母贺某抚养照顾，其母傅某死亡后，贺某在患病前的一段时间内，不仅照顾明某某的生活，而且承担了明某某的全部生活费用，也就是说承担了抚养明某某的义务。明某从不给付明某某抚养费。贺某患病后，因实在无力照顾明某某的生活，才与明某商议，让明某某随其父明某共同生活。明某无正当职业和固定的收入来源，只是靠低保生活。为了明某某的健康成长，贺某实际上仍承担其全部生活和教育费用。对此，明某在诉讼中予以认可，并表示没有贺某的经济支持，其无力独自抚养明某某。因此，贺某的情况符合我国《婚姻法》第二十八条关于“有负担能力的祖父母、外祖父母对于父母已经死亡或父母无力抚养的未成年的孙子女、外孙子女，有抚养的义务……”明某某的情况属于母亲死亡，父亲无正当职业，其经济来源不足以承担明某某的生活和教育费用，因此，贺某实际上是在尽抚养外孙明某某的义务。鉴于明某在诉讼中一再请求贺某继续支付明某某的生活费和教育费，根据权利与义务相一致的原则，贺某应当享有定期探望明某某的权利。考虑到贺某患半身不遂的实际情况，应当将探望方式定为由明某带明某某去贺某家定期探望。

我们更倾向于第二种观点。目前我国婚姻立法中确实将监护权的主体确定为离婚后不与子女共同生活的父或母。其他近亲属即使有探望未成年人的感情需求，也不能由国家强制力保护其探望的权利。但婚姻法的规定，并不等于禁止其他近亲属与被探望的未成年人接触。孙子女、外孙子女与祖父母、外祖父母的正常交往，不应当因为父母离婚而终止。相反，正常的亲属之间的往来，有利于未成年人亲情观念和关心他人等良好品行的养成。探望子女，不仅仅是为了满足父母感情上的需要，更重要的是满足子女与父母正常交流的需要，让未成年人通过和平时不与自己共同生活的父亲或母亲的交流，得到其关爱，弥补单亲家庭父（或母）爱的缺失。这对于未成年子女健康成长尤其是健康人格的形成是十分重要的环节。另一方面，探望权的实现，也有利于维系不与子女共同生活的父或母一方与子女之间的感情，促使其自觉履行抚养义务。基于同样的道理，在特定情况下应当允许对探望权主体的突破，赋予相关直系尊亲属以探望的权利。例如，不直接抚养子女的父或母一方死亡或者丧失行为能力，则通过直系尊亲属的探望，可以弥补未成年子女感情方面的需要。当祖父母或者外祖父母依照《婚姻法》第二十八条之规定，代替自己已经死亡或者丧失行为能力的子女尽抚养义务时，人民法院支持其探望孙子女或者外孙子女的诉讼请求，可以满足双方感情的需要，维系亲属关系的和谐、稳定。反之，一方面，要求祖父母或外祖父母代替自己已经死亡或者丧失行为能力的子女对孙子女或外孙子女尽抚养义务，如本案中明某要求明某某的外祖母支付明某某的生活费；另一方面，又以贺某不是探望权的主体为由，不允许贺某探望外孙明某某的做法既不符合民法权利义务相一致的原则，也不利于长期维持贺某自愿支付明某某抚养费的状况。另外，从有利于未成年人明某某成长的角度出发，也应当允许贺某探望明某某。明某某自幼随外祖母贺某生活，祖孙之间感情深厚，明某某随明某共同生活后，仍经常要求去探望外祖母，甚至发生过于上学时间旷课自行前往外祖母家的情况。因此，基于有利于未成年人明某某的健康成长的目的，也应当允许贺某探望明某某。二审法院根据多数人的意见判决支持贺某关于探望权的主张并无不当。考虑到贺某患半身不遂，行动不便，判令明某带明某某定期探望外祖母符合当事人的实际情况，也是合情合理的。

四、最高人民法院民一庭裁判观点

虽然我国《婚姻法》将探望权的主体规定为离婚后不直接抚养子女的父或母，但在未成年子女的父或母死亡或者丧失行为能力的情况下，依照《婚姻法》第二十八条之规定，代替自己已经死亡或者丧失行为能力的子女对孙子女或外孙子女尽抚养义务的祖父母或者外祖父母主张探望孙子女或外孙子女的，人民法院应当予以支持。

【新旧法律依据对照】

旧法	新法
《婚姻法》（2001 年修正） **第二十八条** 有负担能力的祖父母、外祖父母，对于父母已经死亡或父母无力抚养的未成年的孙子女、外孙子女，有抚养的义务。有负担能力的孙子女、外孙子女，对于子女已经死亡或子女无力赡养的祖父母、外祖父母，有赡养的义务。	《民法典》 **第一千零七十四条** 有负担能力的祖父母、外祖父母，对于父母已经死亡或者父母无力抚养的未成年孙子女、外孙子女，有抚养的义务。 有负担能力的孙子女、外孙子女，对于子女已经死亡或者子女无力赡养的祖父母、外祖父母，有赡养的义务。
《婚姻法》（2001 年修正） **第三十八条** 离婚后，不直接抚养子女的父或母，有探望子女的权利，另一方有协助的义务。 行使探望权利的方式、时间由当事人协议；协议不成时，由人民法院判决。 父或母探望子女，不利于子女身心健康的，由人民法院依法中止探望的权利；中止的事由消失后，应当恢复探望的权利。	《民法典》 **第一千零八十六条** 离婚后，不直接抚养子女的父或者母，有探望子女的权利，另一方有协助的义务。 行使探望权利的方式、时间由当事人协议；协议不成的，由人民法院判决。 父或者母探望子女，不利于子女身心健康的，由人民法院依法中止探望；中止的事由消失后，应当恢复探望。

【法律适用指引】

法律适用指引一

祖父母、外祖父母对孙子女、外孙子女履行抚养义务的条件

祖父母、外祖父母对孙子女、外孙子女履行抚养义务是有条件的，

只有同时满足以下三个条件，才具有抚养义务。

第一，孙子女、外孙子女为未成年人。依据《民法典》第十七条规定，不满 18 周岁的自然人为未成年人。只有在孙子女、外孙子女不满 18 周岁时，祖父母、外祖父母才有抚养义务，如果孙子女和外孙子女已满十八周岁，即使不能独立生活，祖父母、外祖父母也没有抚养的义务。这一点，与父母履行抚养义务的条件不同。[①]

第二，孙子女和外孙子女的父母已经死亡或父母无力抚养。这里的死亡包括自然死亡和宣告死亡。父母无力抚养是指不能以自己的收入满足子女合理的生活、教育、医疗等需要。如一案例中，A（男）与 B（女）为夫妻，育有一子 C。A 父母早亡，B 父母已退休且退休金丰厚。2010 年 A 一家三口外出发生车祸，A 当场死亡，B 严重受创丧失劳动能力，C 虽未受到严重伤害但无人抚养。B 请求其父母，即 C 的外祖父母，抚养照顾 C。法院经审理认为，C 的父亲 A 去世，母亲 B 丧失劳动能力无法抚养，因此 C 的外祖父母负有法定的抚养 C 的义务，遂支持了 B 的请求。

第三，祖父母、外祖父母有负担能力。有负担能力，是指以自己的劳动收入和其他收入满足自己和第一顺序扶养权人（配偶、子女和父母）的合理生活、教育、医疗等需求后仍有剩余。根据《民法典》的规定，配偶之间的扶养义务、父母对子女的抚养义务以及子女对父母的赡养义务，均没有规定扶养义务人应有负担能力这个前提条件，属于生活保持义务的扶养，故配偶、子女、父母属于第一顺序的扶养权人。孙子女、外孙子女属于第二顺序的扶养权人，所以，需要先满足第一顺序扶养权人的扶养需要，仍有剩余的，才可认为是有负担能力。如果祖父母或外祖父母中数人均有负担能力，应根据他们的经济情况共同负担抚养义务。如果孙子女、外孙子女中有数人均满足被抚养条件的，在祖父母、外祖父母的经济能力不足以承担全部抚养义务时，对于经济状况和身体状况最差者应当优先抚养。[②]

---

① 《民法典》第一千零六十七条第一款规定：“父母不履行抚养义务的，未成年子女或者不能独立生活的成年子女，有要求父母给付抚养费的权利。”

② 胡康生主编：《中华人民共和国婚姻法释义》，法律出版社 2001 年版，第 117 页。

法律适用指引二

孙子女、外孙子女对祖父母、外祖父母履行赡养义务的条件

孙子女、外孙子女对祖父母、外祖父母承担赡养义务应同时满足以下条件：

第一，祖父母、外祖父母需要赡养。孙子女、外孙子女对祖父母、外祖父母的赡养是以其父母的赡养义务为基础的，所以，孙子女、外孙子女的赡养条件不应宽于其父母的赡养条件。依据《民法典》第一千零六十七条第二款规定，缺乏劳动能力或者生活困难的父母，有要求成年子女给付赡养费的权利。所以，祖父母、外祖父母也只有在缺乏劳动能力或者生活困难时，才可向孙子女、外孙子女提出赡养的要求。如果祖父母、外祖母有经济收入或来源，可以负担自身生活所需，就不能要求孙子女、外孙子女承担赡养义务。

第二，祖父母、外祖父母的子女已经死亡或子女无力赡养。这里的死亡亦包括自然死亡和宣告死亡。无力赡养，是指祖父母、外祖父母的子女不能以自己的收入满足其合理的生活、教育、医疗等需要。应注意的是，这里的"子女"不应限于孙子女、外孙子女的父母，应包括祖父母、外祖父母的所有子女。比如，A 有三个子女 A1、A2、A3，A2 去世，但 A1 和 A3 均有赡养能力，在这种情形下，就不能要求 A2 的子女对 A 履行赡养义务。[①] 当然，如果是当事人之间自愿进行扶养，有利于发扬尊老爱幼的美德，是应当鼓励的。

第三，孙子女和外孙子女有负担能力。有负担能力是指孙子女和外孙子女以自己的收入满足自己和第一顺序扶养权人（配偶、子女和父母）合理的生活、教育、医疗等需求后仍有剩余。如果孙子女、外孙子女中数人均有负担能力，应根据他们的经济情况共同负担。

① 类似观点可参见河北省沧州市中级人民法院（2017）冀 09 民终 856 号民事判决书。

法律适用指引三

探望权是亲权的重要组成部分

探望权，又称探视权、会面交往权，是指父母离婚后，不直接抚养子女的一方依法享有对未与之共同生活的子女进行探视、看望、交往的权利。[①] 夫妻关系存续期间，父母共同对子女进行抚养教育，离婚后，不直接抚养子女的一方，只能通过支付抚养费和定期或不定期对子女进行探望的方式，对子女的生活、教育、健康等予以关注，弥补非探望期间对子女陪伴的缺失，增进亲情交流。事实上，直接抚养子女一方的抚养权和不直接抚养子女一方的探望权，共同构成了离婚后父母对子女亲权的主要内容。赋予不直接抚养子女一方探望权，不仅是父或母关怀子女的重要方式，也是子女健康成长的要求。将子女利益最大化作为现代婚姻家庭法的一项重要原则，越来越成为世界许多国家的共识，父母需要对子女行使亲权的同时，子女也需要通过被探望的方式，得到父母的关心和陪伴。本质而言，探望权无论对父母还是对子女，都不可或缺。《民法典》第一千零八十六条规定将探望权的行使主体规定为"不直接抚养子女的父或者母"，其中，不直接抚养子女的一方有探望的权利，直接抚养子女的一方则负有协助的义务。将探望权行使的权利主体或协助的义务主体限定在父母，并不意味着探望权是"父母本位"的权利。探望权可以说具有双重价值：其一，是父母对子女的亲权实现方式；其二，是最大化保护子女利益的手段。实际上，在审判实践中，人民法院应当对子女利益给予比父母利益更多的关注。归根结底，探望权的设置、亲权的行使，都是为了保障子女的健康成长。

有学者对探望权主体仅限于父母的规定持不同意见，提出建议认为，应当在探望权条文中加入"祖父母、兄弟姐妹等其他近亲属有权与该儿童会面交往，但以有利其身心健康为前提"的规定，对祖父母、兄弟姐

---

① 马俊驹、余延满：《民法原论》，法律出版社 2010 年版，第 849 页。

妹等其他近亲属的探望权亦予确认。父母离异对近亲属与子女的亲属关系并不产生影响，允许其探望符合亲属伦理，应当有条件地承认。[①] 应当说，在父母离婚后，通过父或母以及近亲属的探望行为，保持子女生活中惯常人际交往关系的稳定，对子女的健康成长不无好处。但需要注意的是，虽然探望权的行使是通过探望行为来实现，但探望行为不能与探望权画等号。作为一项权利，探望权是亲权的一项重要内容，虽然我国法律条文并没有正式采用“亲权”的表达方式，但其与父母子女之间相互的权利义务关系并无本质不同。

法律适用指引四

探望权的行使应当以子女利益为中心

根据《民法典》第一千零八十六条规定，探望权如何行使，包括行使的时间、方式，首先由父母双方通过协商的方式确定。在一定程度上，婚姻关系终止后，父母对子女包括抚养、探望在内的一系列权利的安排，仍属于“家庭内部事务”的范畴。虽然父母间的夫妻关系已经消灭，但父母与子女之间的关系仍将长久存在。对父母双方的生活习惯、工作状态、对子女的抚养教育方式，以及子女的生活、学习、健康等方面的状况最为了解的，仍然是曾作为夫妻共同抚养子女的父母双方。由父母通过协商的方式，共同确定不直接抚养子女的一方在何时、何地，通过何种方式探望子女等事项，无疑比让法院等家庭以外的角色作出决定对子女更加有利。

当发生父母双方不能就探望权的行使通过协商达成一致意见，需由法院以裁判的方式确定探望权如何行使时，依然必须遵循子女利益最大化的基本原则，以子女本位为出发点进行裁判。

（一）有利于子女健康成长

父母对子女履行抚养、教育职责，为子女提供生活上的照料，提供良好的学习环境，保护子女的生命权、健康权等权利不受侵犯，最终目

① 梁慧星：《中国民法典草案建议稿附理由：亲属编》，法律出版社2013年版，第200页。

的是使子女得以健康成长。这种健康状态，不仅仅是身体上的健康，也包括心理健康。人民法院在确定探望权的行使方式、时间时，应以子女便利为先，结合父母双方的实际情况确定。例如，在父母能够做到且不至对其正常生活产生较大不利影响的前提下，父或者母探望子女的时间应当避免占用子女的学习时间，探望方式以对子女生活产生的影响尽量低为宜。由于日常生活的繁杂，各种因素都有可能发生不能预见的变化，人民法院在判决时，对探望权的行使不宜判决得过细，明确双方必须遵守的原则或规则即可，给日后探望权的具体行使预留调整空间。

（二）尊重子女本人意愿

对人民法院确定探望权的行使方式时，是否应当征求子女的意见，存在不同的看法。反对者认为，探望权是法律赋予父母的权利，况且子女不一定能够真实地表达出自己的意思，人民法院不必征求子女意见即可直接判决。赞同者则认为，探望权的立法目的即保证子女健康成长，人民法院在行使司法权的过程中必须将子女的意愿纳入考虑。虽然子女的年龄、认识能力等可能会影响其判断或表达，但对意见进行征求不等于一定按照意见进行判决。人民法院在子女的认识能力不足的情况下，可以将子女的意愿作为重要的参考因素，综合其他因素进行判断。尤其在当子女年龄或认识能力已经足以使其清晰、真实表达自己的意愿时，征求子女意愿更有必要。全然抛开子女本人的意愿，反而可能会导致子女对探望行为的抵触，导致违背子女最大利益原则的后果。我们亦同意后者的观点，探望权的行使与子女利益息息相关，人民法院在确定探望权行使的方式、时间等事项时，应当征求、尊重子女本人的意见。

（三）兼顾有利于探望权实现

在满足前两个条件的基础上，审判实践中，人民法院还应当适当考虑父母行使探望权的便利性。一般而言，父母有各自的工作、生活轨迹，父或母离婚后可能已经再婚组成新的家庭，还存在离婚后不直接抚养子女的一方与子女分处两地的情况。探望权的行使虽以子女利益为首要考虑因素，但也不能因此忽视对父母行使探望权便利性的考虑。如果单方面考虑子女利益，而对父母行使探望权时的利益缺乏关注，可能会导致判决确定的探望权无法顺利行使，反而对子女利益并无好处。譬如，当不直接抚养子女的一方日常生活在较远的异地，要求其每周探望子女一次，虽然并非不能实现，但显然这种方式给不直接抚养子女一方的正常生活造成了极大的不便。人民法院应当结合个案当事人各方面的实际情况，在尽量满足以上三个条件的基础上，灵活确定探望权的行使。

另外，在判决离婚的情况下，如原法院生效判决中未对探望权作出处理的，根据《最高人民法院关于适用〈中华人民共和国民法典〉婚姻家庭编的解释（一）》第六十五条规定，当事人仍然得以就探望权问题单独向法院提起诉讼，法院应当受理。

法律适用指引五

探望的中止

当发生“不利于子女身心健康的”情形时，人民法院应当依法中止探望。在《民法典》第一千零八十六条中，相关规定表述为“不利于子女身心健康的，由人民法院依法中止探望；中止的事由消失后，应当恢复探望的权利”，《民法典》第一千零八十六条删除了“的权利”三字，避免产生被中止的是探望权的权利本身的误解。事实上，因其本身作为亲权的性质，探望权是父母对子女应当享有的权利，不能被剥夺，只不过当有“不利于子女身心健康的”情形发生时，探望权的实际行使受到限制，并非对探望权本身的否定。

（一）中止探望的主体

1. 中止探望的决定主体。对于谁有权力决定中止探望，《民法典》第一千零八十六条规定已经十分明确，即必须由人民法院依法决定是否中止探望，除人民法院之外，其他任何机关、组织和个人均无权决定中止非直接抚养子女一方的探望。需要明确的是，人民法院不能主动作出中止或恢复探望的决定，必须经当事人申请，人民法院才能对是否中止或恢复探望作出决定。《最高人民法院关于适用〈中华人民共和国民法典〉婚姻家庭编的解释（一）》第六十六条规定，当事人在履行生效判决、裁定或者调解书的过程中，一方请求中止探望的，人民法院在征询双方当事人意见后，认为需要中止探望的，依法作出裁定；中止探望的情形消失后，人民法院应当根据当事人的请求书面通知其恢复探望。

2. 中止探望的申请主体。《最高人民法院关于适用〈中华人民共和国民法典〉婚姻家庭编的解释（一）》第六十七条规定，未成年子女、直接抚养子女的父或者母以及其他对未成年子女负担抚养、教育、保护义务的法定监护人，有权向人民法院提出中止探望的请求。

（二）应当中止探望的情形

《预防未成年人犯罪法》第二十八条规定："本法所称不良行为，是指未成年人实施的不利于其健康成长的下列行为：（一）吸烟、饮酒；（二）多次旷课、逃学；（三）无故夜不归宿、离家出走；（四）沉迷网络；（五）与社会上具有不良习性的人交往，组织或者参加实施不良行为的团伙；（六）进入法律法规规定未成年人不宜进入的场所；（七）参与赌博、变相赌博，或者参加封建迷信、邪教等活动；（八）阅览、观看或者收听宣扬淫秽、色情、暴力、恐怖、极端等内容的读物、音像制品或者网络信息等；（九）其他不利于未成年人身心健康成长的不良行为。"假如行使探望权的一方有利用探望的过程影响甚至教唆、胁迫、引诱未成年子女产生上述行为的，应当认为已经构成"不利于子女身心健康"的情形，中止探望。《民法典》并未对什么才是构成"不利于子女身心健康"的情形作出具体规定，有学者认为应当将中止探望的事由在民法典中予以明确，并总结认为，当发生以下情形时，权利人可以请求中止探望：（1）有影响子女身体健康的疾病；（2）有赌博、吸毒等恶习；（3）拒付子女抚养教育费；（4）对子女有性侵犯或者暴力行为；（5）教唆、引诱子女实施违法行为。[①] 人民法院在审判实践中，应根据个案具体情况，在全面听取各方意见的基础上，综合判断。

（三）探望的恢复

恢复探望，即对探望权的限制解除，探望权恢复行使。当不直接抚养子女一方的不利于子女身心健康的情况消失后，人民法院应当根据当

---

① 陈甦主编：《中国社会科学院民法典分则草案建议稿》，法律出版社 2019 年版，第 361 页。

事人的申请，依法恢复探望权人对探望权的行使。

【类案裁判观点】

类案裁判观点

父母均在外打工，是否属于“无力抚养”

扶老育幼是我们中华民族的优良传统，现实生活中也普遍存在祖父母、外祖父母帮着带孩子的情形。尤其在农村地区，有大量父母外出打工，孩子留给祖父母、外祖父母照顾，即媒体中通常说的“留守儿童”。应注意的是，祖父母、外祖父母照顾孙子女、外孙子女往往是出于亲情。如果不存在其他的特殊情况，仅“父母外出打工”不能构成父母无力抚养的条件，在这种情形下，祖父母、外祖父母对孙子女、外孙子女进行照顾，是出于道义和亲情，并没有抚养的法定义务。父母仍应依照法律规定，对子女履行抚养、教育和保护义务，不能以在外打工为由推卸自己的责任。

【案例二】

离婚协议中非财产分割条款效力认定*

一、案例简介

原告王某与被告李某经他人介绍自由恋爱，并于2010年登记结婚。婚后，李某因工作原因被派驻到外地工作，很少回家，两人感情逐渐淡薄。2012年1月，王某无意中查看到李某邮箱中有李某与他人交往的暧昧邮件。为此，王某及其家人赶赴外地准备质问李某。不料，在李某所租住房屋内，发现李某有和他人同居的证据。为此，双方扭打至当地派出所。经派出所协调，双方达成离婚协议一份。主要内容为："鉴于李某在与王某婚姻关系存续期间与赵某保持同居关系的行为，严重伤害王某的感情，婚姻已无法继续。王某同意与李某到民政局登记离婚。为此，李某承诺：（1）李某和王某共有的按揭房屋一套归王某所有，剩余按揭款由李某独自承担；（2）李某和王某共同向好朋友张某所借70万元，由李某在一年内分6次归还；（3）给予王某青春损失补偿费20万元；（4）截至离婚之日，家庭所负其他债务均由李某承担。王某承诺：在协议签署之日起一周内协助李某去民政局办理协议离婚手续。"协议签订两周后，原告王某以李某为被告向某县法院起诉离婚。具体诉讼请求为：（1）王某与李某离婚；（2）李某和王某共有的按揭房屋一套归王某所有，剩余按揭款由李某独自承担；（3）李某给予王某青春损失补偿费20

---

* 案例来源：最高人民法院民事审判第一庭编：《民事审判指导与参考》2012年第2辑（总第50辑）。

万元；（4）李某承担家庭共同债务70万元（即向张某所借款项）。

被告李某辩称，该协议是在王某胁迫下签订，并非其真实意思表示。而且，李某在协议中所承诺事项，均以到民政局登记离婚为前提，既然双方登记离婚不成，则依法认定该协议不发生法律效力。故请求法院驳回王某有关房屋、青春损失补偿费和家庭共同债务的诉讼请求。

某县法院受理本案后，查明如下事实：（1）李某确实与案外人赵某不以夫妻名义共同居住；（2）李某对王某提交协议上自己签名的真实性无异议；（3）在是否离婚的问题上，双方均同意离婚；（4）李某曾多次找王某办理协议离婚手续，均遭王某拒绝；（5）李某以王某拒绝办理登记离婚手续是因其岳父母阻挠为由，多次上门威胁其岳父母；（6）经法院释明后，双方均表示家庭其他财产不在诉讼中处理，由双方协商解决。

二、法院裁判情况

一审法院经审理认为，夫妻之间的忠实义务是夫妻感情维持的重要基础。本案中，李某与案外人赵某的同居行为违反了其对配偶王某的忠实义务，造成了夫妻间感情的裂痕。事后，李某多次上门威胁王某父母的行为又加速了夫妻间感情的破裂。在本案审理过程中，经受理对双方当事人多次调解无效，应准予离婚。至于李某依据双方间离婚协议提出的有关按揭房屋、青春损失补偿费20万元以及家庭所有共同债务由李某承担的诉讼请求则应具体情况具体分析。首先，案涉离婚协议并非胁迫所致。从案涉离婚协议的签订背景来看，双方是在当地派出所主持下签订，派出所的询问笔录以及经办民警均可证实李某主动提出离婚并同意签订案涉离婚协议，在离婚协议起草过程中，李某并未表示过不同意见。其次，协议中有关按揭房屋分割条款没有生效。理由在于，李某与王某签订的离婚协议中有关财产分割的约定，是以双方登记离婚为前提。既然王某已诉至法院，说明到民政局登记离婚已不可能，而李某又在离婚诉讼中明确表示对离婚协议中有关财产分割的条款表示反悔。故，案涉按揭房屋的分割条款没有生效；再次，协议中有关青春损失补偿费20万元以及家庭所有共同债务由李某承担的条款已经生效。其理由在于，《婚姻法司法解释（三）》第十四条[①]针对的只是离婚协议中有关夫妻共同财产分割的条款生效，规定财产分割条款的生效以登记离婚或到法院协议离婚为前提。但该条文并未涉及非财产分割条款的效力，故从尊重当事人意思自治出发，不管登记离婚是否实现，离婚协议中非财产分割条款均已生效。因此，应判决支持王某有关青春损失补偿费 20 万元以及家庭所有共同债务由李某承担的诉讼请求。至于李某和王某的夫妻共同财产，经法院释明后，双方均坚持不在本案中一并处理，而是由双方自行协商处理方案。故从尊重当事人诉权出发，对李某和王某的其他夫妻共同财产，法院不予处理。综上，某县法院一审判决如下：一、准予王某与李某离婚；二、李某于判决生效后 15 天内向王某给付青春损失补偿费 20 万元；三、王某和李某夫妻关系存续期间所欠张某共同债务 70 万元均由李某承担；四、驳回王某其他诉讼请求。

李某对一审判决不服，向某市中级人民法院提起上诉称，案涉离婚协议签订时，王某及其家人对自己进行了推搡、扭打，自己人身当时正受到威胁。因此，离婚协议是在自己被胁迫的情形下签订，应予以撤销。另外，从离婚协议的内容也可看出，所有关于对李某不利的规定都以到民政局登记离婚为前提，现在到民政局登记离婚没有实现，说明这些条款生效的条件还未具备。故一审法院依据这些条款作出判决，属于认定事实不清，适用法律不当，应予纠正。由上，李某提出上诉请求如下：一、维持一审判决第一项、第四项；二、撤销一审判决第二项、第三项；三、驳回王某其他诉讼请求；四、一、二审诉讼费用由王某承担。

王某提交书面答辩意见认为，一审判决认定事实清楚、适用法律正确，请求二审法院维持一审判决，判决驳回李某的上诉请求。

二审法院经审理认为，李某有关离婚协议是在被胁迫的情形下签订

---

① 《婚姻法司法解释（三）》已废止，相关规定参见《最高人民法院关于适用〈中华人民共和国民法典〉婚姻家庭编的解释（一）》第六十九条："当事人达成的以协议离婚或者到人民法院调解离婚为条件的财产以及债务处理协议，如果双方离婚未成，一方在离婚诉讼中反悔的，人民法院应当认定该财产以及债务处理协议没有生效，并根据实际情况依照民法典第一千零八十七条和第一千零八十九条的规定判决。当事人依照民法典第一千零七十六条签订的离婚协议中关于财产以及债务处理的条款，对男女双方具有法律约束力。登记离婚后当事人因履行上述协议发生纠纷提起诉讼的，人民法院应当受理。"本文下同。

应予撤销的观点不能得到支持，理由在于：首先，王某及其家人虽然因情绪失控，对李某进行了扭打，但并未造成李某身体伤害。而且离婚协议签订是在派出所，有该所警察在场监督。因此，即便王某及其家人有威胁行为，也会被警察制止。其次，即便李某签订离婚协议确实是被胁迫所致，李某也应就撤销该协议提出独立的诉讼请求，但一审中李某并未提出撤销协议的诉讼请求，故二审没有必要再就该新的诉讼请求进行审理。至于案涉离婚协议中有关青春损失补偿费20万元以及家庭所有共同债务由李某承担的条款是否生效的问题，李某认为这些条款没有生效的主张，应予支持。其理由在于，从案涉离婚协议中有关“王某同意与李某到民政局协议离婚。为此，李某承诺”的约定可知，李某承诺的前提是“王某同意与李某到民政局协议离婚”。可见，李某之所以在离婚协议中作出所有对自己不利的承诺，都是以登记离婚为条件。这在法律上应被视为附条件的民事法律行为，在所附条件未成就的情形下，民事法律行为未生效力。也就是说，在王某未与李某登记离婚的情况下，李某在协议中的承诺均不产生效力。因此，王某不能依据离婚协议主张有关青春损失补偿费20万元以及家庭所有共同债务由李某承担。综上，某市中级人民法院作出二审判决如下：一、维持一审判决第一项、第四项；二、撤销一审判决第二项、第三项；三、驳回王某其他诉讼请求；四、一、二审诉讼费用由李某承担。

三、主要观点及理由

本案一、二审法院对判决双方离婚均无争议，争议的焦点在于离婚协议中登记离婚的条件未成就的情形下，离婚协议中非财产分割条款是否有效。争议的实质是如何理解《婚姻法司法解释（三）》第十四条中如果双方协议离婚未成，一方在离婚诉讼中反悔的，人民法院应当认定该财产分割协议没有生效。对此问题，主要有两种不同观点：

第一种观点认为，案涉离婚协议中的非财产分割条款已经生效。其主要理由是《婚姻法司法解释（三）》第十四条所称的附协议离婚条件的财产分割协议，特指的是关于夫妻共同财产分割内容的协议。既包括纯粹的财产分割协议，也可是离婚协议中具体的财产分割条款。但并不包括离婚协议中不涉及财产分割的条款。离婚协议是双方当事人意思表示的一致。司法解释只是强制规定了在附到民政局登记离婚或到人民法院协议离婚条件的离婚协议中涉及财产分割内容的条款生效应以条件成就为前提，并未规定离婚协议其他条款也以此为前提。故从尊重当事人意思自治出发，应认可离婚协议中非财产分割条款的效力。

第二种观点认为，案涉离婚协议没有生效。其主要理由是双方达成的以登记离婚为条件的财产分割协议，现双方协议离婚未成，一方在离婚诉讼中反悔，该协议根据《婚姻法司法解释（三）》的规定没有生效。故本案应根据实际情况依法对共同债务及损害赔偿进行处理。

我们认为，第二种观点更符合《婚姻法司法解释（三）》第十四条的立法本意。

首先，到民政局登记离婚或到法院协议离婚是当事人签订离婚协议的主要目的之一。从目前规定来看，合法的离婚形式有协议离婚或诉讼离婚两种。其中，协议离婚是婚姻关系双方当事人在对子女抚养、财产分割问题达成书面协议的前提下，自愿到婚姻登记机关申请离婚，经婚姻登记机关审查，符合法律规定的，准予办理离婚登记，当事人自领取离婚证之日起，离婚生效。实践中也存在另外一种情况，即由于到婚姻登记机关登记离婚时的财产分割协议，没有强制执行效力，有的婚姻关系当事人双方约定到人民法院协议离婚，通过民事诉讼程序领取民事调解书，将诉讼前达成的财产分割协议以民事调解书的方式固定下来，使其具有强制执行力。因此，广义的协议离婚既包括登记离婚也包括在人民法院协议离婚的情况。[①] 可见，协议离婚是在双方当事人对子女抚养、财产分割乃至债务承担等没有争议的情况下，双方当事人到婚姻登记机关或法院和平解除婚姻关系。而诉讼离婚则是指双方当事人在婚姻关系解除、子女抚养、财产分割乃至债务承担等方面存在争议且无法自行协商解决的情形下，通过向法院起诉，最终解除婚姻关系。协议离婚与诉

---

① 最高人民法院民事审判第一庭编著：《最高人民法院婚姻法司法解释（三）理解与适用》，人民法院出版社 2011 年版，第 219 页。

讼离婚相比，具有节约司法资源、保护个人隐私、程序简洁和体现当事人意思自治的优点。为了享受到协议离婚的好处，双方当事人往往会以协议形式对因离婚可能导致的个人利益作出取舍。换言之，双方当事人之所以签订离婚协议对自己利益作出处分是为了达到协议离婚的目的。因此，如果协议离婚不能实现，当事人签订离婚协议的目的就无法实现。进而，如果还认定离婚协议的条款有效，显然与当事人的缔约目的相违背。

其次，离婚协议中当事人对自身财产利益处分的条款应以协议离婚实现为生效条件。与一般法律关系的解除只带来单一法律关系的变化不同，离婚意味着身份关系、未成年子女抚养关系、财产关系等多重关系的变动。这里的身份关系的变动，特指夫妻间身份关系解除，子女抚养关系的变动则指未成年子女由夫妻共同抚养变动为夫妻中一方抚养。而财产关系的变动则一般指夫妻共同财产的分割。从上述三重关系的内容可知，三重关系的变动都与当事人的切身利益紧密相关。因此，从私法自治角度而言，上述关系的具体变动内容最好由当事人通过意思一致自行决定。具体而言，在离婚方式上，是否选择协议离婚是当事人的意思自治范畴。司法实践中，在一方当事人期望协议离婚而另一方当事人并未表达同样意愿时，一方当事人为实现协议离婚的目的，在权衡利弊后，往往会作出甘愿少分或不分财产、放弃未成年子女抚养权或独自承担夫妻共同债务等不利自己的意思表示以换取对方同意协议离婚的结果。当事人这种自愿承担不利后果的行为属于对自己利益的处分且不损害他人合法权益，并不违法。一旦对方当事人为获得该利益而同意协议离婚，那么双方就会通过离婚协议形式将这种权益的处分固定下来，具体表现为协议中的夫妻共同财产分割条款、个人财产处分条款、子女抚养权归属条款、抚养费给付条款、夫妻共同债务甚至夫妻个人债务承担条款、损害赔偿数额条款等。显然，当事人一方在离婚协议的上述条款中作出对自己不利的承诺，是以达到其协议离婚目的为前提。换言之，如果不能实现协议离婚的目的，当事人一般不会作出上述对己不利的承诺。可见，一方当事人签订离婚协议的真意是：如果协议离婚成功，则同意离婚协议中对己不利的条款生效，反之，则不认可上述对己不利条款的效力。对此，另一方当事人在签订离婚协议时也是同意的。在协议离婚未果的情况下，如仍认定上述条款有效，则显然与双方当事人签订离婚协议的真意不符。因此，从尊重当事人签订离婚协议的真意出发，应将协议离婚成就作为离婚协议生效的条件。也就是说，这里的离婚协议在法律上应被看作附生效条件的协议。附生效条件的协议本质上是附停止条件的民事法律行为。附停止条件的民事法律行为是指以未来的不确定的事实的发生，作为法律行为发生效力的限制性条件的法律行为。如果条件不发生，则法律行为将不会发生效力。通过这种制度，当事人可以将不确定的风险做事先的安排。因为在现实社会生活中有许多不确定因素，当事人可以根据目前的这些不确定因素并考虑未来的发展，对法律行为作出适当的安排，以分配风险。[①] 具体到离婚案件中，虽然一方当事人愿意通过离婚协议的方式自愿放弃部分可得利益，以换取协议离婚的结果，但毕竟协议离婚结果只能发生在离婚协议签订后且取决于另一方当事人是否最终同意。这里的另一方当事人是否最终同意协议离婚就是上述所言的不确定因素。从私法自治出发，应允许当事人将协议离婚这一不确定因素作为离婚协议生效的条件。如果协议离婚的条件不具备，则离婚协议自然不会发生效力。进而，离婚协议中有关夫妻共同财产分割条款、个人财产处分条款、子女抚养权归属条款、抚养费给付条款、夫妻共同债务甚至夫妻个人债务承担条款、损害赔偿数额条款等均不发生效力。

再次，《婚姻法司法解释（三）》第十四条只是针对离婚协议中最常见的夫妻共同财产分割条款的生效条件问题作出了规定，但并不能由该条得出即便登记离婚或到法院协议离婚的条件没有成就，而非财产分割条款仍然生效的结论。《婚姻法司法解释（三）》中的离婚财产分割协议是指夫妻双方在婚姻关系存续期间达成的以登记离婚或到法院协议离婚法律事实出现为条件的财产分割协议。从条文后半段“人民法院应当认定该财产分割协议没有生效，并根据实际情况依法对夫妻共同财产进行分割”的语义可知，财产分割的对象为夫妻共同财产。也即，离婚协议中不涉及夫妻共同财产分割的条款都属于本文所言的非财产分割条

① 李永军：《民法总论》，法律出版社 2006 年版，第 481 页。

款。司法实践中，离婚协议中常见的非财产分割条款主要包括夫妻各自财产处理条款、子女抚养权归属条款、抚养费给付条款、夫妻共同债务甚至夫妻个人债务承担条款、损害赔偿数额条款和经济帮助条款等。这些非财产分割条款虽然不在《婚姻法司法解释（三）》第十四条的规范范围，但仍应参照该条认定，在登记离婚或到法院协议离婚不成就时，均不生效。其理由在于：

第一，《婚姻法司法解释（三）》第十四条只对夫妻共同财产分割协议的效力做了规定，并未涉及非财产分割条款的效力问题。从该司法解释条文可知，其只规定了财产分割条款的生效与否取决于协议离婚条件是否成就，而并未规定离婚协议中非财产分割条款的效力问题，更无法由该条文解读出非财产分割条款不受协议离婚条件是否成就影响的结论。因此，以该条文只规定财产分割协议生效与否取决于条件是否成就为据，想当然地得出非财产分割条款应不受协议离婚条件的影响当然有效的结论是考虑不周的。

第二，《婚姻法司法解释（三）》第十四条的起草本意可以类推适用于非财产分割条款。离婚纠纷中，在财产处理方面，双方当事人最常见的争议就是对夫妻共同财产的分割。因此，在这次《婚姻法司法解释（三）》中特别就夫妻共同财产的分割问题作出了明确规定。从该条文的起草思路可知，之所以规定协议离婚未成，财产分割协议没有生效，是认为夫妻一方为实现协议离婚目的，才会在财产分割中作出对自己不利的承诺。也即，起草者将协议离婚作为同意对自己不利的财产分割协议生效的前提条件。由上，起草者起草该条文的一个基本立场就是，夫妻一方为实现协议离婚在财产分割方面所作的任何对己不利的承诺，都以协议离婚成功为生效条件。一旦协议离婚最终未果，夫妻一方当然可以反悔，不承认上述对己不利承诺的效力。除了财产分割协议之外，夫妻一方为促成协议离婚，还可能在离婚协议中作出其他对己不利的承诺。这些承诺在离婚协议中的主要表现就是非财产分割条款。既然这些非财产分割条款都是夫妻一方为实现协议离婚所作的对己不利承诺，那么其与司法解释所言的财产分割协议在本质上并无不同。因此，该司法解释条文的起草精神和原则同样应类推适用于离婚协议中的非财产分割条款。也即，非财产分割条款的效力也取决于协议离婚条件是否成就。

四、最高人民法院民一庭裁判观点

人民法院在认定离婚协议中非财产分割条款的效力时，应依法审查协议中非财产分割条款的具体内容。如果离婚协议中非财产分割条款涉及当事人自身利益的处分且当事人在诉讼中明确表示对该非财产分割条款表示反悔时，一般应认定该非财产分割条款没有生效。

【新旧法律依据对照】

旧法	新法	旧司法解释	新司法解释
《婚姻法》（2001年修正） **第三十一条** 男女双方自愿离婚的，准予离婚。双方必须到婚姻登记机关申请离婚。婚姻登记机关查明双方确实是自愿并对子女和财产问题已有适当处理时，发给离婚证。	《民法典》 **第一千零七十六条** 夫妻双方自愿离婚的，应当签订书面离婚协议，并亲自到婚姻登记机关申请离婚登记。 离婚协议应当载明双方自愿离婚的意思表示和对子女抚养、财产以及债务处理等事项协商一致的意见。	《婚姻法司法解释（三）》 **第十四条** 当事人达成的以登记离婚或者到人民法院协议离婚为条件的财产分割协议，如果双方协议离婚未成，一方在离婚诉讼中反悔的，人民法院应当认定该财产分割协议没有生效，并根据实际情况依法对夫妻共同财产进行分割。	《民法典婚姻家庭编解释（一）》 **第六十九条** 当事人达成的以协议离婚或者到人民法院调解离婚为条件的财产以及债务处理协议，如果双方离婚未成，一方在离婚诉讼中反悔的，人民法院应当认定该财产以及债务处理协议没有生效，并根据实际情况依照民法典第一千零八十七条和第一千零八十九条的规定判决。 当事人依照民法典第一千零七十六条签订的离婚协议中关于财产以及债务处理的条款，对男女双方具有法律约束力。登记离婚后当事人因履行上述协议发生纠纷提起诉讼的，人民法院应当受理。

【法律适用指引】

法律适用指引一

附条件的离婚财产及债务处理协议的效力

（一）附条件离婚财产及债务处理协议的生效条件及其不生效的处理问题

附条件的离婚财产及债务处理协议，是指夫妻双方在婚姻关系存续期间达成的以离婚法律事实出现为条件的财产以及债务处理协议。《最高人民法院关于适用〈中华人民共和国民法典〉婚姻家庭编的解释（一）》第六十九条所称的附条件的离婚财产及债务处理协议中的条件，包括了双方当事人协议离婚、到人民法院调解离婚两种类型，此处分别予以讨论：其一，协议离婚。协议离婚制度是我国离婚制度的重要组成部分，附协议离婚条件的财产和债务处理协议在日常生活中和司法实践中普遍存在。根据《民法典》第一千零七十六条对协议离婚制度的规定，协议离婚应符合一定的条件，包括协议离婚的当事人双方应当具有合法夫妻身份，双方均具有完全的民事行为能力，双方具有离婚的共同意愿，双方签订书面离婚协议并载明关于自愿离婚的意思表示、对子女抚养和财产及债务处理等事项协商一致的意见，双方亲自到婚姻登记机关申请离婚。一般情况下，协议离婚是婚姻关系当事人对于子女抚养、财产分割问题达成书面协议后，到婚姻登记机关申请离婚，故也称为“双方自愿的离婚”。该种离婚经国家行政机关依法审查，符合法律规定的，准予离婚登记并发给离婚证，自取得离婚证时起发生离婚的效力。其二，到人民法院调解离婚。依据《民法典》第一千零七十九条第二款的规定，“人民法院审理离婚案件，应当进行调解”，可见调解是人民法院审理离婚案件的必经程序，其目的在于防止当事人草率离婚，以及在双方当事人不能和解时，有助于平和、妥善地处理离婚所涉及的方方面面的问题。

当然，通过调解达成协议，必须出于当事人双方自愿，不得强迫。调解应当本着合法的原则进行，调解协议的内容不得违反法律规定。[①] 由于到婚姻登记机关登记离婚时的财产分割协议没有强制执行效力，有的婚姻关系当事人双方约定到人民法院协议离婚，通过民事诉讼程序领取民事调解书，将诉讼前达成的财产分割协议以民事调解书的方式固定下来，使其具有强制执行力。

《最高人民法院关于适用〈中华人民共和国民法典〉婚姻家庭编的解释（一）》第六十九条明确规定，当事人协议或调解离婚未成，则事先达成的附离婚条件的财产及债务处理协议不生效。双方当事人在婚姻关系存续期间达成离婚协议，并对子女抚养和财产分割等问题做了约定，但该协议是以双方协议离婚并到民政部门办理离婚登记，或者到法院进行调解离婚为前提条件的。夫妻双方在婚姻关系存续期间达成离婚协议或者到人民法院调解离婚，对子女抚养、财产分割和债务处理等问题作出约定，但由于种种原因，一方或者双方反悔，未能到婚姻登记机关办理协议离婚登记手续，也未能由人民法院调解离婚，而是到人民法院诉讼离婚。在这种情况下，当事人双方事先达成的离婚协议的效力问题，往往成为离婚案件争议的焦点。实践中，往往是一方当事人主张原来达成的离婚协议合法有效，要求人民法院按照离婚协议的约定判决解除婚姻关系并对财产分割和子女抚养问题作出处理；而另一方当事人则否认离婚协议的效力，要求人民法院根据实际情况依法作出判决。我们认为，离婚问题事关重大，应当允许当事人反复考虑、协商，只有在双方最终达成一致意见并到民政部门登记离婚或者到法院调解离婚时，所附条件才可视为已经成立。如果双方协议离婚未成，当事人一方有反悔的权利，其不同意办理离婚登记或调解离婚，则双方事先达成的离婚协议没有生效，财产及债务处理协议因缺乏协议离婚的前提和基础，而对夫妻双方均不产生法律约束力，不能作为人民法院处理离婚案件的依据。理由是附协议离婚或调解离婚条件的财产及债务处理协议，通常是当事人平等

① 黄薇主编：《中华人民共和国民法典释义及适用指南》（下），中国民主法制出版社2020年版，第1624~1625、1629页。

协商的结果，因此具有民事合同的性质，但其以解除婚姻关系为先决条件，不能完全由当事人的合意来完成，还必须履行一定的法律程序。我国台湾地区学者王泽鉴先生认为："法律行为之构成要件，系由成立要件及生效要件共同组成之，须二者兼具，法律效果始焉发生。"① 因此，附条件的离婚财产及债务处理协议并不自双方当事人签字时起生效，而是以双方协议离婚或调解离婚为生效条件，即双方当事人从婚姻登记机关领到离婚证或者签署民事调解书，方可视为所附条件已经成就，当事人所订立的财产及债务处理协议因此而生效。如果一方当事人反悔，诉诸法院寻求终局判决，除非双方当事人追认，该协议未生效，对当事人双方均不产生法律约束力。当事人一方在离婚诉讼中主张按照该协议分割财产、分担债务的，人民法院不应支持，而应认定该财产及债务协议没有生效，并根据实际情况和法律规定对夫妻共同财产和债务问题进行处理。

依据《最高人民法院关于适用〈中华人民共和国民法典〉婚姻家庭编的解释（一）》第六十九条规定，离婚财产以及债务处理协议没有生效的，人民法院应当根据实际情况，依照《民法典》第一千零八十七条和第一千零八十九条的规定判决。以下分别进行阐述：

关于离婚财产处理问题。依据《民法典》第一千零八十七条规定，离婚时，夫妻的共同财产由双方协议处理；协议不成的，由人民法院根据财产的具体情况，按照照顾子女、女方和无过错方权益的原则判决。对夫或者妻在家庭土地承包经营中享有的权益等，应当依法予以保护。夫妻共同财产分割的一般原则为均等分割。实际上，从《民法典》关于共同共有以及夫妻共同财产制度的规定中，可以看出，夫妻财产共同共有的制度本身，已经包含了分割应均等的含义，人民法院在适用中自然应当以均等为一般原则予以遵守。在此基础上，还应遵循以下补充原则：（1）照顾子女原则。联合国《儿童权利公约》确立的儿童最大利益原则已经成为包括我国在内的世界许多国家和地区的共识，英国、美国、澳大利亚、加拿大等英美法系国家，以及德国、日本等采用大陆法系的国家或地区，在各自的相关规定中均明确了若干有关儿童最大利益的衡量

① 王泽鉴：《民法学说与判例研究（第五册）》，中国政法大学出版社2005年版，第303页。

因素，我国亦早就批准了联合国《儿童权利公约》。在处理涉及未成年子女利益的民事案件时，人民法院必须将子女利益最大化作为首要原则，可根据子女生活和学习的需要，给直接抚养子女一方适当多分财产，以司法手段为保护、促进子女健康成长提供良好条件。（2）照顾女方原则。多年来，虽然随着经济水平、社会意识、法律规范的不断发展和完善，男女平等的基本原则在社会各方面都得到了越来越好的贯彻，但也不能忽视的是，男性和女性在工作、家庭方面的投入和付出仍然远未达到平衡。大多数情况下，女性相较男性而言对家庭投入了更多的精力，结果就是，女性在自我发展和实现、获得更多经济收入等方面的投入变少。夫妻双方对家庭这个整体的投入，不拘何种形式，都是对家庭整体和家庭成员的付出。在目前的社会大环境下，离婚财产分割时，给予女性一方一定的倾斜和照顾，既符合公平原则，也有利于家庭的和谐稳定。（3）照顾无过错方原则。当夫妻的其中一方对离婚存在过错，例如存在重婚、虐待、遗弃等情况的，人民法院分割财产时，应当给予无过错方适当的照顾，可适当多分给无过错方一些财产，或者给予无过错方优先选择的权利。需要注意的是，人民法院在处理离婚财产分割问题时，除了遵循上述原则之外，还要根据待分割财产的具体状态、性质和用途等属性，尽量使得财产在双方当事人之间的分配有利于其生产、经营和生活，同时，不损害该财产的效用和经济价值。

关于离婚债务处理问题。依据《民法典》第一千零八十九条规定，离婚时，夫妻共同债务应当共同偿还。共同财产不足清偿或者财产归各自所有的，由双方协议清偿；协议不成的，由人民法院判决。夫妻共同债务，也可以说是夫妻共同的消极财产，人民法院在确定共同债务的分担比例时，亦应当遵循照顾子女、女方和无过错方权益的财产分配原则。同时，还应当根据案件的实际情况，将双方的经济能力，对债务形成、支配或收益的参与情况等因素纳入考虑范围，合理确定男女双方对夫妻共同债务的分担比例，不得对当事人的生存权利造成不良影响。实践中，可能存在债权人基于某些特殊原因，仅向男女双方中的一方请求履行夫妻共同债务的偿还义务的情况。人民法院应当仔细审查债权人的请求内容，注意区分只向一方行使债权请求权和放弃要求另一方承担偿还责任的情况。前者，男女双方均有义务向债权人承担全部偿还责任；后者，根据《民法典》合同编中的第五百二十条第二款规定，部分连带债务人的债务被债权人免除的，在该连带债务人应当承担的份额范围内，其他债务人对债权人的债务消灭，亦即另一方的偿还责任仅以协议或判决确定其应当承担的份额为限。

（二）离婚财产及债务处理协议的法律效力

根据《最高人民法院关于适用〈中华人民共和国民法典〉婚姻家庭编的解释（一）》第六十九条第二款规定，当事人依照民法典第一千零七十六条签订的离婚协议中关于财产以及债务处理的条款，对男女双方具有法律约束力。登记离婚后当事人因履行上述协议发生纠纷提起诉讼的，人民法院应当受理。该款规定包含以下三层意思：

1. 适用《最高人民法院关于适用〈中华人民共和国民法典〉婚姻家庭编的解释（一）》第六十九条的前提条件是当事人在婚姻登记机关协议离婚，并就财产分割问题达成了协议。《最高人民法院关于适用〈中华人民共和国民法典〉婚姻家庭编的解释（一）》第六十九条规定所涉及的离婚财产及债务处理协议，主要包括以下内容：在不侵害任何一方合法权益的前提下，对夫妻共同财产作合理分割，给予生活困难的一方以经济帮助和妥善安排，特别是切实解决好双方离婚后的住房等问题。在不侵害他人利益的前提下，对共同债务的清偿作出清晰、明确、负责的处理。对于已经达成离婚债务处理协议的，双方当事人必须要遵守这些生效的裁判或者协议的内容。

2. 在双方当事人登记离婚后，其所签订的离婚协议已生效，故该协议中有关财产分割和债务负担问题的条款及协议，对离婚的双方当事人都具有法律约束力。需要注意的是，在婚姻登记机关办理离婚登记手续的男女双方，协议离婚中所签订的财产和债务处理协议，司法解释只规定了对双方当事人有法律约束力，而没有写成“具有法律效力”。目的是贯彻《民法典》关于民事行为法律效力的规定精神，倡导重合同、守信用的诚信原则。理解财产及债务处理协议和条款的法律约束力问题时，应当注意以下两个方面：

一方面，根据合同相对性的原理，当事人的离婚协议或者人民法院生效的裁判文书中对夫妻财产分割及债权债务负担问题作出的处理决定，不能对抗善意第三人；夫或者妻一方死亡的，生存一方应当对婚姻关系存续期间的夫妻共同债务承担清偿责任。《最高人民法院关于适用〈中华人民共和国民法典〉婚姻家庭编的解释（一）》第三十五条第一款、第三十六条对此问题作出了专门规定。如果在双方签订离婚协议之前对第三人负有债务，除非双方向债权人明确表示债务由夫或妻一方承担且经债权人同意的，否则不会因夫妻双方财产分割协议的约定而使一方免于负担债务。债权人并不受离婚财产分割和债务处理协议的约束，其有权要求夫妻任何一方全部或者部分偿还债务，夫或妻任何一方不得拒绝偿还。一方在对外就夫妻共同债务承担连带清偿责任后，有权基于离婚协议或者人民法院生效的裁判文书向另一方主张自己的权利，《最高人民法院关于适用〈中华人民共和国民法典〉婚姻家庭编的解释（一）》第三十五条第二款对此作出明确规定。

另一方面，不同于离婚诉讼中形成的民事调解书，双方当事人自行达成的离婚财产和债务处理协议不具有强制执行力。虽然民事调解书中的财产和债务处理内容也是当事人协商一致的结果，但由于其是在法院的主持下形成的，其在形式和内容上的合法性都已经过司法审查，因此，民事调解书中的财产和债务处理协议内容具有强制执行力。在行政程序的离婚中，由于法律并未赋予婚姻登记机关审查其内容合法性的职权，婚姻登记机关只是对财产分割协议形式上的合法性进行了审查。因其未经过司法审查，与其他民事合同一样，离婚双方当事人自行签订的财产和债务处理协议在因履行而发生争议时，必须先由司法机关进行合法性审查。只有在其合法性得到确认，并形成裁判文书之后，才能申请执行。①

因此，不能将《最高人民法院关于适用〈中华人民共和国民法典〉

① 陈爱武主编：《最高人民法院婚姻法司法解释精释精解》，中国法制出版社2017年版，第364页。

婚姻家庭编的解释（一）》第六十九条作为认定这类协议当然合法有效的依据。实践中，这类协议可能因违反《民法典》所规定的有关民事法律行为无效、可撤销的几种情形，其效力应归属于无效。比如，在履行该协议的过程中，当事人或者其他人主张该协议处分了离婚的男女双方以外的其他人的财产，或者侵犯了国家、集体或者他人的合法权益，利害关系人提起侵权诉讼，当事人以离婚协议中的有关财产分割的条款或者作为离婚协议组成部分的财产和债务处理协议作为抗辩理由时，人民法院即应对该离婚协议的效力进行审查，并根据《民法典》关于民事法律行为效力的有关规定，确认相关协议和条款的约定是否合法有效。

3. 离婚后，男女双方因履行离婚协议发生纠纷向人民法院起诉的，人民法院应当作为民事案件受理。关于在婚姻登记机关登记离婚的当事人一方不按照离婚协议履行义务，另一方可以向人民法院起诉的规定，在 1994 年的《婚姻登记管理条例》中即有规定，该条例第十七条规定："离婚的当事人一方不按照离婚协议履行应尽义务的，另一方可以向人民法院提起诉讼。"以往的法律和司法解释对于在婚姻登记机关离婚后，是否还可以就财产分割争议向人民法院提起"析产"诉讼并无十分明确的规定，因而各地人民法院在是否受理这类案件上的做法也不尽相同。人民法院在司法实践中常常遇到的问题是：一些婚姻关系当事人为了达到迅速离婚的目的，就与其配偶协商到婚姻登记机关办理离婚手续。由于婚姻登记机关办理离婚登记的条件是双方当事人就子女抚养和财产分割问题达成一致意见，所以，急于离婚的一方就在财产分割问题上向其配偶作出少要甚至不要夫妻共同财产的承诺，并将这一承诺写入离婚协议，而一旦离婚目的达到后，则单独就财产分割问题向人民法院起诉。另一些离婚当事人则利用其配偶缺乏法律知识的弱点，告知其配偶向婚姻登记机关提交的离婚协议中的财产部分是没有法律效力的，将来到了法院还要重新分割夫妻财产，同时以产权证更名需要长时间等待等理由让其配偶接受暂时将某些价值较大的财产如房屋写在其名下的协议，那么将来即使到法院进行诉讼，其原配偶也很难举证推翻这一协议。《最高人民法院关于适用〈中华人民共和国民法典〉婚姻家庭编的解释（一）》第六十九条第二款规定的立意正是针对这种情况，明确规定在婚姻登记机关办理离婚登记的婚姻关系当事人，向婚姻登记机关提交的离婚协议中关于财产分割和债务分担的条款或者当事人就上述问题达成的协议，对于离婚后的男女双方是具有法律约束力的。《民法典》第四百六十四条第二款规定："婚姻、收养、监护等有关身份关系的协议，适用有关该身份关系的法律规定；没有规定的，可以根据其性质参照适用本编规定。"第四百六十五条规定："依法成立的合同，受法律保护。依法成立的合同，仅对当事人具有法律约束力，但是法律另有规定的除外。"第五百七十七条规定："当事人一方不履行合同义务或者履行合同义务不符合约定的，应当承担继续履行、采取补救措施或者赔偿损失等违约责任。"因此，婚姻关系的当事人就离婚时夫妻共同财产分割和债务分担问题达成的协议，作为依法成立的合同，对当事人当然具有法律约束力。如果一方当事人不履行依法成立的离婚协议，另一方当事人有权提起民事诉讼，请求人民法院责令其履行上述协议。这也是我们规定登记离婚后，当事人因履行财产及债务处理协议发生纠纷提起诉讼的，人民法院应当受理的依据。

法律适用指引二

恶意申请登记离婚引发诉讼问题

恶意申请登记离婚是指夫妻双方在不符合法定登记离婚条件的情况下，为实现某种特定的目的，采用不正当手段向婚姻登记机关提起离婚登记申请的行为。恶意申请登记离婚包括不符合登记离婚条件而申请登记离婚的情形，也包括双方通谋虚伪离婚的情形。

不符合登记离婚条件的主要有以下情形：（1）违反自愿离婚条件的，如胁迫或欺诈对方登记离婚。（2）欠缺主体资格的，如夫妻一方为欠缺民事行为能力人，另一方为了达到离婚目的隐瞒了该事实，从而登记离婚。（3）违反亲自办理条件的，如当事人一方没有离婚意思，也没有被欺诈或者胁迫离婚，另一方为了实现离婚的目的，在一方当事人并不知情的情况下，请他人代为办理登记离婚。实践中，此类不符合登记离婚条件的离婚案件多发，当事人多以其欠缺真实意思表示或者民事行为能力不能办理离婚登记为由，请求婚姻登记机关撤销离婚证，或者提起行政诉讼要求婚姻登记机关撤销离婚证。

双方无实际解除婚姻关系意思的情形主要包括：（1）为了逃避债务而通谋离婚，主要表现为夫妻一方对外欠债难以清偿，为逃避债务，夫妻双方恶意离婚，协议将全部财产归一方，全部债务归另一方。（2）为了获得买房利益而通谋离婚，主要表现为夫妻双方为了特定的买房资格或者规避购房政策而串通虚假离婚的情形。（3）为了骗取更多拆迁款而通谋离婚，主要表现为通过离婚的方式来强行符合当地拆迁政策，以获得更多的拆迁赔款。除此之外，实践中还存在为骗取低保费用，为出国留学等而虚假登记离婚的现象。司法实践中，此类通谋虚伪离婚无论男女双方离婚时出于什么目的，一旦登记离婚，则夫妻身份关系已经解除，不得以其恶意登记离婚为由否定离婚的效力。原因在于夫妻有离婚的自由，夫妻身份解除与否他人不得干预，公权力亦不得干预；单纯的夫妻身份关系解除并不涉及第三人、社会公共利益和国家利益等，应充分尊重夫妻双方的意思表示，这也是对婚姻登记机关登记行为公示效力的尊重。

【类案裁判观点】

类案裁判观点一

离婚财产及债务处理协议中，不仅包括到婚姻登记机关进行登记离婚，也包括婚姻关系当事人双方为获得民事调解书而到人民法院协议离婚的情形

社会生活中，夫妻双方协商分割共有财产，登记离婚是最为有效，且最有利于维护夫妻二人及子女利益，也最有利于维护社会和谐稳定的

分割方式。在法院调解离婚的过程中，双方对夫妻共同财产如何进行分割、处分以及债务如何分担的问题协商一致，也是调解结案的关键。在离婚诉讼中，如果双方当事人同意之前签订的财产分割协议，只是对子女抚养等问题存在争议的，人民法院在审理案件时，可以把之前的财产分割以及债务处理协议作为判决的依据之一，这也体现出对双方当事人意思自治的尊重。

类案裁判观点二

财产处理协议应当明确财产分割方法、财产范围和具体数额

人民法院可以引导当事人列明财产范围，一般包括住房、汽车、存款、理财、保险、债权、公司、企业等的股权或股份、版税等知识产权的收益、其他价值较大的动产等。司法实践中，应当以通常的文字解释方法来对待离婚财产处理协议和条款，充分运用社会经验与常识，适当分配举证责任，妥善确定证明标准。对双方约定“各自名下财产归各自所有”“其他财产归男方（女方）所有”的条款，一般认为争议财产也属于该条款约定项下的财产，特别是财产价值较低或在夫妻共同财产中所占比例较小的情况，而财产价值较大，则未明确列项予以分割不符合常理，一般情况下，此时主张对此财产应予分割的一方当事人，只要证明该财产属于夫妻共同财产且未列明即可，由主张其属于概括性约定财产范围之内的一方当事人承担举证责任。[①]

类案裁判观点三

对于经过公证的离婚财产分割及债务处理协议，如何认定其效力

我们认为，经过公证的离婚财产分割及债务处理协议在性质上属于附生效条件的合同，双方签字后成立，在完成协议离婚手续后生效。公

① 黄海涛：《婚姻纠纷裁判思路与疑难案例》，中国法制出版社 2018 年版，第 38~42 页。

证的效力在于确认协议的内容是双方当事人的真实意思表示，但不能改变协议的生效条件。

类案裁判观点四

不履行离婚协议不能直接申请人民法院强制执行

通常情况下，夫妻双方在自愿的基础上达成离婚协议，经登记部门登记离婚的，一般不会发生要求执行离婚协议的问题。但个别婚姻当事人因急于离婚而达成离婚协议，离婚后又对子女抚养、财产和债务的处理反悔的情形也时有发生。由于离婚协议本质上是一份民事协议，不属于由法院直接强制执行的法律文书，故另一方当事人不能依据离婚协议直接向人民法院申请强制执行。实践中，对夫妻双方协议离婚后一年内就财产分割问题反悔的，最高人民法院已经通过司法解释的方式给出解决方式，即离婚当事人可以向人民法院提起民事诉讼请求变更或者撤销财产分割协议。人民法院可根据离婚登记时对子女和财产问题的处理情况、发生纠纷的原因和理由给予审查处理。人民法院通常会因某些原因否定离婚协议关于财产处分内容的效力，主要裁判理由有：该内容未体现夫妻双方的真实意思，不具有约束当事人的效力；该内容损害了债权人的利益或违背了公平公正、权利义务相一致、诚信等原则。人民法院否定离婚协议关于财产处分内容的效力的，应对夫妻共同财产依法重新分配。

【案例三】

登记在外籍夫妻一方名下的房屋权属认定的法律适用问题*

一、案情

黄某某与张某某均为第二代美籍华人，2001年在美国登记结婚。2002年，张某某在由公司派驻中国期间，于中国A市购得外销商品房一套，房产证上记载的产权人为张某某本人。2007年，黄某某来华，向A市法院起诉，请求依据中国法律，确认张某某所购位于A市的商品房为夫妻共同财产。为此，黄某某提供了能够证明其与张某某结婚时间、起诉时仍为夫妻以及张某某所购房屋的产权证复印件、购房合同副本、发票等。张某某委托律师到庭应诉，对于黄某某所述其与黄某某具有婚姻关系以及自己购房情况均予以认可。但认为双方均为美国人，婚姻缔结地为美国，在中国无固定住所，因此，认定夫妻共同财产应当根据国际私法的属人原则，适用当事人国籍国法律，而不应适用中国法。不同意黄某某的诉讼请求。

二、法院裁判情况

A市法院立案后，对于本案应当如何适用法律，是否应当支持黄某

* 案例来源：最高人民法院民事审判第一庭编：《民事审判指导与参考》2012年第4辑（总第52辑）。

某的诉讼请求，形成两种不同意见。第一种意见认为，本案为确认之诉，黄某某的诉讼请求是确认其夫张某某所购房屋为夫妻共同财产。虽然黄某某和张某某均为美籍华人，但涉案标的为不动产，根据《民法通则》第一百四十四条[①]之规定："不动产的所有权，适用不动产所在地法律。"本案中所涉不动产坐落于中国A市，因此，应当适用中国法律确认张某某所购房屋为张某某与黄某某的夫妻共同财产。第二种观点则认为，第一种意见中引用《民法通则》第一百四十四条之规定作为确认涉案房屋所有权的依据是完全正确的，与之相对应的实体法是我国物权法第九条的规定，"不动产物权的设立、变更、转让和消灭，经依法登记，发生效力；未经登记，不发生效力，但法律另有规定的除外。"据此本案中可以首先确定涉案房屋的所有权人为房产登记簿上记载的张某某。而黄某某请求确认该房屋为其与张某某的夫妻共同财产，则需要在确认当事人之间具有婚姻关系的基础上，根据国际私法的原则，选择适用当事人本国法中关于夫妻财产制的规定，来认定涉案房屋的产权是否属于夫妻共同财产。如果选择双方当事人的国籍国法即美国法律，则应当从实体上驳回黄某某的诉讼请求。案件审理过程中还存在第三种意见，即鉴于双方当事人均为美国公民，对案件的实体判决需要适用美国法，而原告黄某某又没有将美国法作为需要查明的事实向受诉法院提供，其要求适用中国法确认涉案房屋为夫妻共同财产的做法明显具有规避其本国法的适用的目的，因此，应当以证据不足为由，驳回黄某某的诉讼请求。

一审法院最终采纳了第二种意见作出了判决，从实体上驳回了黄某某的诉讼请求。

黄某某不服一审判决，提起上诉后，二审法院维持了一审判决的结论，但驳回黄某某诉讼请求的理由不同于一审法院。

二审法院认为，鉴于双方当事人均为美国公民，对案件的实体判决

① 《民法通则》已废止，相关规定参见《民法典》第二百零九条："不动产物权的设立、变更、转让和消灭，经依法登记，发生效力；未经登记，不发生效力，但是法律另有规定的除外。依法属于国家所有的自然资源，所有权可以不登记。"

需要适用美国法，而原告黄某某又没有将美国法作为需要查明的事实向受诉法院提供，其要求适用中国法确认涉案房屋为夫妻共同财产的做法明显具有规避其本国法适用的目的，因此，应当以证据不足为由，驳回黄某某的诉讼请求。

三、主要观点及理由

二审判决的观点是正确的。本案当事人争议的焦点问题即是：判断张某某名下位于中国 A 市的房屋是否属于张某某与黄某某的夫妻共同财产应当适用哪个国家的法律。本案中，当事人对以下基本事实没有争议：第一，张某某与黄某某均为美国籍，在中国没有固定住所；第二，张某某于中国 A 市购买房屋前，已经在美国与黄某某结婚，至黄某某起诉，双方仍存在夫妻关系；第三，涉案房屋登记在张某某个人名下。在法律适用方面，首先应当明确的是，仅仅根据国际私法领域中对关于不动产的所有权适用不动产所在地国家的法律，还不能解决是否应当支持黄某某的诉讼请求的问题，因为，虽然这一涉外民事法律关系的系属首先是物之所在地法，但根据物之所在地法即我国物权法第九条的规定，只能是根据讼争房屋所有权证上的记载，认定张某某为房屋所有权人。连提起诉讼的黄某某本人都知道，要认定涉讼房屋为夫妻共同财产，需要适用中国的婚姻法中有关夫妻财产制的规定。可见，解决本案争议的系属并非“物之所在地法”，找准案件涉及的冲突规范才是正确适用法律的关键。

涉外民事法律关系中的冲突规范是指某一涉外民事法律关系应该适用哪一国法律的规范。在结构上，冲突规范由“范围”和“系属”两个部分组成。“范围”是指冲突规范所要调整的民事法律关系；“系属”是指调整该法律关系所应适用的法律。适用冲突规范的目的，是要确定适用于涉外民事法律关系的特定国家的实体法——准据法。根据黄某某的诉讼请求，我们可以确定，在这一特定的涉外民事法律关系中，冲突规范的“范围”部分是，配偶双方均为美国人，其中一方请求确认登记在其配偶名下的房屋为夫妻共同财产。黄某某诉讼请求的特征是，她不仅仅像其他涉外民事法律关系的当事人那样，通过起诉，使受诉法院明白地了解冲突规范的“范围”部分，而且自作主张，告诉法官冲突规范的“系属”部分是中国的婚姻法而非别的国家的什么法律。很显然，对于裁判一个案件应当适用什么法律，当事人有权陈述自己的观点，但决定权在受诉法院，所以，对黄某某提出的关于法律适用的观点是否予以采信，才是审理本案需要解决的具体问题。

由于我国目前没有单独的国际私法法典，因此，人民法院审理涉外民事案件应当遵循涉外民事关系法律适用法、民法通则中涉外民事法律关系一章和最高人民法院相关的司法解释中的规定以及我国与其他国家或国际组织签订的双边或多边条约、协议中的相关规定。上述法律、司法解释和我国缔结的双边、多边条约没有规定，则应当考虑国际私法理论中的一般原则。由于双方当事人对法律适用问题没有形成合意，本案的系属应当首先考虑双边冲突规范系属中的最密切联系地法的适用。

虽然本案标的物在中国，但双方当事人的国籍均为美国，双方没有就选择适用法律问题形成合意，当事人在中国并无固定住所地，不可能长期在中国居住，因此，一方当事人要求适用中国法，不符合《涉外民事关系法律适用法》第二十四条之规定，也不符合国际私法中的最密切联系地原则。

四、最高人民法院民一庭裁判观点

根据《涉外民事关系法律适用法》第二十四条之规定，夫妻财产关系，当事人可以协议选择适用一方当事人经常居所地法律、国籍国法律或者主要财产所在地法律。当事人没有选择的，适用共同经常居所地法律；没有共同经常居所地的，适用共同国籍国法律。

【新旧法律依据对照】

旧法	新法	关联司法解释
《物权法》 **第九条** 不动产物权的设立、变更、转让和消灭，经依法登记，发生效力；未经登记，不发生效力，但法律另有规定的除外。 依法属于国家所有的自然资源，所有权可以不登记。	**《民法典》** **第二百零九条** 不动产物权的设立、变更、转让和消灭，经依法登记，发生效力；未经登记，不发生效力，但是法律另有规定的除外。 依法属于国家所有的自然资源，所有权可以不登记。	**《物权编司法解释（一）》** **第一条** 因不动产物权的归属，以及作为不动产物权登记基础的买卖、赠与、抵押等产生争议，当事人提起民事诉讼的，应当依法受理。当事人已经在行政诉讼中申请一并解决上述民事争议，且人民法院一并审理的除外。

【法律适用指引】

法律适用指引一

不动产物权登记的效力

关于不动产物权登记对不动产物权变动的效力，大陆法系[①]主要有两种立法体例：一种是登记生效主义；另一种是登记对抗主义[②]。立法机关

① 英美法系国家采用托伦斯登记制度，在澳大利亚、新西兰、加拿大和美国的部分州实行。这种模式的特点是“除了登记之外，还有交付权利证书的要求，产权经登记，具有不可推翻的效力，国家给予保障。不强制一切土地所有权、他项权利申请登记。但一经登记，其后发生的房地产权利变更或者设定，非经登记，不生效力”。参见最高人民法院物权法研究小组编著：《〈中华人民共和国物权法〉条文理解与适用》，人民法院出版社2007年版，第70页。

② 登记对抗主义，即不动产物权的设立、变更、转让和消灭的生效，仅仅以当事人的法律行为作为生效的必要充分条件，登记与否不决定物权变动的效力。但是为交易安全的考虑，法律规定，不经登记的不动产物权不得对抗第三人。这种体例，为日本法律所采纳，《日本民法典》规定，不动产物权的取得、丧失及变更，除非依登记法规定进行登记，不得以之对抗第三人。

编立《物权法》之时，综合当时不动产物权法律法规状况、征求各界意见的情况，决定采用不动产物权登记生效为原则的立法体例。经过十余年的贯彻实施，证明该立法体例是符合实践要求的，也进一步被社会公众所熟知并认同，因此，《民法典》物权编予以继承。在公示生效主义下，物权具有对抗力不言而喻，物权的公示有推定（登记真实）力、决定力（又称为物权变动的形成力）和公信力（德国法称之为善意取得的效力）[①]，具体而言：

（一）物权变动的效力

所谓登记生效主义，即登记决定不动产物权的设立、变更、转让和消灭是否生效，亦即不动产物权的各项变动都必须登记，不登记则不生效。我国《民法典》物权编采用此体例。

关于不动产登记与物权变动原因行为的关系问题。在德国，这种登记决定不动产物权变动的效力被推上了极致，以物权行为的独立和无因性为其制度基础，物权变动可以与原因行为（主要指契约行为）相分离独立，以登记为独立的物权行为，其成立不受原因行为的影响。而在瑞士则采用“债权形式主义”的模式，不承认物权行为理论，登记作为不动产物权变动的必要法定手续而不是单独的当事人的物权变动的合意。如果不动产物权变动的原因行为（主要指契约行为）无效或者被撤销的，经登记的不动产物权也会相应无效或者被撤销。通说认为我国采用的是债权形式主义的登记生效模式。《民法典》第二百四十一条规定：“所有权人有权在自己的不动产或者动产上设立用益物权和担保物权。用益物权人、担保物权人行使权利，不得损害所有权人的权益。”第三百八十八条规定：“设立担保物权，应当依照本法和其他法律的规定订立担保合同。……”第五百九十五条规定：“买卖合同是出卖人转移标的物的所有权于买受人，买受人支付价款的合同。”上述立法规定表明，在我国，不动产物权变动同时需要法律行为和依法登记，双重法律事实决定不动产物权变动的效力。[②] 我国司法实践也未采纳物权行为理论。司法实践中对

① 参见［德］M. 沃尔夫：《物权法》，吴越、李大雪译，法律出版社2004年版，第220页。

② 胡康生主编：《中华人民共和国物权法释义》，法律出版社2007年版，第39页。

物权登记的效力经历了从不区分物权变动和合同行为到区分合同行为和物权变动的变化，如《合同法司法解释（一）》第九条中规定："法律、行政法规规定合同应当办理登记手续，但未规定登记后生效的，当事人未办理登记手续不影响合同的效力，合同标的物所有权及其他物权不能转移。"物权行为理论过分强调了物权行为的公信力以保护受让人的权利，而对出让人的权利保护不足。在合同行为因为无效或者被撤销后，物权变动仍然有效，则原权利人只能按照不当得利请求返还财产而非按照物权请求返还财产，这将导致当事人双方权利的失衡。善意第三人利益保护通过善意取得制度解决，再采用物权行为理论显然已无必要。[①] 因此，在因为合同行为无效或者被撤销的情况下，物权登记也可以被撤销，不发生物权变动效力。

关于登记生效的例外。《民法典》第二百零九条规定："未经登记，不发生效力，但是法律另有规定的除外。"这里的"法律另有规定的除外"，主要包括三方面的内容：一是《民法典》第二百零九条第二款所规定的，依法属于国家所有的自然资源，所有权可以不登记。二是《民法典》规定的物权设立、变更、转让或者消灭的一些特殊情况，即主要是非依法律行为而发生的物权变动的情形：（1）因人民法院、仲裁委员会的法律文书，人民政府的征收决定等，导致物权设立、变更、转让或者消灭的，自法律文书生效或者人民政府的征收决定等行为生效时发生效力。（2）因继承取得物权的，自继承开始时发生效力。（3）因合法建造、拆除房屋等事实行为设立和消灭物权的，自事实行为成就时发生效力。三是考虑到现行法律的规定以及某些物权种类的特殊性，《民法典》物权编并没有对不动产物权的设立、变更、转让和消灭一概规定必须经依法登记才发生效力。例如，在土地承包经营权一章中规定："土地承包经营权自土地承包经营权合同生效时设立。"同时还规定，"土地承包经营权互换、转让的，当事人可以向登记机构申请登记；未经登记，不得对抗善意第三人。"这里规定的是"未经登记，不得对抗善意第三人"，

---

① 最高人民法院物权法研究小组编著：《〈中华人民共和国物权法〉条文理解与适用》，人民法院出版社 2007 年版，第 71 页。

而不是“不发生效力”。土地承包经营权的转让、互换等变动不以登记为生效要件而是以登记为对抗要件。土地承包经营权转让未登记的，对当事人双方仍然产生法律效力，但不能对抗第三人，采用的是登记对抗主义。地役权一章规定：“地役权自地役权合同生效时设立。当事人要求登记的，可以向登记机构申请地役权登记；未经登记，不得对抗善意第三人。”在宅基地使用权一章，也没有规定宅基地使用权必须登记才发生效力，只是规定，“已经登记的宅基地使用权转让或者消灭的，应当及时办理变更登记或者注销登记”。

（二）推定效力

在不动产物权登记发生物权变动这个核心效力的基础上，根据公示公信原则，同时推定不动产物权登记真实的效力，即除有相反证据证明，在法律上推定记载于不动产登记簿上的人是该不动产的权利人。物权登记的公信效力是物权公示制度的法律效果。所谓公信效力，是指登记的不动产物权的权利人在法律上推定为真正的权利人，对于信赖该登记而从事交易的人，即使后来证明该登记是错误的，法律仍然承认其具有与真实的物权相同的法律效果。对于第三人来说，登记是国家专门机关所为之事实，当然也就是最具有社会公信力的事实。权利推定规则只是减轻了登记簿上权利人的证明责任，即登记权利人无须证明登记内容为真，但是，登记本身并不改变事实上的法律状况，事实上的权利状况与登记内容可能不一致，此时，依据这项可推翻的推定规则，主张真实权利状况与登记内容不一致的当事人应当对此负担举证责任。公示公信原则，是为保护依据登记簿登记内容进行交易的第三人的信赖利益，这也是不动产物权善意取得制度的基础。但在登记的权利人和利害关系人之间，不适用公示公信的推定效力。《民法典》第二百二十条就规定了利害关系人在认为不动产登记簿记载的事项错误的，可以申请更正登记，还可以申请异议登记，并通过诉讼解决争议。如果利害关系人即提出异议的一方提交了足以证明真正的权利状况与不动产登记簿的记载不一致的证据材料，人民法院可以予以采纳并确认其权利，推翻不动产登记簿上的记载。如果异议一方提出的证据不足以证明真正的权利状况与不动产登记簿上的记载不一致的，人民法院应当按照产权登记簿的记载来认定产权归属，维护不动产登记簿的效力。

（三）善意保护的效力

所谓善意保护的效力，也就是传统民法所谓的公信力，它是指登记记载的权利人在法律上被推定为真正的权利人，即便以后事实证明登记记载的物权不存在或存有瑕疵，对于信赖该物权的存在并已从事了物权交易的人，法律仍然承认其行为具有与真实的物权相同的法律效果。[①] 登记记载的内容即使发生错误，但因为信赖公示内容而发生交易的当事人，其信赖应当受到保护。在登记申请人办理了登记之后，任何人因为信赖登记而与登记权利人就登记的财产从事了交易行为，符合善意取得的构成要件，应当受到善意取得制度的保护，取得该不动产的所有权。对登记簿记载的权利人以及登记的权利内容所产生的信赖，在法律上称为公信力。正因为确立了不动产登记的公信力，才使得物权法善意取得制度产生的保护效力在法理上具有正当性基础，同时，不动产权利人可以安全将其享有权利的不动产交由他人利用，而不必担心不动产物权被占有人任意处置。

综上，不动产登记的主要意义在于：一是保障交易安全、提高交易效率。如果登记记载的事实都不值得信赖，或者因信赖了登记而从事的交易不受保护，那么，人们就不敢从事交易，从而会危及经济交往。如果不相信不动产登记值得信赖，而要求当事人在交易时需要采取其他方式调查权利的真实状态，将极大地消耗社会成本，市场经济下的交易效率将无法正常维系。而以不动产变更登记的方式发生不动产物权变动，便捷、高效、安全。二是促进不动产利用。不动产登记可以解决不动产物权与不动产利用相分离的问题，在公示公信力的维护下，权利人无须担心权利被任意侵犯，当可促进不动产的利用。权利人设立用益物权，还是以不动产设定抵押权，或者以租赁合同等方式将不动产交由他人占用、使用、收益，均不影响不动产登记的物权人享有物权。

---

① 参见李昊、常鹏翱等：《不动产登记程序的制度建构》，北京大学出版社 2005 年版，第 119 页。

法律适用指引二

不动产物权登记效力在实践中主要涉及的问题

第一，因历史原因登记制度的不完善，曾经在实践中有一定突破，如《民法典》第四百零二条规定："以本法第三百九十五条第一款第一项至第三项规定的财产或者第五项规定的正在建造的建筑物抵押的，应当办理抵押登记。抵押权自登记时设立。"《民法典》施行以后，《担保法》已被废止，同时，近年来，不动产制度不断完善、登记工作不断进步，上述司法解释规定的基础已不存在，不能继续适用。

第二，在我国"房""地"分离主义之下，应当准确把握房地一致原则，如在建设用地使用权抵押和建设工程价款优先权在拍卖、变卖的执行程序中，抵押权人和承包人应当正确界定受偿范围。

第三，"名""实"不符的问题，最为常见的就是在商品房预售制度下，在建的房地产项目获得预售许可的，开发商将商品房销售给买受人并依法依规办理网签备案，竣工验收后交付买受人合法占有，首次登记的权利人是开发商，在非因买受人的原因办理不能变更登记的情况下，开发商全部财产因负债而被查封，这就带来"名""实"不符的问题。如何在破产案件、案外人申请再审、执行异议之诉和第三人撤销之诉之中，对财产归属、第三人撤销之诉中被侵害的民事权益范围、案外人是否享有排除强制执行的民事权益认定等问题，需要进一步探索完善、正确理解公示生效制度。同时，因社会生活的复杂性，以及限购限售宏观调控、生态环境保护等政策，应当正确把握相关规章对可能导致物权变动的原因行为（代持合同、隐名买卖合同）效力的影响。

【案例四】

婚前个人财产在婚后发生形态变化
不导致所有权发生变化*

一、案情简介

2012年1月，陈某诉请与赵某离婚，5岁的婚生女赵某某由陈某抚养，赵某每月给付抚养费3000元。夫妻共同财产中的一套80平方米楼房归陈某所有。赵某同意离婚，对子女抚养及财产分割方式没有异议，但提出抚养费每月3000元过高，要求仅支付1500元。双方当事人在一审法院主持下即将达成调解协议时，陈某突然提出增加诉讼请求，要求分割赵某名下的另一处90平方米的房产。理由是，虽然该套房屋是赵某变卖其婚前个人所有的一套房屋又添置了部分款项购买的，但是在婚姻关系存续期间所购置，属于夫妻共同财产，应当对半分割，由赵某按该房屋现值的一半对其进行补偿。赵某认为该房屋属于其个人财产，并称自己系独生子，当年因父亲脑血栓后生活无法自理，故自己变卖婚前所有的一套房改房并添加了个人婚前存款购置了90平方米的商品房将父母从外地接来安置。赵某举证证明其本人因系再婚，故在与陈某结婚前作过财产公证。婚前个人所有的房屋及存款均在公证书中有明确记载。陈某承认赵某之父母现居住的房屋是赵某变卖婚前个人所有的房屋所购。赵某可以举证证明添加的15万元系从其婚前个人存款账户上支出，用于交纳

* 案例来源：最高人民法院民事审判第一庭编：《民事审判指导与参考》2013年第1辑（总第53辑）。

购房的定金。该房现由其父母居住，故坚决不同意分割。

二、法院裁判情况

一审法院审理认为，《婚姻法》第十九条第一款[①]规定：“夫妻可以约定婚姻关系存续期间所得的财产以及婚前财产归各自所有、共同共有或部分各自所有、部分共同共有。没有约定或者约定不明确的，适用本法第17条、第18条的规定。”而《婚姻法》第十七条第一款第（三）项[②]，将生产、经营的收益明确规定为夫妻共同财产，据此应认定赵某于婚后将原属于其婚前个人财产的房屋变卖，添置部分款项重新购置房屋属于经营行为，该房屋为夫妻共同财产。故判决：一、赵某与陈某离婚；二、婚生女赵某某由陈某抚养，赵某每月支付抚养费1800元至赵某某18岁止；三、夫妻共同财产中80平方米楼房一套归陈某所有。赵某名下90平方米房屋归赵某所有，赵某应给付陈某该房屋价款一半即80万元；四、家具、电器随房屋产权一并分别归属个人所有；五、其他个人物品归个人所有。

赵某不服一审判决关于就90平方米房屋向陈某给付80万元房价款的判项，提起上诉。

二审法院经审理认为，赵某变卖其婚前所有的房屋一套，添加其婚前个人存款购置房屋一事，购房所支付的款项来源清楚有据，确系其个人婚前财产。其购置房屋是为了安置因病需要照顾的父母，且该房屋购入后确为其父母居住使用，赵某的上述行为不属于生产经营行为。自其

---

① 《婚姻法》已废止，相关规定参见《民法典》第一千零六十五条：“男女双方可以约定婚姻关系存续期间所得的财产以及婚前财产归各自所有、共同所有或者部分各自所有、部分共同所有。约定应当采用书面形式。没有约定或者约定不明确的，适用本法第一千零六十二条、第一千零六十三条的规定。夫妻对婚姻关系存续期间所得的财产以及婚前财产的约定，对双方具有法律约束力。夫妻对婚姻关系存续期间所得的财产约定归各自所有，夫或者妻一方对外所负的债务，相对人知道该约定的，以夫或者妻一方的个人财产清偿。”

② 《婚姻法》已废止，相关规定参见《民法典》第一千零六十二条：“夫妻在婚姻关系存续期间所得的下列财产，为夫妻的共同财产，归夫妻共同所有：（一）工资、奖金、劳务报酬；（二）生产、经营、投资的收益；（三）知识产权的收益；（四）继承或者受赠的财产，但是本法第一千零六十三条第三项规定的除外；（五）其他应当归共同所有的财产。夫妻对共同财产，有平等的处理权。”

购置房屋后，该房屋因房地产市场的升温而自然增值，不属于生产经营性收益，该房屋本身亦不属于夫妻共同财产，故判决支持了赵某的上诉请求，将赵某名下 90 平方米的房屋一套认定为赵某的个人财产，撤销了一审判决中关于赵某给付陈某该房屋现值一半的判项，维持了一审判决的其他部分。

三、主要观点及理由

本案二审期间，审判人员中曾经存在三种不同观点。第一种观点是同意一审法院的意见，维持一审判决。第二种观点认为，根据《婚姻法》第十七第一款第（二）项①之规定，在婚姻关系存续期间，生产经营性收益归夫妻共同所有。根据《婚姻法司法解释（二）》第十一条第（一）项②明确规定，婚姻关系存续期间，“一方以个人财产投资取得的收益”属于“其他应当归共同所有的财产”，换句话说就是在婚姻关系存续期间投入生产、经营的无论是婚前个人财产还是夫妻共同财产，只要婚姻当事人没有约定，其收益都属于夫妻共同财产。因此，赵某于婚姻关系存续期间变卖个人婚前财产并从其婚前个人存款中添加部分款项购置房屋应视为一种投资行为，所产生的收益即离婚时房屋的增值部分应当属于夫妻共同财产，陈某要求分割，理应得到支持。第三种观点则认为，赵某购置一套 90 平方米房屋的目的是安置自己因病需要照顾的父母，购房资金全部来源于其婚前个人财产，双方当事人对此并无争议。问题的关键在于赵某的行为是否属于一种投资经营行为。如果属于投资经营行为，

---

① 《婚姻法》已废止，相关规定参见《民法典》第一千零六十二条：“夫妻在婚姻关系存续期间所得的下列财产，为夫妻的共同财产，归夫妻共同所有：（一）工资、奖金、劳务报酬；（二）生产、经营、投资的收益；（三）知识产权的收益；（四）继承或者受赠的财产，但是本法第一千零六十三条第三项规定的除外；（五）其他应当归共同所有的财产。夫妻对共同财产，有平等的处理权。”本文下同。

② 《婚姻法司法解释（二）》已废止，相关规定参见《民法典婚姻家庭编解释（一）》第二十五条：“婚姻关系存续期间，下列财产属于民法典第一千零六十二条规定的‘其他应当归共同所有的财产’：（一）一方以个人财产投资取得的收益；（二）男女双方实际取得或者应当取得的住房补贴、住房公积金；（三）男女双方实际取得或者应当取得的基本养老金、破产安置补偿费。”本文下同。

则依据《婚姻法》第十七条第一款第（二）项之规定和《婚姻法司法解释（二）》第十一条第（一）项之规定，即使投资经营行为用的是赵某的婚前个人财产，所产生的收益也应当属于夫妻共同财产，陈某于离婚诉讼中请求分割该财产，则应当予以支持。如果将赵某在婚姻关系存续期间以婚前个人财产购房安置其父母的行为视为其使用婚前个人财产的一种方式，这种使用行为仅仅使得其婚前个人财产的存在形式发生了变化，由于其并不属于生产、经营行为，因此，即使该房屋随着房地产热而自然升值，也不应当认为系生产经营性收益，而且，该房屋不属于赵某与陈某的夫妻共同财产，陈某主张分割该房屋的诉讼请求，不能予以支持。而第二种观点中将该房屋的增值部分视为投资经营性收益，作为夫妻共同财产分割的观点，也是不对的。

我们认为，第三种观点是正确的。本案中，双方当事人对于赵某购置讼争房屋的款项全部来源于其婚前财产的事实并无争议，只是陈某认为赵某变卖其婚前所有的房屋，添加部分婚前存款购置的新房为婚姻关系存续期间取得的财产，因此认为离婚时应当作为夫妻共同财产分割。而二审法院持第二种意见的审判人员虽然不认可赵某婚后使用其婚前财产购置的房屋属于婚后取得的夫妻共同财产，但认为其购房行为属于经营行为，对于婚姻关系存续期间的生产经营性收益，无论婚姻当事人投入的是自己的婚前财产还是夫妻共同财产，其所得收益都属于夫妻共同财产。至赵某与陈某离婚诉讼时，经陈某单方找人评估得知，赵某所购房屋确实较购房时的房价有较大幅度的上涨，这部分价差应视为经营性收益，陈某可以请求作为夫妻共同财产分割。陈某本人的观点错误，不能得到支持，主要是因为，当事人婚前个人财产不能仅仅因为形式变化而致所有权发生变化。一方面，从赵某购房的资金来源看，其以变卖婚前个人所有的房屋所得款项加上从个人婚前存款中拿出的部分款项一起，购置了 90 平方米的楼房一套，是使用个人婚前财产的行为。从其购置上述房屋的用途看，很明显，赵某是为了安置自己因病需要照顾的父母，而不是进行投资经营。而且，至双方离婚时，赵某名下的该套房屋并未出售，因此没有也不可能取得了经营性收入。根据《婚姻法司法解释

（三）》第五条[①]的规定精神，夫妻一方个人财产在婚后产生的收益属于夫妻共同财产，但自然增值和孳息除外。将赵某离婚诉讼时房屋的评估价与其购房时房价之差认为是经营性收益的观点，缺乏事实和法律依据。

在婚姻关系存续期间，认为婚姻当事人只要在婚姻关系存续期间使用个人婚前财产并使之存在形式发生了变化，就属于投资经营行为，并因此改变所有权的性质或者将其自然增值认定为夫妻共有的观点，明显不利于发挥物的使用价值，不利于财富的流转，也使得人们为了保有自己的婚前个人财产而不敢正常使用上述财产，这样的裁判理念不符合现代民事立法鼓励充分发挥物的效用，鼓励正常的财产流转的基本精神。

四、最高人民法院民一庭裁判观点

当事人以生产、经营之外的其他方式使用自己的婚前个人财产，即使该财产的形式因此发生了变化，不导致上述财产所有权及其自然增值归属的变化。

---

① 《婚姻法司法解释（三）》已废止，相关规定参见《民法典婚姻家庭编解释（一）》第二十六条："夫妻一方个人财产在婚后产生的收益，除孳息和自然增值外，应认定为夫妻共同财产。"

【新旧法律依据对照】

旧法	新法	旧司法解释	新司法解释
《婚姻法》（2001年修正） **第十七条** 夫妻在婚姻关系存续期间所得的下列财产，归夫妻共同所有： （一）工资、奖金； （二）生产、经营的收益； （三）知识产权的收益； （四）继承或赠与所得的财产，但本法第十八条第三项规定的除外； （五）其他应当归共同所有的财产。 夫妻对共同所有的财产，有平等的处理权。	《民法典》 **第一千零六十二条** 夫妻在婚姻关系存续期间所得的下列财产，为夫妻的共同财产，归夫妻共同所有： （一）工资、奖金、劳务报酬； （二）生产、经营、投资的收益； （三）知识产权的收益； （四）继承或者受赠的财产，但是本法第一千零六十三条第三项规定的除外； （五）其他应当归共同所有的财产。 夫妻对共同财产，有平等的处理权。	《婚姻法司法解释（二）》 **第十一条** 婚姻关系存续期间，下列财产属于婚姻法第十七条规定的“其他应当归共同所有的财产”： （一）一方以个人财产投资取得的收益； （二）男女双方实际取得或者应当取得的住房补贴、住房公积金； 男女双方实际取得或者应当取得的养老保险金、破产安置补偿费。 《婚姻法司法解释（三）》 **第五条** 夫妻一方个人财产在婚后产生的收益，除孳息和自然增值外，应认定为夫妻共同财产。	《民法典婚姻家庭编解释（一）》 **第二十五条** 婚姻关系存续期间，下列财产属于民法典第一千零六十二条规定的“其他应当归共同所有的财产”： （一）一方以个人财产投资取得的收益； （二）男女双方实际取得或者应当取得的住房补贴、住房公积金； （三）男女双方实际取得或者应当取得的基本养老金、破产安置补偿费。 **第二十六条** 夫妻一方个人财产在婚后产生的收益，除孳息和自然增值外，应认定为夫妻共同财产。

续表

旧法	新法	旧司法解释	新司法解释
《婚姻法》（2001年修正） **第十九条** 夫妻可以约定婚姻关系存续期间所得的财产以及婚前财产归各自所有、共同所有或部分各自所有、部分共同所有。约定应当采用书面形式。没有约定或约定不明确的，适用本法第十七条、第十八条的规定。 夫妻对婚姻关系存续期间所得的财产以及婚前财产的约定，对双方具有约束力。 夫妻对婚姻关系存续期间所得的财产约定归各自所有的，夫或妻一方对外所负的债务，第三人知道该约定的，以夫或妻一方所有的财产清偿。	**《民法典》** **第一千零六十五条** 男女双方可以约定婚姻关系存续期间所得的财产以及婚前财产归各自所有、共同所有或者部分各自所有、部分共同所有。约定应当采用书面形式。没有约定或者约定不明确的，适用本法第一千零六十二条、第一千零六十三条的规定。 夫妻对婚姻关系存续期间所得的财产以及婚前财产的约定，对双方具有法律约束力。 夫妻对婚姻关系存续期间所得的财产约定归各自所有，夫或者妻一方对外所负的债务，相对人知道该约定的，以夫或者妻一方的个人财产清偿。	**《婚姻法司法解释（一）》** **第十八条** 婚姻法第十九条所称“第三人知道该约定的”，夫妻一方对此负有举证责任。	**《民法典婚姻家庭编解释（一）》** **第三十七条** 民法典第一千零六十五条第三款所称“相对人知道该约定的”，夫妻一方对此负有举证责任。

【法律适用指引】

法律适用指引一

一方以婚前个人财产投资取得的婚后收益的认定

1. 一方婚前财产的婚后自然孳息，根据物权原理，孳息应归物的所有人或其他合法权利人。《民法典》第一千零六十三条明确规定夫妻婚前财产归个人所有，那么这种财产产生的利息和其他孳生物应当属于夫妻个人财产。比如，对于一方婚前的财产存入银行所产生的自然孳息，一方婚前所有的房屋出租而未通过共同劳动所取得的房屋租金等，认定为一方个人的财产比较适宜。

2. 用婚前个人财产在婚后进行生产、经营活动所增值部分，属于《民法典》第一千零六十二条规定的“生产、经营、投资的收益”，应当认定为夫妻共同财产。在婚后所得共同制下，夫妻婚前个人财产的所有权原则上不因婚姻的成立而改变，如果将个人财产用于投资，不管这种投资是在婚前还是在婚后，其本金仍归个人所有，这是毫无疑问的。对于婚姻关系存续期间这些财产通过经营所产生的增值，则应属于夫妻共同财产。如果个人出资部分的收益归个人所有，将会成为一方推卸家庭责任的借口。在实际生活中，往往是男方出面出资经营较为常见。有的家庭男方用自己的婚前财产进行各类投资，女方在家照顾家庭、操持家务、照顾孩子，如果离婚时男方进行投资所赚的钱与女方无关，这显然不利于维护家庭和谐，不利于保护弱势群体的利益。但如果一方用婚前个人财产在婚后进行生产、经营、投资，由于经营不善产生损失，离婚时不能要求以夫妻共同财产进行抵偿。因为离婚时只能对现存的财产进行分割，已经消耗、灭失的财产不在分割之列。一方面，个人财产的所有者处分自己财产的后果应由自己承担；另一方面，也不能将自然因素等导致个人财产灭失或部分灭失的后果转嫁到夫妻共同财产上，从而侵犯配偶一方的财产共有权。

3. 一方用婚前个人积蓄在婚后购买的有形财产的归属问题，由于这只是原有财产价值存在形态发生了变化，其价值取得始于婚前，即所谓“万变不离其宗”，故应当认定为一方的个人财产。

4. 一方婚前用自己的财产投资做公司的股东，每年都有分红，那么婚后取得的分红属于什么性质的问题。根据《民法典》第一千零六十二条的规定，股东分红属于投资经营性的收益，既然是在婚姻关系存续期间取得，认定为夫妻共同财产比较适宜。

法律适用指引二

正确理解“婚姻关系存续期间”的含义

所谓“婚姻关系存续期间”指的是夫妻双方登记结婚之日起至婚姻关系终止之日止的期间。即合法取得结婚证之时至离婚生效或因配偶一方或双方死亡，婚姻自然终止的期间。包括结婚之后夫妻双方共同生活期间、领取结婚证后双方尚未共同生活期间、夫妻双方婚后分居期间，以及一方向人民法院提起离婚诉讼，人民法院准予离婚的调解或者判决尚未生效期间。但需要注意以下几种情况不包括在内：一是双方虽然共同生活，但因双方不具备结婚实质要件，未领取结婚证的期间；二是双方登记离婚或诉讼离婚生效后，两人又在一起同居生活的期间。

法律适用指引三

对补办结婚证之前的同居期间取得的财产的认定

补办前的同居分为两种情形：一种是双方不具备结婚的实质要件，如未达法定婚龄，对于这种情形，登记的效力肯定不能追认，同居期间的财产不能认定为夫妻共同财产；另一种是同居时双方已具备结婚实质要件，只是未领结婚证的情形。对此争议比较大，一种观点认为，《民法典》第一千零四十九条既然规定了允许双方补办登记，那么登记的效力就应追溯到双方具备实质结婚要件的同居期间，对同居期间的财产应按夫妻共同财产处理；还有一种观点认为，《民法典》第一千零四十九条明确规定“完成结婚登记，即确立婚姻关系”，如果追认补办前的行为，等于承认事实婚姻，我国从1994年2月开始已经不承认事实婚姻，现在再承认将不利于维护婚姻登记制度，故对补办效力不能溯及既往。补办前取得的财产，不能认定为夫妻共同财产。《最高人民法院关于适用〈中华人民共和国民法典〉婚姻家庭编的解释（一）》第六条规定，男女双方依据《民法典》第一千零四十九条规定补办结婚登记的，婚姻关系的效力从双方均符合《民法典》所规定的结婚的实质要件时起算。第七条规定，未依据《民法典》第一千零四十九条规定办理结婚登记而以夫妻名义共同生活的男女，提起诉讼要求离婚的，应当区别对待：（1）1994年2月1日民政部《婚姻登记管理条例》公布实施以前，男女双方已经符合结婚实质要件的，按事实婚姻处理。（2）1994年2月1日民政部《婚姻登记管理条例》公布实施以后，男女双方符合结婚实质要件的，人民法院应当告知其补办结婚登记。未补办结婚登记的，依据《最高人民法院关于适用〈中华人民共和国民法典〉婚姻家庭编的解释（一）》第三条规定处理。故补办之前的婚姻效力亦为法律所认可。对于同居期间，已满足结婚的实质要件，以夫妻名义共同生活而取得的财产在补办登记后，应视为夫妻共同财产。

法律适用指引四

夫妻一方财产在婚后产生的收益归属的认定

关于夫妻一方财产在婚后产生的收益如何处理，《最高人民法院关于适用〈中华人民共和国民法典〉婚姻家庭编的解释（一）》第二十六条采用的是一般原则加例外规定的模式，按照不同类型分别加以认定。

1.《最高人民法院关于适用〈中华人民共和国民法典〉婚姻家庭编的解释（一）》第二十六条规定关于夫妻一方财产在婚后产生的收益归属的认定，一般原则上应认定为夫妻共同财产。这一原则规定符合我国现行婚后所得共同制为基本形态的夫妻财产制度，也适应我国传统的婚姻家庭伦理观念和传统文化。

2.《最高人民法院关于适用〈中华人民共和国民法典〉婚姻家庭编的解释（一）》第二十六条除了规定上述一般原则外，还规定了两种除外类型：（1）孳息。（2）自然增值。该条规定将上述两种夫妻一方财产在婚后产生的收益类型排除于夫妻共同财产之外，而把夫妻另一方对个人财产的天然孳息、自然增值认定为个人财产，其原因在于夫妻另一方对个人财产的天然孳息、自然增值的形成及产生未提供贡献，故而为个人财产。但从协力理论的角度出发，孳息是否为夫妻一方个人财产应区分不同情形作不同处理：将夫妻一方个人财产产生的天然孳息界定为个人财产并无疑问，但法定孳息不宜均界定为个人财产，最典型如出租房屋所获得的租金，这一孳息与个人财产投资获得的收益并不存在差异，该条将个人财产投资所获得的收益规定为夫妻共同财产，按照类似实务类似处理的平等原则，以租金为代表的法定孳息也应属于夫妻共同财产。而夫妻一方婚前银行存款及其利息则更宜解释为夫妻一方个人财产。总之，在判断孳息是否为夫妻个人财产时，应当从协力理论出发，考察夫妻一方对财产的取得是否作出贡献。

因夫妻一方财产在婚后产生的自然增值通常是因通货膨胀或市场行情的变化而致，与夫妻双方的人为协作劳动或管理等并无关联，根据平等原则和注重保护个人财产原则，应将该部分增值认定为个人财产。

3. 关于夫妻一方财产在婚后产生的投资收益这种类型认定为夫妻共同财产。投资收益与自然增值、孳息存在很大的不同，是财产所有人对于所拥有的财产起到了积极推动作用，因夫妻一方或者双方的投资原因物质财富的增加，资产货币价值的增长。故这类投资收益也属于夫妻通过劳动所得的财产类型，除了夫妻另有约定外，应归属于夫妻共同财产。

法律适用指引五

确认收益归属的相关因素

夫妻财产本身存在人身与财产双重属性，《最高人民法院关于适用〈中华人民共和国民法典〉婚姻家庭编的解释（一）》第二十六条规定确认夫妻一方个人财产在婚姻存续期间的收益归属时，并不是将其视为一个孤立的问题，而是考量了诸多因素。对该条规定的理解，除了条文本身之外，还需对条文背后所考量的相关因素予以关注。

（一）夫妻财产制的立法理念及婚姻的伦理性

每个国家夫妻财产制的采用，具有一定的地域性和时代性，同本国的文化传统、伦理观念、民主法治的发展程度紧密相连。正如有学者在总结其他国家和地区立法例后所言："确定一方婚前财产在婚后所得孳息的所有权之归属，由于各国立法价值取向不同，导致了结果不同。从立法价值取向看，如侧重维护婚姻家庭共同生活，则一方婚前财产在婚后取得的孳息全部归属于夫妻共同所有；如果兼顾维护婚姻家庭共同生活和保护夫妻个人财产所有权，则部分共有、部分个人所有；如侧重于保护夫妻个人财产所有权，则一方婚前财产在婚后所得的孳息全部归属于该方个人所有。"① 随着社会经济的发展，在我国，人们的婚姻家庭观念发生了很大变化，人们越来越看重夫妻感情的维系，但是家庭仍然承担着生育和经济生活等诸多职能，我国现阶段社会大众的主流婚姻观念仍然是夫妻一体主义，"夫妻不分你我，在财产问题上也不分彼此"的观念仍然比较普遍，这就决定了我国的法定夫妻财产制仍然是共同财产制的基本形态。同时，在我国一般社会婚姻意识水平下，婚姻的伦理性仍然不能通过夫妻的精神层面完全得到解决，必须要辅之以财产制度。这些因素也意味着在认定夫妻一方个人财产在婚姻存续期间所产生收益归属时，不能采用个人财产说，即将一切收益认定为个人财产。否则，就会

① 陈苇：《婚姻家庭继承法学》，法律出版社 2002 年版，第 198 页。

脱离我国目前大众婚姻理念及现状的实际。与此同时，随着社会经济的发展和人们自我意识的觉醒，现代社会开始崇尚人格独立，无论是夫或妻，除了家庭属性之外，亦是社会的一个公民，具有人身和财产上的独立性，故在认定夫妻一方个人财产在婚姻存续期间所产生收益归属时，也应保障夫妻的独立人格和经济地位。

（二）男女平等、保护女性利益之观念

随着经济社会发展和妇女解放意识的增强，女性的社会经济地位日益提高。但整体而言，女性在就业机会、经济收入等方面与男性仍有差距，同时，在家庭里女性还要承担生育、照顾家庭等职责，这对社会和男性有利，却不利于女性经济地位的提高，因此，在认定夫妻一方个人财产在婚姻存续期间所产生收益归属时仍然有必要对女性予以特别关照，不能让收益完全归一方所有。

（三）尊重家务劳动价值

夫妻双方组成家庭，如同社会分工不同一样，他们在家庭生活中所扮演的角色也可能有所不同，很有可能一方的社会参与度高一些，一方照顾家庭更多一些。社会职业活动的价值往往通过工资、奖金、生产经营收益等加以体现，但家务劳动价值往往很难有一个具体量化的标准，而它对维系家庭正常生活乃至社会生活的有序进行至关重要，因此，在认定夫妻一方个人财产在婚姻存续期间所产生收益归属时，必须对家务劳动价值予以必要关注。

（四）维护交易安全

“夫妻财产制本来是规范夫妻内部之财产关系，但近代以来，由于资本社会的发达，交易趋于频繁，若夫妻中一人与第三人交易时，则涉及夫妻与第三人间财产关系，亦即，制定夫妻财产制时，不仅需注意夫妻内部之平等，尚须顾及交易之安全。”① 我国实行市场经济，交易安全也是其内在要求，认定夫妻一方个人财产在婚姻存续期间所产生收益归属时，应尽量使各种收益归属相对明确、固定，使之易为与夫或妻从事交易的第三人明了，从而满足市场经济条件下交易安全之需要。

---

① 林秀雄：《夫妻财产制之研究》，中国政法大学出版社 2001 年版，第 243 页。

（五）身份法和财产法之平衡

在认定夫妻一方个人财产在婚姻关系存续期间所产生收益的归属问题上，有主张按照《民法典》物权编之规定，将其认定为夫妻一方个人财产；有主张按照夫妻共同财产制之要求认定为夫妻共同财产，这两种观点均有其偏颇之处，归属认定不能一概而论。一方面，我们应该看到，婚姻家庭中的财产关系，是以人身关系为前提，直接体现出一定经济内容或者以一定的财产为媒介所形成的社会关系。这种财产关系不能脱离婚姻家庭方面的人身关系而独立存在，它是依附、从属于亲属人身关系的。[①] 另一方面，我们在设计规则时，也应努力减少法律规定上的冲突，在不违背公平合理的基础上尽量与《民法典》物权编的相关规定协调，以利于法律之统一。

法律适用指引六

夫妻共同财产范围

《最高人民法院关于适用〈中华人民共和国民法典〉婚姻家庭编的解释（一）》第三十七条是在《婚姻法》第十七条的基础上修改而成，仍采用列举式和概括式相结合的方式，第一款前四项明确列举了四种财产属于夫妻共同财产，第五项是抽象概括式的兜底规定。关于夫妻共同财产的范围，1950 年的《婚姻法》没有具体规定，1980 年的《婚姻法》第十三条第一款规定："夫妻在婚姻关系存续期间所得的财产，归夫妻共同所有，双方另有约定的除外。"该条仅是原则上规定了夫妻婚后所得共同制，并未具体列举夫妻共同财产的范围。2001 年修改的《婚姻法》，不仅明确列举了共同财产的范围，还同时列举了个人财产的范围。《最高人民法院关于适用〈中华人民共和国民法典〉婚姻家庭编的解释（一）》第三十七条基本沿用上述立法模式，仅作了部分微调。主要修改的内容为：（1）明确了"夫妻共同财产"的概念。（2）在《婚姻法》第十七条

① 王洪：《婚姻家庭法》，法律出版社 2003 年版，第 4 页。

第一项"工资、奖金"的基础上，增加了"劳务报酬"，以使该项规定的包容性更强。近年来，随着市场经济的发展，多种经济形态并存。实践中，除了工资、奖金之外，还有很多人通过非固定工作获得报酬，如咨询费、讲课费、稿费等，此类财产属劳务报酬范围，不能被工资、奖金所涵盖，在双方无特别约定的情况下，均应为夫妻共同财产。（3）在《婚姻法》第十七条第二项"生产、经营的收益"基础上，增加规定了"投资收益"。近年来，家庭财产投资形式日趋多元化，股票、证券、期货等投资产生的收益不能完全囊括在"生产、经营的收益"范围内。增加规定"投资收益"，能够更有针对性地回应现实社会生活。

法律适用指引七

夫妻双方约定实行分别财产制的规定

1. 男女双方约定分别财产制，女方离职在家操持家务，男方每月支付女方报酬，不论男方经济状况如何。该约定是否有效？根据《民法典》第一千零六十五条规定精神，夫妻对婚姻关系存续期间所得的财产以及婚前财产的约定，对双方具有法律约束力。因该约定不涉及婚姻关系之外的第三人，只解决对内效力的问题，而该约定并不违反法律的禁止性规定，且符合《民法典》关于一方因抚育子女、照料老人、协助另一方工作等付出较多义务的，离婚时有权向另一方请求补偿的规定。故这种协议应当认定有效为宜。

2. 夫妻双方约定实行分别财产制，并已进行公证，是否可以认定相对人知道。我国目前对夫妻财产制并没有法定的公示方法，公证仅是对双方对财产约定真实性的确认，不能当然地认为只要经过公证，交易相对人即应当知悉。认定相对人是否知道该约定，应当结合交易过程、相对人与夫妻关系的熟悉程度、债务履行情况等方面予以综合认定。

【案例五】

夫妻一方擅自将共同财产赠与他人的纠纷应如何处理*

一、案情简介

李某某与程某某系夫妻关系。程某某与冯某某于2004年11月开始婚外同居，当月程某某给冯某某20万元现金购买轿车，冯某某用该款购买轿车一辆且登记在自己名下。2004年6月，程某某购买蓝湾俊园住房一套，向开发商支付530500元购房款。2005年4月，程某某以合同更名的方式将该套房屋赠与冯某某，房屋产权登记在冯某某名下。2005年10月至2006年期间，冯某某以办公司需要注册资金为由向程某某索要资金，程某某共给付冯某某3049928元。2005年7月2日，冯某某与张某签订《借款协议》，张某承认实际收到290万元借款。

2006年7月，李某某诉至一审法院，请求判令：确认程某某赠与冯某某财产的行为无效，要求冯某某返还304.90万元、轿车一辆、蓝湾俊园住房一套，要求张某返还290万元。

二、法院裁判情况

一审法院经审理认为，冯某某与程某某年龄相差悬殊，明知其有配

* 案例来源：最高人民法院民事审判第一庭编：《民事审判指导与参考》2013年第2辑（总第54辑）。

偶而以情人身份与之同居生活，并向程某某索取汽车、房产及将近 305 万元的钱款，其行为违反了社会公德，主观上并非出自善意。程某某未经李某某同意，将夫妻共有巨额财产赠与冯某某，侵害了李某某的合法财产权益，其赠与行为无效。第三人张某明知冯某某是通过不正当手段获得上述财产，却与冯某某恶意串通，以所谓长期借款的形式将 290 万元转移到自己名下，其应将该款项返还给李某某。据此判决：1. 冯某某向李某某返还轿车及房屋，过户费用由程某某承担；2. 冯某某向李某某返还 3049928 元；3. 张某对其中的 290 万元承担连带返还责任；4. 驳回李某某其他诉讼请求。

冯某某、张某不服提起上诉，二审法院认为，程某某向冯某某的赠与行为应依合同法的规定单独判断，赠与行为是程某某的真实意思表示，且已办理过户登记，故应当认定为有效，冯某某向程某某索取资金 3049928 元应予返还。二审判决维持一审判决第二、三项，撤销了第一项，即冯某某返还现金但不返还轿车和房屋。

某检察院抗诉认为：程某某将夫妻共同财产赠与冯某某的行为违反了公序良俗的法律原则，冯某某取得诉争房屋和车辆是基于其与程某某之间不正当的婚外同居关系，其取得财产主观上并非善意，且不是有偿取得，不符合善意取得的法定条件。终审判决认定程某某赠与冯某某房产与车辆的行为有效，系适用法律错误。

再审法院认为，程某某擅自处分夫妻共同财产的赠与行为无效，冯某某应返还当时购买车辆和房屋的对价 730500 元以及其索取的资金 3049928 元，张某应对其收到的 290 万元承担连带返还责任。

三、主要观点和理由

在本案审理过程中，对夫妻一方擅自将共同财产赠与他人的效力问题，存在两种不同的观点。

第一种观点认为：（1）程某某和冯某某婚外同居有违公序良俗，但该行为的无效并不能等同于赠与无效，对程某某向冯某某的赠与行为应依合同法的规定单独判断。而依合同法的相关规定，程某某对冯某某就车辆和房产的赠与行为已完成了所有权转移登记，故该赠与行为不应予以撤销。（2）程某某的赠与并不必然侵犯李某某的夫妻共有财产权。虽然婚姻关系存续期间所得的财产一般属于夫妻共同共有，但程某某作为夫妻一方应享有部分财产的独立处分权。程某某与李某某的夫妻共同财产总额较大，程某某在本案中单独处分的部分财产较之于夫妻共同财产比例较小，故该赠与并不必然损害李某某的夫妻共有财产权。而且，即使程某某侵犯了李某某的夫妻共有财产权，也应由程某某对李某某承担责任，而不应由冯某某承担责任。（3）程某某的社会地位和经济地位均高于冯某某，其与冯某某婚外同居，虽双方均有过错，但程某某应属主要过错方。如果判令冯某某将程某某赠与的财产完全返还，不能体现对于程某某作为主要过错一方的惩罚。故在判令冯某某已返还货币财产的情况下，鉴于程某某赠与冯某某的房屋和车辆均已登记在冯某某名下，该赠与行为应认定为合法有效，冯某某对诉争房屋和车辆享有所有权。

第二种观点认为：（1）程某某赠与冯某某的购车款和房产均系程某某与李某某的夫妻共同财产，程某某未征得李某某的同意将上述财产赠与冯某某，侵犯了李某某的财产权。（2）程某某基于与冯某某之间存在的不正当婚外同居关系将诉争房屋和车辆赠与冯某某，该行为违反了公序良俗的法律原则，依法无效。（3）冯某某取得诉争房屋和车辆并非善意、有偿取得，而程某某非因日常生活需要、在未与其妻李某某协商一致的情形下，擅自将诉争房屋和车辆赠与冯某某，应认定无效。（4）从保证裁决结果之间一致性上考虑，既然认定程某某赠与冯某某货币财产的行为无效，那么赠与冯某某房产和车辆的行为亦同属无效。（5）从良好的社会导向考虑，亦应当认定程某某在未与李某某协商一致情形下、非因日常生活需要、对基于不正当婚外同居关系向冯某某无偿赠与的擅自处分行为无效。（6）二审判决认定赠与行为有效的依据不足，其抛开民事行为应遵循的公序良俗原则，仅依合同法规定单独判断赠与行为的效力显属不当。

四、观点评析

本案是典型的有配偶者与他人婚外同居发生的赠与纠纷，处理时应从法律、情理与当事人之间利益平衡方面综合考虑。

其一，《婚姻法》第三条[①]规定“禁止有配偶者与他人同居”，程某某在已有配偶的情况下与冯某某婚外同居，其行为违反了婚姻法的禁止性规定，其与冯某某的同居关系属于违法关系。

其二，夫妻共同财产是基于法律的规定，因夫妻关系的存在而产生的。在夫妻双方未选择其他财产制的情形下，夫妻对共同财产形成共同共有，而非按份共有。根据共同共有的一般原理，在婚姻关系存续期间，夫妻共同财产应作为一个不可分割的整体，夫妻对全部共同财产不分份额地共同享有所有权，夫妻双方无法对共同财产划分个人份额，在没有重大理由时也无权于共有期间请求分割共同财产。夫妻对共同财产享有平等的处理权，并不意味着夫妻各自对共同财产享有一半的处分权。只有在共同共有关系终止时，才可对共同财产进行分割，确定各自份额。因此夫妻一方擅自将共同财产赠与他人的行为应为全部无效，而非部分无效。

对此问题，《德国民法典》规定“配偶一方不得处分其在共同财产中的应有部分和在属于共同财产的各个标的中的应有部分”。《瑞士民法典》也规定“任何配偶一方不得处分其在共同财产中的应有部分”。《美国统一婚姻财产法》规定：当一方配偶对婚姻财产行使管理、处分权时，其在1年内以婚姻财产赠与第三人的礼物累计金额不得超出500美元，或者根据该配偶的经济能力，其赠与的数额是合理的、恰当的，除非配偶双方共同赠与第三人，超过该数额之其他赠与必须经由配偶双方共同赠与。否则，另一方配偶有权启动返还原物之诉或恢复财产原状、要求损害赔偿之诉。该方配偶可起诉行使赠与的配偶一方、受赠方或者双方当

---

① 《婚姻法》已废止，相关规定参见《民法典》第一千零四十二：“禁止包办、买卖婚姻和其他干涉婚姻自由的行为。禁止借婚姻索取财物。禁止重婚。禁止有配偶者与他人同居。禁止家庭暴力。禁止家庭成员间的虐待和遗弃。”

事人。

虽然我国婚姻法缺乏上述有针对性的明确规定，但《婚姻法司法解释（一）》第十七条规定：“婚姻法第十七条关于‘夫或妻对夫妻共同所有的财产，有平等的处理权’的规定，应当理解为：（一）夫或妻在处理夫妻共同财产上的权利是平等的，因日常生活需要而处理夫妻共同财产的，任何一方均有权决定。（二）夫或妻非因日常生活需要对夫妻共同财产做重要处理决定，夫妻双方应当平等协商，取得一致意见。他人有理由相信其为夫妻双方共同意思表示的，另一方不得以不同意或不知道为由对抗善意第三人。”本案中程某某赠与冯某某大额财产，显然不是因日常生活需要而处理夫妻共同财产的行为，其未经妻子李某某同意赠与冯某某车辆、房屋及钱款，侵犯了李某某的财产权益，该赠与行为应认定为无效；冯某某明知程某某有配偶而与其婚外同居并接受大额财产的赠与，显然也不能视为善意第三人。

其三，超出日常生活需要对夫妻共同财产进行处分，双方应当协商一致，程某某单独将大额夫妻共同财产赠与他人，也是一种无权处分行为。《物权法》第一百零六条①规定：如无善意取得的情形，“无处分权人将不动产或者动产转让给受让人的，所有权人有权追回”。当财产被他人无合法依据占有时，所有权人有权根据物权的追及效力要求非法占有人返还财产，夫妻中的受害方可以行使物上请求权，以配偶和婚外同居者为共同被告，请求法院判令其返还财产。

其四，涉及到具体处理问题，对于程某某赠与冯某某的轿车和房产，究竟是返还原物还是返还相应的款项，审判实践中做法不一。我们认为，一般可分为两种情况：如果赠与人给受赠人钱款让其购房、购车等且登记在受赠人名下，赠与行为被确认无效后，受赠人应返还相应的钱款；

① 《物权法》已废止，相关规定参见《民法典》第三百一十一条：“无处分权人将不动产或者动产转让给受让人的，所有权人有权追回；除法律另有规定外，符合下列情形的，受让人取得该不动产或者动产的所有权：（一）受让人受让该不动产或者动产时是善意；（二）以合理的价格转让；（三）转让的不动产或者动产依照法律规定应当登记的已经登记，不需要登记的已经交付给受让人。受让人依据前款规定取得不动产或者动产的所有权的，原所有权人有权向无处分权人请求损害赔偿。当事人善意取得其他物权的，参照适用前两款规定。”

如果赠与人是把原来登记在自己名下的房屋、车辆等变更登记为受赠人，受赠人应返还原房屋或车辆等。

从本案的实际情况来看，程某某给冯某某20万元现金购买轿车，登记在冯某某名下，判令冯某某返还20万元应该争议不大；诉争房屋的情况有些特别，2004年6月程某某与开发商签订购房合同并支付购房款530500元，2005年4月程某某以合同更名的方式将房屋赠与冯某某且登记在冯某某名下。如果单纯从法律角度考虑，程某某2004年6月签订购房合同并支付购房款，可以说已经享有了房屋的准物权，以后房产登记时顺理成章地应以购房合同上的购买人为准。因此，一审法院判令冯某某向李某某返还房屋也有一定道理。但是，程某某给付冯某某20万元购车，赠与冯某某的房屋当时是以530500元的价格购买，现房价已呈大幅度增长，从不应让有主要过错的程某某在与他人婚外同居过程中不合理受益的角度考虑，即使判令冯某某返还，亦只应返还当时已支付的对价730500元，而不应判令将房屋和车辆实物返还。如果判令冯某某返还诉争房屋，程某某不仅没有财产损失，反而可以从房屋增值部分获利，这种“人财两得”的示范效应不利于婚姻家庭的和谐稳定，亦与婚姻法的立法本意相悖。

五、最高人民法院民一庭裁判观点

夫妻一方与他人婚外同居违反了婚姻法的禁止性规定，这种婚外同居关系属于违法关系；在婚姻关系存续期间，夫妻双方对共同财产不分份额地共同享有所有权，夫或妻非因日常生活需要处分夫妻共同财产时，应当协商一致，任何一方无权单独处分夫妻共同财产；如果夫妻一方超出日常生活需要擅自将共同财产赠与他人，这种赠与行为应认定为无效；夫妻中的另一方以侵犯共有财产权为由请求返还的，人民法院应予支持。

【新旧法律依据对照】

旧法	新法	旧司法解释	新司法解释
《婚姻法》（2001 年修正） **第十七条** 夫妻在婚姻关系存续期间所得的下列财产，归夫妻共同所有： （一）工资、奖金； （二）生产、经营的收益； （三）知识产权的收益； （四）继承或赠与所得的财产，但本法第十八条第三项规定的除外； （五）其他应当归共同所有的财产。 夫妻对共同所有的财产，有平等的处理权。	《民法典》 **第一千零六十二条** 夫妻在婚姻关系存续期间所得的下列财产，为夫妻的共同财产，归夫妻共同所有： （一）工资、奖金、劳务报酬； （二）生产、经营、投资的收益； （三）知识产权的收益； （四）继承或者受赠的财产，但是本法第一千零六十三条第三项规定的除外； （五）其他应当归共同所有的财产。 夫妻对共同财产，有平等的处理权。		

续表

旧法	新法	旧司法解释	新司法解释
	《民法典》 第一千零六十六条 婚姻关系存续期间，有下列情形之一的，夫妻一方可以向人民法院请求分割共同财产： （一）一方有隐藏、转移、变卖、毁损、挥霍夫妻共同财产或者伪造夫妻共同债务等严重损害夫妻共同财产利益的行为； （二）一方负有法定扶养义务的人患重大疾病需要医治，另一方不同意支付相关医疗费用。	《婚姻法司法解释（三）》 第四条 婚姻关系存续期间，夫妻一方请求分割共同财产的，人民法院不予支持，但有下列重大理由且不损害债权人利益的除外： （一）一方有隐藏、转移、变卖、毁损、挥霍夫妻共同财产或者伪造夫妻共同债务等严重损害夫妻共同财产利益行为的； （二）一方负有法定扶养义务的人患重大疾病需要医治，另一方不同意支付相关医疗费用的。	《民法典婚姻家庭编解释（一）》 第三十八条 婚姻关系存续期间，除民法典第一千零六十六条规定情形以外，夫妻一方请求分割共同财产的，人民法院不予支持。
《物权法》 第一百零六条 无处分权人将不动产或者动产转让给受让人的，所有权人有权追回；除法律另有规定外，符合下列情形的，受让人取得该不动产或者动产的所有权： （一）受让人受让该不动产或者动产时是善意的；	《民法典》 第三百一十一条 无处分权人将不动产或者动产转让给受让人的，所有权人有权追回；除法律另有规定外，符合下列情形的，受让人取得该不动产或者动产的所有权： （一）受让人受让该不动产或者动产时是善意；	《物权法解释（一）》 第十五条 受让人受让不动产或者动产时，不知道转让人无处分权，且无重大过失的，应当认定受让人为善意。 真实权利人主张受让人不构成善意的，应当承担举证证明责任。	《物权编司法解释（一）》 第十四条 受让人受让不动产或者动产时，不知道转让人无处分权，且无重大过失的，应当认定受让人为善意。 真实权利人主张受让人不构成善意的，应当承担举证证明责任。

续表

旧法	新法	旧司法解释	新司法解释
（二）以合理的价格转让； （三）转让的不动产或者动产依照法律规定应当登记的已经登记，不需要登记的已经交付给受让人。 受让人依照前款规定取得不动产或者动产的所有权的，原所有权人有权向无处分权人请求赔偿损失。 当事人善意取得其他物权的，参照前两款规定。	（二）以合理的价格转让； （三）转让的不动产或者动产依照法律规定应当登记的已经登记，不需要登记的已经交付给受让人。 受让人依据前款规定取得不动产或者动产的所有权的，原所有权人有权向无处分权人请求损害赔偿。 当事人善意取得其他物权的，参照适用前两款规定。		

【法律适用指引】

法律适用指引一

严格把握允许分割夫妻共同财产的限制条件

（一）有严重损害夫妻共同财产利益的行为

夫妻一方可请求分割共同财产的第一种情形为：一方有隐藏、转移、变卖、毁损、挥霍夫妻共同财产或者伪造夫妻共同债务等严重损害夫妻共同财产利益的行为。隐藏，是指故意将夫妻共同财产隐匿，不让对方知悉。转移，是指将夫妻共同财产转移至第三人名下，造成不属于夫妻共同财产的假象，比如在婚姻关系存续期间购房，但是房产证办理在第三人名下，且故意不让对方知悉。变卖，是指在对方不知道的情形下，擅自出售夫妻共同财产，且出售所得款项不用于夫妻共同生活。如果只是擅自处分夫妻共同财产，但是将处分所得款项仍作为夫妻共同财产的，则不属于该情形。比如夫妻双方就是否出售某房屋未达成一致，一方虽擅自出售了房屋，但是价格合理，且将出售款项交回的，不属于规定的情形。毁损，是指毁坏、损害夫妻共同财产。这里的“毁损”应指故意的情形，不包括过失造成的损坏。挥霍，是指将夫妻共同财产用于不必要的消费，比如不合理的高消费、赌博等。伪造夫妻共同债务，是指虚构夫妻共同债务，通过用夫妻共同财产偿还虚构的债务的手段，达到侵占夫妻共同财产的目的，在这种情形下，往往是夫妻一方和第三方串通完成。

认定上述各项行为时，不仅要认定行为的成立要件，还要注意只有达到“严重损害夫妻共同财产利益”的程度，才能造成分割夫妻共同财产的后果。何为“严重损害”，需要结合行为的性质、夫妻共同财产的数额、造成的影响程度等因素进行。比如一方虽有上述行为，但是金额不大，在夫妻共同财产中所占比例很小的，不应视为符合《民法典》第一千零六十六条规定的条件。

（二）一方负有法定扶养义务的人患重大疾病需要医治，另一方不同意支付相关医疗费用的

所谓扶养，是广义的概念，既包括长辈对晚辈的抚养义务，也包括晚辈对长辈的赡养义务，还包括同辈之间（如夫妻之间、兄弟姐妹之间）的扶养义务。法定扶养义务，是指这种扶养义务是法律规定的，而不是仅因情感产生的。依据《民法典》婚姻家庭编的规定，扶养义务的产生主要有以下几种情形：父母对未成年子女和不能独立生活的成年子女的抚养义务；夫妻之间相互扶养的义务；子女对父母的赡养义务；祖父母、外祖父母对孙子女、外孙子女的抚养义务；孙子女、外孙子女对祖父母、外祖父母的赡养义务；兄、姐对未成年弟、妹的扶养义务；弟、妹对兄、姐的扶养义务。司法实践中，应根据具体条款认定法定扶养义务人的范围，比如兄、姐对未成年弟、妹的扶养义务是有条件的，要求兄、姐有

负担能力，且父母已经死亡或者父母无力抚养，如果不符合这种条件，可自愿进行，但不属于法定义务。又如对于叔伯、姑姨等亲属的帮助，法律并未将之规定为法定义务，属于自愿行为。

作为可分割夫妻共同财产的条件，扶养义务人患病限于“重大疾病”，且另一方不同意支付相关医疗费用。何为“重大疾病”，法律没有规定，可以参考《重大疾病保险的疾病定义使用规范》列举的重大疾病，根据病人实际病情、医疗费用等进行综合判断。一般认为，需要长期治疗、花费较高的疾病，或者直接关涉生命安全的疾病等属于重大疾病。“相关医疗费用”，是指为治疗疾病需要的必要、合理费用，不包括营养、陪护等费用。①

法律适用指引二

可以提起请求分割婚内财产诉讼的主体

虽然有的国家民法典规定债权人为了实现债权可以请求债务人分割夫妻共同财产，但是依据《民法典》第一千零六十六条的规定，我国婚内财产分割诉讼的当事人仅限于夫妻双方，只有夫妻一方才有权提起该类诉讼。此外，婚内财产分割，不应损害债权人的利益。属于夫妻共同债务的，债权人可以向夫妻双方进行追偿，夫妻双方应当对共同债务承担连带清偿责任，夫妻之间是否进行了共同财产分割，不应影响债务的清偿。属于夫妻一方债务的，应当防止出现夫妻双方恶意串通，将财产全部或者大部分转移给另一方，从而损害债权人的情形。在这种情形下，不应当允许分割。

---

① 最高人民法院民事审判第一庭编著：《最高人民法院婚姻法司法解释（三）理解与适用》，人民法院出版社2015年版，第86页。

法律适用指引三

要准确把握婚姻关系存续期间夫妻共同财产分割的原则

在夫妻婚姻关系存续期间，对夫妻共同财产的处理，以不允许分割共同财产为原则，允许分割为例外。夫妻共同财产制度有利于保障夫妻中经济能力较弱一方的权益，有利于从经济基础层面保障真正的夫妻地位平等，也有利于构造和谐稳定的家庭关系，符合我国传统文化理念和当下大多数人对夫妻财产制的要求。因此，在不具备《民法典》第一千零六十六条规定情形下，在共同共有关系消灭之前，按照共同共有财产原则上不能分割的理论，不支持夫妻一方请求分割共有财产的主张。在审判实践中，要严格掌握上述原则，将《民法典》第三百零三条规定的“重大理由”仅限定在《民法典》第一千零六十六条的两种情形，除该条规定两种情形外，不能类推适用，亦不能作扩大解释，以避免婚姻关系存续期间随意主张分割夫妻共同财产，损害家庭稳定，影响夫妻共有财产的保障功能。①

法律适用指引四

严格把握允许分割夫妻共有财产的限制条件

在审判实践中，要按照审查夫或妻一方请求行使夫妻共同财产分割请求权是否符合《民法典》第一千零六十六条规定的两种情形，严格把握允许分割夫妻共有财产的限制条件。

（一）有严重损害夫妻共同财产利益的行为

《民法典》第一千零六十六条第一项规定的允许分割共同财产的情形是，一方有隐藏、转移、变卖、毁损、挥霍夫妻共同财产或伪造夫妻共

① 最高人民法院民法典贯彻实施工作领导小组主编：《中华人民共和国民法典婚姻家庭编继承编理解与适用》，人民法院出版社 2020 年版，第 181 页。

同债务等严重损害夫妻共同财产利益的行为。要具体把握以下几点：

一是夫妻一方实施了隐藏、转移、变卖、毁损、挥霍夫妻共同财产或伪造夫妻共同债务的情形。隐藏，是指故意将夫妻共同财产隐匿，不让对方知悉，使其无法获知财产去向。转移，是指故意将夫妻共同财产移至他处或者第三人名下，脱离对方的掌握。变卖，是指在对方不知情的情况下，私自处分出卖夫妻共同财产，且处分所得不用于夫妻共同生活。毁损，是指故意采用打碎、拆卸、涂抹等破坏性手段破坏、毁坏夫妻共同财产，导致其失去原有样态、全部失去或者部分失去原有使用价值和财产价值。挥霍，是指故意超出合理范围处置、消费夫妻共同财产，造成财产极大浪费或缩减。伪造夫妻共同债务，是指夫妻一方独自或串通他人通过制造内容虚假的债务凭证，包括虚构合同、伪造欠条等方式，虚构夫妻共同债务，意图用夫妻共同财产偿还的方式达到侵占的目的。

二是实施上述行为应系主观上故意，不包括过失行为。如因过失将共同财产毁坏，应不属于《最高人民法院关于适用〈中华人民共和国民法典〉婚姻家庭编的解释（一）》。[①] 这是判断夫妻一方是否实施严重损害夫妻共同财产行为的主观要件，因婚姻关系存续期间，夫妻一方一般都会实施一定的处置夫妻财产的行为，在审判实践中要特别注意有心之过与无心为之的区别，否则会对婚姻关系造成不良影响，有违《民法典》第一千零六十六条规定的初衷。

三是认定上述行为是否成立，还需判断损害后果是否达到“严重损害夫妻共同财产利益”的程度。只有损害后果达到严重损害夫妻共同财产利益的程度，才可以支持另一方行使夫妻共同财产分割请求权。对于“严重损害”的程度判断，则需要结合具体行为的性质、损害财产的程度、损害夫妻共同财产的比例、造成的影响程度等因素进行衡量。不同的夫妻共同财产数额大小、数量多少，都有着不同的后果影响程度，具体需要结合不同案件事实进行分析。

（二）一方负有法定扶养义务的人患重大疾病需要医治，另一方不同意支付相关医疗费用

---

① 黄薇主编：《中华人民共和国民法典婚姻家庭编释义》，法律出版社2020年版，第104页。

一是实践中要准确把握《民法典》第一千零六十六条规定的扶养，采用的是广义上的扶养概念，即一定范围的亲属之间互相供养和扶助的法律关系。广义的扶养包括抚养、赡养和狭义的扶养，既包括长辈对晚辈的抚养义务，主要指父母对未成年子女、祖父母对孙子女、外祖父母对外孙子女的供养，也包括晚辈对长辈的赡养义务，主要指子女对父母、孙子女对祖父母、外孙子女对外祖父母的供养，还包括同辈之间（如夫妻之间、兄弟姐妹之间）的扶养义务。法定扶养义务，是指这种扶养义务是法律规定的，不是仅因情感产生的。对于法定扶养义务的情形，《民法典》婚姻家庭编有着明确的规定。具体包括以下内容：第一千零五十九条规定："夫妻有相互扶养的义务。需要扶养的一方，在另一方不履行扶养义务时，有要求其给付扶养费的权利。"第一千零六十七条规定："父母不履行抚养义务的，未成年子女或者不能独立生活的成年子女，有要求父母给付抚养费的权利。成年子女不履行赡养义务的，缺乏劳动能力或者生活困难的父母，有要求成年子女给付赡养费的权利。"第一千零七十一条第二款规定："不直接抚养非婚生子女的生父或者生母，应当负担未成年子女或者不能独立生活的成年子女的抚养费。"第一千零七十二条第二款规定："继父或者继母和受其抚养教育的继子女间的权利义务关系，适用本法关于父母子女关系的规定。"第一千零七十四条规定："有负担能力的祖父母、外祖父母，对于父母已经死亡或者父母无力抚养的未成年孙子女、外孙子女，有抚养的义务。有负担能力的孙子女、外孙子女，对于子女已经死亡或者子女无力赡养的祖父母、外祖父母，有赡养的义务。"第一千零七十五条规定："有负担能力的兄、姐，对于父母已经死亡或者父母无力抚养的未成年弟、妹，有扶养的义务。由兄、姐扶养长大的有负担能力的弟、妹，对于缺乏劳动能力又缺乏生活来源的兄、姐，有扶养的义务。"实践中，应当根据以上规定来确定判断是否为夫妻一方负有法定扶养义务的人。

二是实践中要准确理解"重大疾病"及"不同意支付相关医疗费用"的内涵。要严格把握疾病的适用条件，一方负有法定扶养义务的人必须患有重大疾病。至于对"重大疾病"的理解，法律没有规定，可以参考《重大疾病保险的疾病定义使用规范》列举的重大疾病，一般包括恶性肿瘤、急性心肌梗死、脑中风后遗症、重大器官移植术或造血干细胞移植术、冠状动脉搭桥术等，此外，也包括需要长期治疗、花费较高的疾病，包括糖尿病、脊髓灰质炎等。“不同意支付相关医疗费用”包括两个方面：一方面是夫妻一方向另一方明确表示要支付自己负有法定扶养义务的人医疗费用，而另一方明确表示拒绝的。此处还要注意，夫妻一方自身患有疾病，以共同财产支付医疗费用属于应当使用夫妻共同共有财产的应有之意，不属于此条规定。另一方面，相关医疗费用，应是指为治疗疾病需要的必要、合理费用，不包括营养、陪护等费用。①

法律适用指引五

要准确把握夫妻分割共同财产的范围

《最高人民法院关于适用〈中华人民共和国民法典〉婚姻家庭编的解释（一）》第三十六条是对婚姻关系存续期间，保护夫妻一方依法行使夫妻共同财产分割请求权的规定。因此，首先要准确界定夫妻共同财产的范围，且分割财产要以有利于维护并保持婚姻关系，有利于夫妻共同财产的维持及利用为标准。夫妻共同财产主要是指夫妻双方在婚姻关系存续期间所得的财产，财产内容主要为《民法典》第一千零六十二条的规定，“夫妻在婚姻关系存续期间所得的下列财产，为夫妻的共同财产，归夫妻共同所有：（一）工资、奖金、劳务报酬；（二）生产、经营、投资的收益；（三）知识产权的收益；（四）继承或者受赠的财产，但是本法第一千零六十三条第三项规定的除外；（五）其他应当归共同所有的财产。夫妻对共同财产，有平等的处理权”。此外，还包括《最高人民法院关于适用〈中华人民共和国民法典〉婚姻家庭编的解释（一）》第二十四条的规定，即《民法典》第一千零六十二条第一款第三项规定的“知识产权的收益”，是指婚姻关系存续期间，实际取得或者已经明确可以取

① 最高人民法院民事审判第一庭编著：《最高人民法院婚姻法司法解释（三）理解与适用》，人民法院出版社2011年版，第70页。

得的财产性收益。《最高人民法院关于适用〈中华人民共和国民法典〉婚姻家庭编的解释（一）》第二十五条的规定，即婚姻关系存续期间，下列财产属于《民法典》第一千零六十二条规定的“其他应当归共同所有的财产”：（1）一方以个人财产投资取得的收益；（2）男女双方实际取得或者应当取得的住房补贴、住房公积金；（3）男女双方实际取得或者应当取得的基本养老金、破产安置补偿费。

法律适用指引六

要准确把握提起请求分割婚内财产诉讼的主体

依据《民法典》第一千零六十六条及《最高人民法院关于适用〈中华人民共和国民法典〉婚姻家庭编的解释（一）》第三十六条的规定，我国婚内财产分割诉讼的当事人应仅限于夫妻双方，即只有夫妻一方才有权提起该类诉讼。另外，需要务必注意的是，《民法典》第一千零六十六条及《最高人民法院关于适用〈中华人民共和国民法典〉婚姻家庭编的解释（一）》第三十六条虽基本沿用了《婚姻法司法解释（三）》第四条的内容，但在适用条件上有细微差别，该解释条文中除了满足重大理由外，还特别指出要“不损害债权人利益”，而《民法典》第一千零六十六条及《最高人民法院关于适用〈中华人民共和国民法典〉婚姻家庭编的解释（一）》第三十六条对此均未提及。但上述条文并未改变“不损害债权人利益”的适用条件，婚内财产分割，不损害债权人利益是题中应有之义。属于夫妻共同债务的，债权人可以向夫妻双方进行追偿，夫妻双方应当对共同债务承担连带清偿责任，夫妻之间是否进行了共同财产分割，不应影响债务的清偿。属于夫妻一方债务的，应当防止出现夫妻双方恶意串通，将财产全部或者大部分转移给另一方，从而损害债权人的情形。在这种情形下，不应当允许分割。

法律适用指引七

要准确把握夫妻一方不履行扶养义务时，另一方的权利救济

《最高人民法院关于适用〈中华人民共和国民法典〉婚姻家庭编的解释（一）》第三十六条适用的条件之一是一方负有法定扶养义务的人患重大疾病需要医治，另一方不同意支付相关医疗费用，并不包括夫妻一方自身医治的情况。夫妻双方相互扶养，除非另有约定，对夫妻关系存续期间的财产共同共有，是《民法典》对婚姻家庭关系的法定保护。对此，《民法典》第一千零五十九条明确规定："夫妻有相互扶养的义务。需要扶养的一方，在另一方不履行扶养义务时，有要求其给付扶养费的权利。"该条规定即明确夫妻互相扶养义务是法定义务，具有强制性，夫妻之间不得以约定形式改变这一法定义务。其中扶养义务既包括生活上的扶助，也包括一方患病时的扶持，在一方患病时，另一方应当以支付医疗费用等方式保障患病方受到医治。即便是根据《民法典》第一千零六十五条"男女双方可以约定婚姻关系存续期间所得的财产以及婚前财产归各自所有、共同所有或者部分各自所有、部分共同所有。约定应当采用书面形式。没有约定或者约定不明确的，适用本法第一千零六十二条、第一千零六十三条的规定。夫妻对婚姻关系存续期间所得的财产以及婚前财产的约定，对双方具有法律约束力。夫妻对婚姻关系存续期间所得的财产约定归各自所有，夫或者妻一方对外所负的债务，相对人知道该约定的，以夫或者妻一方的个人财产清偿"的规定，夫妻双方实行分别财产制，也不意味着夫妻一方只负担各自的生活费用而不承担扶养对方的义务，如当一方患有重病时，另一方仍有义务尽力照顾，并提供有关医疗费用。目前，在我国的一些家庭中，夫妻双方的经济收入还有一定差距，往往是丈夫收入多于妻子，在扶养问题上，丈夫应当多承担一些义务。在司法实践中，在处理夫妻互相扶养问题上，也应更加注意

保护女方的合法权益。[1] 在夫妻一方患病时，另一方如不履行扶养义务的，拒绝给付扶养费或者对于扶养费数额、支付方式等具体内容产生争议的，患病方有权直接向人民法院提起诉讼，或者向人民调解组织提出调解申请，要求其支付医疗费、履行法定扶养义务，另一方不自动履行生效判决的，可通过强制执行程序实现对其个人财产和夫妻共同财产的处置，不需要通过《民法典》第一千零六十六条规定的方式来实现救济。[2] 如果夫或妻一方患病或者没有独立生活能力，有扶养义务的配偶拒绝扶养，情节恶劣的，构成遗弃罪的，还应当承担刑事责任。

法律适用指引八

要准确把握分割共同财产的方式

《最高人民法院关于适用〈中华人民共和国民法典〉婚姻家庭编的解释（一）》第三十六条规定对婚姻关系存续期间，夫妻一方请求行使分割夫妻共同财产的问题予以明确，但并未对如何进行分割进行规定。实践中，具体分割方式又是必须要处理的问题，因此可以参考《民法典》及《最高人民法院关于适用〈中华人民共和国民法典〉婚姻家庭编的解释（一）》有关离婚时夫妻共同财产分割方式的相关规定。

比如《民法典》第一千零八十七条规定："离婚时，夫妻的共同财产由双方协议处理；协议不成的，由人民法院根据财产的具体情况，按照照顾子女、女方和无过错方权益的原则判决。对夫或者妻在家庭土地承包经营中享有的权益等，应当依法予以保护。"第一千零八十八条规定："夫妻一方因抚育子女、照料老年人、协助另一方工作等负担较多义务的，离婚时有权向另一方请求补偿，另一方应当给予补偿。具体办法由双方协议；协议不成的，由人民法院判决。"第一千零八十九条规定："离婚时，夫妻共同债务应当共同偿还。共同财产不足清偿或者财产归各

---

① 黄薇主编：《中华人民共和国民法典婚姻家庭编释义》，法律出版社 2020 年版，第 66 页。

② 最高人民法院民法典贯彻实施工作领导小组主编：《中华人民共和国民法典婚姻家庭编继承编理解与适用》，人民法院出版社 2020 年版，第 183 页。

自所有的，由双方协议清偿；协议不成的，由人民法院判决。”第一千零九十二条规定：“夫妻一方隐藏、转移、变卖、毁损、挥霍夫妻共同财产，或者伪造夫妻共同债务企图侵占另一方财产的，在离婚分割夫妻共同财产时，对该方可以少分或者不分。离婚后，另一方发现有上述行为的，可以向人民法院提起诉讼，请求再次分割夫妻共同财产。”

此外，《最高人民法院关于适用〈中华人民共和国民法典〉婚姻家庭编的解释（一）》也有关于离婚时夫妻财产分割的规定，也可参考。比如第七十二条规定：“夫妻双方分割共同财产中的股票、债券、投资基金份额等有价证券以及未上市股份有限公司股份时，协商不成或者按市价分配有困难的，人民法院可以根据数量按比例分配。”第七十三条规定：“人民法院审理离婚案件，涉及分割夫妻共同财产中以一方名义在有限责任公司的出资额，另一方不是该公司股东的，按以下情形分别处理：（一）夫妻双方协商一致将出资额部分或者全部转让给该股东的配偶，其他股东过半数同意，并且其他股东均明确表示放弃优先购买权的，该股东的配偶可以成为该公司股东；（二）夫妻双方就出资额转让份额和转让价格等事项协商一致后，其他股东半数以上不同意转让，但愿意以同等条件购买该出资额的，人民法院可以对转让出资所得财产进行分割。其他股东半数以上不同意转让，也不愿意以同等条件购买该出资额的，视为其同意转让，该股东的配偶可以成为该公司股东。用于证明前款规定的股东同意的证据，可以是股东会议材料，也可以是当事人通过其他合法途径取得的股东的书面声明材料。”第七十四条规定：“人民法院审理离婚案件，涉及分割夫妻共同财产中以一方名义在合伙企业中的出资，另一方不是该企业合伙人的，当夫妻双方协商一致，将其合伙企业中的财产份额全部或者部分转让给对方时，按以下情形分别处理：（一）其他合伙人一致同意的，该配偶依法取得合伙人地位；（二）其他合伙人不同意转让，在同等条件下行使优先购买权的，可以对转让所得的财产进行分割；（三）其他合伙人不同意转让，也不行使优先购买权，但同意该合伙人退伙或者削减部分财产份额的，可以对结算后的财产进行分割；（四）其他合伙人既不同意转让，也不行使优先购买权，又不同意该合伙人退伙或者削减部分财产份额的，视为全体合伙人同意转让，该配偶依法取得合伙人地位。”第七十五条规定：“夫妻以一方名义投资设立个人独资企业的，人民法院分割夫妻在该个人独资企业中的共同财产时，应当按照以下情形分别处理：（一）一方主张经营该企业的，对企业资产进行评估后，由取得企业资产所有权一方给予另一方相应的补偿；（二）双方均主张经营该企业的，在双方竞价基础上，由取得企业资产所有权的一方给予另一方相应的补偿；（三）双方均不愿意经营该企业的，按照《中华人民共和国个人独资企业法》等有关规定办理。”第七十六条规定：“双方对夫妻共同财产中的房屋价值及归属无法达成协议时，人民法院按以下情形分别处理：（一）双方均主张房屋所有权并且同意竞价取得的，应当准许；（二）一方主张房屋所有权的，由评估机构按市场价格对房屋作出评估，取得房屋所有权的一方应当给予另一方相应的补偿；（三）双方均不主张房屋所有权的，根据当事人的申请拍卖、变卖房屋，就所得价款进行分割。”第八十条规定：“离婚时夫妻一方尚未退休、不符合领取基本养老金条件，另一方请求按照夫妻共同财产分割基本养老金的，人民法院不予支持；婚后以夫妻共同财产缴纳基本养老保险费，离婚时一方主张将养老金账户中婚姻关系存续期间个人实际缴纳部分及利息作为夫妻共同财产分割的，人民法院应予支持。”诸如此类。参考适用时，要考虑是否应适用《民法典》及《最高人民法院关于适用〈中华人民共和国民法典〉婚姻家庭编的解释（一）》规定确定的夫妻共同财产的分割原则。比如《民法典》第一千零八十七条确定了照顾子女、女方和无过错方权益的原则。在婚姻关系存续期间，发生《最高人民法院关于适用〈中华人民共和国民法典〉婚姻家庭编的解释（一）》第三十六条规定的可以分割共同财产的情形，如果分割财产并不会影响到子女成长的需要，则不需要特别考虑保护子女利益原则。

【类案裁判观点】

类案裁判观点

夫妻一方不履行扶养义务时，另一方的权利救济

如果是夫妻一方自身患重大疾病需要医治，另一方不同意支付医疗费用的，患病一方可否请求财产分割？我们认为，依据《民法典》第一千零五十九条规定，夫妻有相互扶养的义务，其中扶养义务既包括生活上的扶助，更包括一方患病时的扶持，因此在一方患病时，另一方应当以支付医疗费用等方式保障患病方受到医治。其不履行该义务的，患病方有权要求其支付医疗费、履行法定扶养义务，另一方不自动履行已生效判决书的，可通过强制执行程序实现对其个人财产和夫妻共同财产的处置，不需要通过《民法典》第一千零六十六条规定的方式来实现救济。

【案例六】

家庭暴力是人民法院在审理离婚案件中确定子女抚养问题时不可忽略的因素*

一、案情简介

2012 年 4 月，陆某某以被告苏某某实施家庭暴力，多次殴打自己及儿子，导致夫妻感情破裂为由诉至某基层人民法院，请求判令：（1）陆某某与苏某某离婚。（2）婚生子苏某由陆某某直接抚养，苏某某按月给付苏某抚育费 2000 元。（3）现夫妻共同居住的房屋归陆某某所有，对半分割其余夫妻共同财产。

一审法院经审理查明，陆某某与苏某某系自由恋爱结婚，婚生子苏某 12 岁。苏某出生后，陆某某辞职照顾苏某至 10 岁才重新工作，在苏某某的剧组做服装主管。苏某某投资拍戏失败后，开始酗酒，酒后常打骂陆某某，有时也会殃及苏某。苏某某承认自己多次于酒后实施家庭暴力，但认为是工作压力所致，对妻子的感情并未改变，故不同意离婚。苏某某提出，苏家三代单传，自己年过四十，只有苏某一个儿子，不能在自己这儿断了香火。如果陆某某坚持离婚，就必须放弃直接抚养苏某的权利，自己有能力直接抚养苏某，可以不要陆某某支付抚养费。

经一审法院调解，双方当事人均同意离婚，但均主张只要将孩子判给自己直接抚养，财产上可以让步。可见双方的争议主要集中在婚生子

---

* 案例来源：最高人民法院民事审判第一庭编：《民事审判指导与参考》2013 年第 3 辑（总第 55 辑）。

苏某由谁直接抚养的问题上。鉴于苏某已经超过10岁，案件承办法官专门单独听取了苏某的意见。12岁的苏某对于父母离婚一事并不吃惊，表示父母经常打架，早晚都得离。至于自己希望与谁共同生活，苏某先是称愿意跟妈妈，后来又表示还要再想想。经法官耐心引导、询问。苏某表示，自己从小就跟妈妈在家，爸爸总是出差，在家的时候不多，也不会给自己做饭吃。爸爸总是打妈妈，打自己的时候并不多。但爸爸有钱，要是跟爸爸一起生活，将来上重点中学、上大学的学费都不成问题。自己舍不得离开妈妈，但妈妈没钱，供不起自己上好学校。看得出，苏某为此事很纠结，但他最终表示要和父亲一起生活。

二、法院裁判情况

一审法院经审理认为，根据《最高人民法院关于人民法院审理离婚案件处理子女抚养问题的若干意见》第五条①规定："父母双方对十周岁以上的未成年子女随父或随母生活发生争执的，应考虑该子女的意见。"苏某已经年满12周岁，经法院向其征询意见，其表示要随父亲生活。苏某的意思表示应当成为本案中确定子女由哪一方直接抚养的依据。另外，苏某某虽然有实施家庭暴力，殴打陆某某的行为，但很少打苏某。苏某某的经济实力也确实好于陆某某，能够为孩子提供较好的物质生活条件。故在判决陆某某与苏某某离婚的同时，判决苏某由苏某某直接抚养。夫妻共同财产原则上对半分割，适当向陆某某倾斜。

陆某某不服一审判决，提起上诉，要求二审法院改判由自己直接抚

---

① 该意见已废止，相关规定参见《民法典》第一千零八十四条："父母与子女间的关系，不因父母离婚而消除。离婚后，子女无论由父或者母直接抚养，仍是父母双方的子女。离婚后，父母对于子女仍有抚养、教育、保护的权利和义务。离婚后，不满两周岁的子女，以由母亲直接抚养为原则。已满两周岁的子女，父母双方对抚养问题协议不成的，由人民法院根据双方的具体情况，按照最有利于未成年子女的原则判决。子女已满八周岁的，应当尊重其真实意愿。"

《民法典婚姻家庭编解释（一）》第四十六条："对已满两周岁的未成年子女，父母均要求直接抚养，一方有下列情形之一的，可予优先考虑：（一）已做绝育手术或者因其他原因丧失生育能力；（二）子女随其生活时间较长，改变生活环境对子女健康成长明显不利；（三）无其他子女，而另一方有其他子女；（四）子女随其生活，对子女成长有利，而另一方患有久治不愈的传染性疾病或者其他严重疾病，或者有其他不利于子女身心健康的情形，不宜与子女共同生活。"本文下同。

养苏某，苏某某按月给付苏某抚育费 2000 元。

二审法院经审理，最终改判支持了陆某某的上诉请求。

三、主要观点和理由

二审法院在审理中存在两种观点。

第一种意见认为，一审法院在这个问题上的处理有事实和法律依据，应当予以维持。具体理由是：第一，根据《最高人民法院关于人民法院审理离婚案件处理子女抚养问题的若干意见》第五条规定："父母双方对十周岁以上的未成年子女随父或随母生活发生争执的，应考虑该子女的意见。"虽然，在涉家暴的离婚案件中，判决未成年子女与施暴方共同生活，对子女的成长可能存在不利影响，但现在苏某明确表示愿意随父亲一起生活，如果法院作出相反的判决，是不是意味着法院剥夺了孩子跟父亲一起生活的选择权。考虑到针对该子女的家暴并非经常发生，因此，还是应当尊重未成年子女的选择。第二，比较本案双方当事人的经济条件，苏某某的经济条件确实明显好于陆某某。陆某某原先曾是演员，婚后为了抚育儿子，做了十年全职妈妈，早已放弃了自己的演艺事业，而且由于年龄、健康等因素，也很难恢复到适合演戏的状态。虽然重新工作，但收入不高。而苏某面临小升初，苏某某的经济能力可能会为其成长提供更为优越的物质条件。第三，陆某某比苏某某年轻 8 岁，再婚后生育的可能性更大一些，苏某某已年近五十，又是三代单传，再婚生育子女的可能性比陆某某要小一些。综合考虑上述因素，判决由苏某某直接抚养苏某并无不当。

另一种意见则认为，如果离婚案件中不涉及家庭暴力问题，法院确实应当按照最高人民法院上述司法解释的规定，将年满 10 周岁的未成年子女的意见作为确认由谁直接抚育子女的重要考量因素，但如果案件涉及家庭暴力，则家庭暴力应当成为确认未成年子女直接抚育权归属的首要考量因素。未成年人对事物的认知能力相对于成年人来说毕竟有缺陷，他或她可能因为惧怕暴力、崇拜权威、生活需要等各种原因而不知道如何选择才符合自己的最大利益。此时，法院应当从子女利益最大化的角度作出裁判。苏某某实施家庭暴力的行为会直接对苏某的成长带来负面影响，苏某从父亲经济条件优于母亲考虑出发，表示要与有家暴行为的父亲一起生活，并非一种成熟的选择。在苏某某对其家暴行为没有正确认识、没有改正表现的情况下，将苏某判归其直接抚养，不符合未成年子女利益最大化的原则。

我们认为，第二种意见更具有合理性。家庭暴力对于未成年子女的负面影响是不容忽视的。首先，孩子可能成为家庭暴力控制替代对象。正如苏某所述，爸爸总是打妈妈，很少打我。据统计，50%以上的施暴人，在殴打配偶的同时，也殴打子女。离婚使其失去了配偶这个暴力控制对象，但很难使之立即改变暴力控制欲。如果这个施暴者没有很快再婚，没有一个新的配偶成为暴力控制的替代品，则未成年子女往往会成为这个替代品，成为家暴的直接受害者。其次，有暴力倾向的家长往往缺乏爱孩子的能力。施暴者因为自身的不安全感，往往更关注自己在家庭中的权威，特别是其他家庭成员是否对其服从并因此扼杀未成年子女的自主能力和独立发展，严重影响子女的心理健康。再次，施暴者的言行对未成年子女的负面影响不容忽视。有施暴行为的家长，缺少男女平等意识。其言行均会对子女常常形成潜移默化的影响。例如，施暴者通过施暴使得其他家庭成员服从，男孩子可能认为，这就是解决家庭纠纷的途径，于是，在他长大后建立的家庭中，也采取同样的办法迫使其配偶、子女服从。又例如，有的施暴者一边殴打自己的配偶，一边指责其语言或者行为上的“错误”，使得未成年子女认为，妈妈做错了事，所以才挨打，以后，在他认为别人有错误的时候，也采取暴力行为惩罚对方。这种做法，常常被移植到他未来建立的家庭中。最后，施暴方可以利用对未成年子女的直接抚养权继续控制其原配偶。如果施暴者得到了未成年子女的直接抚养权，则常常利用这一权利，向原配偶提出种种不合理要求。例如，有的离婚案件中，女方请求离婚的原因本来就是不堪忍受丈夫的暴力和经济控制，但施暴者利用女方对探望未成年子女的渴求，要求其继续“自愿”提供经济帮助。否则，就设置种种障碍，不让其探望未成年子女。综合上述理由，可以说明，将未成年子女判决由施暴者抚养，不符合子女利益最大化原则，不利于未成年子女的身心健康，特别是不利于斩断家庭暴力代际传递的链条。

本案中，陆某某的经济条件固然不如苏某某，但我国《婚姻法》第三十七条①规定："离婚后，一方抚养的子女，另一方应负担必要的生活费和教育费的一部或全部，负担费用的多少和期限的长短，由双方协议；协议不成时，由人民法院判决。关于子女生活费和教育费的协议或判决，不妨碍子女在必要时向父母任何一方提出超过协议或判决原定数额的合理要求。"因此，苏某对自己选择随母亲生活后，因为母亲的经济状况不如父亲，可能对自己的升学造成不利影响的担心是没有必要的，或者说，苏某的担心不应成为人民法院在对本案子女抚养问题进行判决时需要考量的因素。因为，在苏某的父母离婚后，苏某仍然是陆某某和苏某某两人的子女，苏某的抚养费、教育费应当与其父母的生活水平相适应。在苏某有升学受教育的合理需要、苏某某又有负担能力的情况下，苏某可以要求其支付费用。

苏某某所谓的苏家三代单传，不能到自己这儿断了香火等说法，完全是男权社会传宗接代思想的表现。苏某由陆某某直接抚养，仍然是苏某某的儿子，其与苏某的父子关系并不因此而改变。苏某某将此作为要求直接抚养苏某的理由，也是不能成立的。

四、最高人民法院民一庭裁判观点

在涉及家庭暴力的离婚案件中，人民法院在判决确定子女直接抚养权归属时，应当将有利于未成年子女的健康成长即子女利益最大化作为原则。在就与父母中哪一方共同生活的问题征询年满 8 周岁以上未成年子女意见的同时，应当将家庭暴力作为一项重要因素加以考量。

---

① 《婚姻法》已废止，相关规定参见《民法典》第一千零八十五条："离婚后，子女由一方直接抚养的，另一方应当负担部分或者全部抚养费。负担费用的多少和期限的长短，由双方协议；协议不成的，由人民法院判决。前款规定的协议或者判决，不妨碍子女在必要时向父母任何一方提出超过协议或者判决原定数额的合理要求。"

【新旧法律依据对照】

旧法	新法	旧司法解释	新司法解释
《婚姻法》(2001年修正) **第三十六条** 父母与子女间的关系，不因父母离婚而消除。离婚后，子女无论由父或母直接抚养，仍是父母双方的子女。 离婚后，父母对于子女仍有抚养和教育的权利和义务。 离婚后，哺乳期内的子女，以随哺乳的母亲抚养为原则。哺乳期后的子女，如双方因抚养问题发生争执不能达成协议时，由人民法院根据子女的权益和双方的具体情况判决。	《民法典》 **第一千零八十四条** 父母与子女间的关系，不因父母离婚而消除。离婚后，子女无论由父或者母直接抚养，仍是父母双方的子女。 离婚后，父母对于子女仍有抚养、教育、保护的权利和义务。 离婚后，不满两周岁的子女，以由母亲直接抚养为原则。已满两周岁的子女，父母双方对抚养问题协议不成的，由人民法院根据双方的具体情况，按照最有利于未成年子女的原则判决。子女已满八周岁的，应当尊重其真实意愿。	《离婚案件子女抚养意见》 **第五条** 父母双方对十周岁以上的未成年子女随父或随母生活发生争执的，应考虑该子女的意见。	《民法典婚姻家庭编解释（一）》 **第四十四条** 离婚案件涉及未成年子女抚养的，对不满两周岁的子女，按照民法典第一千零八十四条第三款规定的原则处理。母亲有下列情形之一，父亲请求直接抚养的，人民法院应予支持： （一）患有久治不愈的传染性疾病或者其他严重疾病，子女不宜与其共同生活； （二）有抚养条件不尽抚养义务，而父亲要求子女随其生活； （三）因其他原因，子女确不宜随母亲生活。

续表

旧法	新法	旧司法解释	新司法解释
《婚姻法》（2001年修正） **第三十七条** 离婚后，一方抚养的子女，另一方应负担必要的生活费和教育费的一部或全部，负担费用的多少和期限的长短，由双方协议；协议不成时，由人民法院判决。 关于子女生活费和教育费的协议或判决，不妨碍子女在必要时向父母任何一方提出超过协议或判决原定数额的合理要求。	**《民法典》** **第一千零八十五条** 离婚后，子女由一方直接抚养的，另一方应当负担部分或者全部抚养费。负担费用的多少和期限的长短，由双方协议；协议不成的，由人民法院判决。 前款规定的协议或者判决，不妨碍子女在必要时向父母任何一方提出超过协议或者判决原定数额的合理要求。		

【法律适用指引】

法律适用指引一

子女对父母享有法定的抚养费请求权

不同于大部分民事法律关系，父母和子女之间的关系基于法律的直接规定，因子女的出生事实或收养行为而产生。《民法典》第一千零八十四条第一款和第二款规定，父母与子女间的关系，不因父母离婚而消除。离婚后，父母对于子女仍有抚养、教育、保护的权利和义务，即父母对子女负有基于法律的直接规定而产生的法定义务，这种义务既有人身属性，又有经济属性，且不附加任何条件，不因夫妻双方之间婚姻存续状态的变化而变化，它是子女抚养费请求权的基础。《法国民法典》规定，在父母双方共同行使亲权的情况下，子女平常不在其处居住的父母一方，应当视其本人与另一方的财力情况，对子女的生活与教育按比例分担费用。我国从 1980 年《婚姻法》起，亦吸收了这种观点，并采取了相似的规定方式。需要注意的是，抚养费请求权是作为被抚养对象的子女依法享有的权利，它与夫妻双方的婚姻关系状态，夫妻之间对于抚养费的分担约定等因素并无必然联系，父母对子女的抚养义务不能因离婚而得以免除。即使在父母协议约定由一方承担子女的全部抚养费的情形下，另一方虽不承担支付抚养费的义务，但对子女仍负有抚养的责任，子女依旧得以向其主张抚养费请求权。之所以对离婚后父母对子女的抚养费分担予以特别规定，是因为一般情况下，在夫妻双方婚姻关系存续期间，对子女的抚养由夫妻双方共同进行，尤其在夫妻共同财产制之下，抚养费的分担并无明显区分。离婚后，直接对子女进行抚养、教育、保护的义务由父母中的一方承担，另一方对子女的抚养义务多直接表现为抚养费的支付，此时，在已不存在共同财产的情况下，父母对子女抚养费明确分担义务，一方面事关父母双方是否对子女尽到抚养义务，另一方面对保障未成年子女的健康成长或不能独立生活子女的生存权亦具有重要意义。

《民法典》第一千零八十五条第二款规定即体现了这种考量，抚养费保障子女的健康成长和生存权利的基本功能，决定了离婚后父母对子女抚养费的给付，不能因双方间的协议或法院的判决而就此固定。从开始给付抚养费到给付义务消失，常常会经历比较长的时间跨度。社会经济条件和子女对教育、医疗等的需求变化，都可能导致先前确定的抚养费金额甚至期限不足以覆盖子女的现实需求。此时，应当允许子女在合理范围内向父母继续主张抚养费请求权。

法律适用指引二

离婚时处理子女抚养问题，必须从有利于子女身心健康的原则出发，把维护子女利益放在首位，再结合父母双方的抚养能力和抚养条件，妥善解决

1. 离婚后，子女随哪一方生活，不仅直接关系子女的权益，也是离婚诉讼中争执较多且难以解决的焦点问题。离婚时处理子女抚养问题，必须从有利于子女身心健康的原则出发，把维护子女利益放在首位，再结合父母双方的抚养能力和抚养条件，妥善解决。适用最高人民法院关于适用〈中华人民共和国民法典〉婚姻家庭编的解释（一）第四十六条应遵循以下规则：当父母双方对抚养未成年子女发生争议时，法院应当进行调解，尽可能争取当事人以协议方式解决。在当事人双方自愿、合法的前提下，协商决定：未成年子女由父方抚养，或随母方生活，或者在有利于保护子女利益的前提下，由父母双方轮流抚养，对上述几种抚养方式的解决，法院都是可以准许的。法律充分尊重父母的意愿，在不影响子女成长的前提下可由父母协商；如双方因抚养问题发生争执，不能达成协议时，法院应以保护子女合法权益为前提，处理具体问题时应当考虑父母双方的思想品质、生活作风、文化素质、经济条件、家庭环境等因素，作出有利于子女身心健康的抚养权归属裁决。

对于父母双方均要求子女由其直接抚养的，判决时，一方有下列情形之一的，可予优先考虑：（1）已做绝育手术或因其他原因丧失生育能力的。（2）子女随其生活时间较长，改变生活环境对子女健康成长明显不利的。（3）一方无其他子女，而另一方有其他子女的。（4）子女随其生活，对子女成长有利，而另一方患有久治不愈的传染性疾病或其他严重疾病，或者有其他不利于子女身心健康的情形，不宜与子女共同生活的。需要指出的是，该条中的“优先考虑”并不是应当或必须，也并非只要出现这几种情形之一，直接抚养权就一定归属于某一方，仍然要结合其他情况综合考虑，坚持最有利于未成年子女的原则，以促进未成年

子女健康成长，保障子女的合法权益为前提和出发点进行裁判。

2. 认定抚养子女的优先条件需要作通盘考虑。例如，有一种观点认为，子女在离婚诉讼中实际随哪一方共同生活，子女就应判决归哪一方直接抚养。持这种观点的人认为，一是擅自改变子女的生长环境会对子女造成不利的影响，二是若判归不实际控制子女的一方进行抚养，会造成执行上的困难。实践中，持这种观点的人不在少数，甚至存在法院出于减少执行上困难的考虑，而将子女判归实际控制的一方抚养的情形。此种观点是不恰当的。该条规定包含两个适用条件：一是子女随其生活时间较长；二是改变生活环境会产生明显不利。以“明显不利”作为强调，而此处的“明显不利”的事实，根据我国证据规则应由主张一方进行举证。若忽视这两个适用条件，而直接认定改变生活环境会对子女的成长不利，从而判归子女归控制方直接抚养是没有法律依据的。从社会效果上来看，若法院将子女随其共同生活作为单一的判决标准，可能会向社会发出一个误导的信号，让人们错误地认为，把子女“抢到手”或者“藏起来”满足随其共同生活条件就能获得子女的抚养权。父母离婚，受伤害最大的是子女，法院认定抚养子女的优先条件时仍要结合父母双方的具体条件进行通盘考虑，避免产生父母在离婚时藏匿、争夺子女的情形。

法律适用指引三

养母是否享有直接抚养的权利

由母亲抚养两周岁以下的子女是处理离婚时抚养权纠纷的一项基本原则，由前所述，这主要是考虑母亲与子女之间强烈的身体、心理等联系，便于母乳喂养以及母亲一般较为温柔、细心等因素。在确定这些因素的时候，一般我们假定子女是母亲的亲生子女，双方之间具有天然血亲联系，那么母亲如果是养母，双方之间是收养关系，养父母离婚时，母亲能否根据《最高人民法院关于适用〈中华人民共和国民法典〉婚姻家庭编的解释（一）》第四十四条规定或者《民法典》的规定主张两周岁以下子女由其直接抚养呢？对这个问题，我们认为可以分为几种情况：

一是如果养父母是双方作为收养人共同收养子女，双方与养子女均无直接血缘关系，养父对于两周岁以下子女也没有特殊的亲密联系，那么由养母对于两周岁以下子女直接抚养和一般意义上由具有血缘关系的母亲直接抚养并没有区别，当然应当适用《民法典》和《最高人民法院关于适用〈中华人民共和国民法典〉婚姻家庭编的解释（一）》第四十四条规定。二是养母原系子女的继母，根据《民法典》规定，继父或者继母经继子女的生父母同意，可以收养继子女，这种情况下，子女的父亲是其亲生父亲，双方具有血缘关系，养母与其离婚时，虽然母亲在抚养两周岁以下子女具有一定的优势，但是由子女与父亲的关系更为紧密，即使养母主张抚养子女，此种情况下，也应适用《最高人民法院关于适用〈中华人民共和国民法典〉婚姻家庭编的解释（一）》第四十四条第三项规定由父亲直接抚养为宜。

法律适用指引四

抚养权放弃

有些协议离婚的案件中，父母一方在协议中承诺放弃抚养权，对于此类问题应当如何处理呢？对此，我们认为，放弃抚养权是一种并不规范的说法。根据《民法典》第一千零五十八条规定，夫妻双方平等享有对未成年子女抚养的权利，同时承担对未成年子女抚养的义务。第一千零八十四条规定，离婚后，父母对于子女仍有抚养、教育、保护的权利和义务。因此，抚养未成年子女既是父母的权利，也是义务，与婚姻关系是否存续无关。民事主体的权利在一定条件下可以放弃，但是民事主体的义务是不能放弃的，抚养未成年人作为父母的义务即不能放弃。有些离婚协议中出现的放弃抚养权的约定，从字面意义上看是放弃对于子女抚养的权利，但由于抚养子女既是权利也是义务，是不能放弃的，故而这项约定不能产生父母不承担子女抚养义务的效果。因为离婚时涉及子女与夫妻哪一方共同生活的问题，故实践中当事人之间这种约定的真实意思应当解释为放弃直接抚养子女的权利，而非放弃抚养权。《民法典》第一千零八十五条规定，离婚后，子女由一方直接抚养的，另一方应当负担部分或者全部抚养费。负担费用的多少和期限的长短，由双方协议；协议不成的，由人民法院判决。因此，离婚后所谓“放弃抚养权”不直接抚养子女的父母，也应履行抚养义务，按照协议约定或者法院判决支付抚养费。

法律适用指引五

父亲未请求直接抚养的如何处理

《最高人民法院关于适用〈中华人民共和国民法典〉婚姻家庭编的解释（一）》第四十四条规定在确定两周岁以下子女由父亲直接抚养的情形时，存在一个限定性条件即“父亲请求直接抚养的”。那么，在母亲具备该条规定的情形时，父亲如果未请求直接抚养，应当如何确定子女的直接抚养问题呢？对此，我们认为，该条规定的三种情形属于母亲与子女共同生活有碍未成年子女身心健康成长的情形，如果父亲未明确主张抚养子女，从儿童最大利益原则出发，人民法院可以依法向当事人释明相关情况，多做调解工作，在父亲具备抚养条件的情况下，尽量由父亲直接抚养；如父亲亦不具备直接抚养条件，可以依照《民法典》及该条规定依法确定，并将相关情况告知当事人及其亲属，由当事人作出妥善安排，尽力将对于子女成长造成的不利因素降到最低。

【类案裁判观点】

类案裁判观点

离婚时一旦确定了抚养权，如果没有特殊情况，要求变更抚养权不会得到法院的支持

根据相关法律、司法解释规定，离婚时一旦确定了抚养权，如果没

有特殊情况，要求变更抚养权不会得到法院的支持。所谓特殊情况，主要是指以下几种：一是双方自行协商变更，法律通常不干涉；二是抚养孩子一方有对孩子成长不利的行为、严重侵犯孩子合法权益的行为等，另一方可主张变更抚养权；三是由于其他原因，孩子随原抚养人生活确实对孩子成长不利，另一方可主张变更抚养权。

【案例七】

离婚协议中房产赠与条款的撤销问题*

一、案情简介

王某与李某2010年9月在婚姻登记机关协议离婚，其签订的财产分割协议约定：双方的共同财产房屋一套归未成年的儿子所有，儿子随王某生活，该房屋暂由王某与儿子居住。

李某与王某离婚后又与他人结婚，因经济因素李某拒绝将房屋产权过户至儿子名下。2011年7月，李某起诉至一审法院称，其目前收入比以前减少了很多，房价一直上涨，其与妻子只好租房居住。与王某离婚时自己考虑不周，一时冲动就放弃了房产。因赠与儿子的房产尚未过户，请求撤销离婚协议中的房产赠与条款。

王某答辩称，当初之所以同意与李某协议离婚，就是因为李某愿意将夫妻共同所有的房产赠与未成年的儿子。李某达到离婚目的后迅速再婚，现在又反悔要撤销赠与，法院不应支持李某这种不诚信的行为。

二、法院裁判情况

一审法院经审理认为，王某与李某登记离婚时协议将共同所有的房屋赠与未成年子女，但没有办理产权过户手续，房屋也一直由王某与子

---

* 案例来源：最高人民法院民事审判第一庭编：《民事审判指导与参考》2013年第3辑（总第55辑）。

女居住。由于房屋没有办理产权过户手续，赠与物的物权一直没有发生变更。根据《合同法》第一百八十六条第一款[①]的规定，赠与人在赠与财产的权利转移之前可以撤销赠与。此款为合同法对赠与合同任意撤销权的规定。赠与的任意撤销，是指赠与合同成立后，赠与人得基于自己意思而撤销赠与。赠与合同撤销权的行使，无需任何理由，只需权利尚未转移即可。李某在赠与财产权利转移之前主张撤销房产赠与，符合合同法的规定。故一审法院判决：李某主张撤销离婚协议中的房产赠与条款成立，该房产仍然属于李某与王某的共同财产。

王某不服一审判决提起上诉，二审法院经审理认为：李某与王某在婚姻登记机关协议离婚时，双方自愿将共同所有的房产赠与未成年子女，该协议系双方当事人真实意思表示，没有欺诈、胁迫的情形。子女抚养、房产赠与等与协议解除婚姻关系是一个整体问题，在双方离婚已成事实的情况下，李某又对赠与房产问题反悔，其主张缺乏事实和法律依据。根据《婚姻法司法解释（二）》第九条[②]“男女双方协议离婚后一年内就财产分割问题反悔，请求变更或者撤销财产分割协议的，人民法院应当受理。人民法院审理后，未发现订立财产分割协议时存在欺诈、胁迫等情形的，应当依法驳回当事人的诉讼请求”的规定，二审法院判决：撤销一审判决，驳回李某的诉讼请求。

三、主要观点及理由

一种观点认为，离婚协议中的房产赠与条款与整个离婚协议是一个整体，不能单独撤销。男女双方基于离婚事由将夫妻共同财产处分给子女的行为，可视为一种有目的的赠与行为，在双方婚姻关系因登记离婚

---

① 《合同法》已废止，相关规定参见《民法典》第六百五十八条：“赠与人在赠与财产的权利转移之前可以撤销赠与。经过公证的赠与合同或者依法不得撤销的具有救灾、扶贫、助残等公益、道德义务性质的赠与合同，不适用前款规定。”

② 该司法解释已废止，相关规定参见《最高人民法院关于适用〈中华人民共和国民法典〉婚姻家庭编的解释（一）》第七十条：“夫妻双方协议离婚后就财产分割问题反悔，请求撤销财产分割协议的，人民法院应当受理。人民法院审理后，未发现订立财产分割协议时存在欺诈、胁迫等情形的，应当依法驳回当事人的诉讼请求。”

而解除的情况下，应认为赠与房产的目的已经实现，故赠与房产条款不能随意撤销。

另一种观点认为，婚姻登记部门在办理离婚登记时，根据《婚姻登记条例》的规定，只要求自愿离婚的双方当事人对子女和财产问题协商一致作出适当处理，并不对财产分割协议进行实质性审查。合同法规定经过公证的赠与合同，或者具有救灾、扶贫等社会公益、道德义务性质的赠与合同不可撤销，而在婚姻登记机关签订的赠与合同并不属于法定不能撤销的合同。

赠与行为一般都发生在亲属之间或具有一定亲密关系的当事人之间，婚姻家庭纠纷中涉及赠与条款的效力等问题，当然应适用合同法中有关赠与的规定。鉴于赠与合同单务、无偿的基本法律特征，未成年子女受赠取得房产没有支付对价，李某作为赠与人在标的物权属变更前有权撤销赠与。

《合同法》第二条[①]规定："本法所称合同是平等主体的自然人、法人、其他组织之间设立、变更、终止民事权利义务关系的协议。婚姻、收养、监护等有关身份关系的协议，适用其他法律的规定。"该条并非否定离婚协议适用合同法的规定，婚姻关系的确是一种身份关系，通常不能受合同法的调整，但在婚姻关系领域内也有一些涉及财产问题的合同，这些合同或者约定与一般民事合同并无本质区别。目前多数学者也认为，合同法第二条排除的身份合同仅指没有财产内容的身份合同，夫妻关于财产问题的约定以财产关系为内容，属于合同法的调整范围，不过应当优先适用婚姻法等有关法律。赠与人在赠与财产的权利转移之前可以撤销赠与，而不动产的权利转移，应以依法登记为准。本案中，双方在离婚协议中约定将共同所有的房屋赠与子女，但在离婚后一直未办理房产过户手续，现李某起诉要求撤销房产赠与，符合法律规定，应当予以支持。婚姻登记机关不具备公证职能，不能认为登记离婚时有关赠与子女

① 《合同法》已废止，相关规定参见《民法典》第四百六十四条："合同是民事主体之间设立、变更、终止民事法律关系的协议。婚姻、收养、监护等有关身份关系的协议，适用有关该身份关系的法律规定；没有规定的，可以根据其性质参照适用本编规定。"

房产的条款与经过公证的赠与合同具有同等效力。

我们认为，赠与合同是一种无偿行为，立法上对赠与人与受赠人进行利益衡量时，重点保护的是赠与人。因此，法律赋予赠与人在除具有救灾、扶贫等社会公益、道德义务性质以及经过公证以外的赠与合同于财产权利转移之前的任意撤销权，同时还规定了赠与人享有的法定撤销权。本案的焦点问题在于：离婚协议中的赠与条款是否可以适用合同法的相关规定。

夫妻离婚时协议将共同所有的房屋赠给子女，一般有两种情况：一是在民政部门登记离婚，签订协议将夫妻共有的房产赠与子女；二是在法院协议离婚、领取民事调解书，自愿将房产赠与子女。

第一，当事人在民政部门登记离婚时，离婚协议中的房产赠与条款与整个离婚协议是一个整体，不能单独行使任意撤销权。有的当事人是在综合考虑各种因素的前提下才同意登记离婚的，也许附加的条件就是把房产无偿赠与子女。男女双方基于离婚事由将夫妻共同财产处分给子女的行为，可视为一种附协议离婚条件的赠与行为，在双方婚姻关系已经解除的前提下，基于诚信原则，也不能允许任意撤销赠与。有的当事人恶意利用赠与的撤销达到既离婚又占有财产的目的，不仅给子女或原配偶造成了经济损失和新的精神伤害，也给社会带来不诚信反而受益的负面影响。

如果一方当事人对离婚协议中的赠与条款反悔，在登记离婚后 1 年的除斥期间届满前提起诉讼，法院受理后经审查，未发现订立财产分割协议时存在欺诈、胁迫等情形的，应当依法驳回当事人的诉讼请求。

有观点认为，《婚姻法司法解释（二）》第六条①规定："婚前或者婚姻关系存续期间，当事人约定将一方所有的房产赠与另一方，赠与方在赠与房产变更登记之前撤销赠与，另一方请求判令继续履行的，人民法院可以按照合同法第一百八十六条的规定处理。"也就是说，除了经过

① 该司法解释已废止，相关规定参见《最高人民法院关于适用〈中华人民共和国民法典〉婚姻家庭编的解释（一）》第三十二条："婚前或者婚姻关系存续期间，当事人约定将一方所有的房产赠与另一方或者共有，赠与方在赠与房产变更登记之前撤销赠与，另一方请求判令继续履行的，人民法院可以按照民法典第六百五十八条的规定处理。"

公证的赠与会同，或者具有救灾、扶贫等社会公益、道德义务性质的赠与合同不可撤销，一般的赠与合同在标的物权利转移之前是可以撤销的。同样是赠与房产，为什么离婚时赠与子女的房产就不能撤销呢？

其实，这种单纯的赠与行为与离婚协议时的赠与行为性质并不相同，赠与合同是赠与人将自己的财产无偿给与受赠人，受赠人表示接受赠与的合同，赠与人在赠与财产的权利转移之前可以撤销赠与。而在民政部门登记离婚时达成的财产分割协议所涉及的赠与条款，与解除婚姻关系密不可分，根据《婚姻法司法解释（二）》第八条①的规定："离婚协议中关于财产分割的条款或者当事人因离婚就财产分割达成的协议，对男女双方具有法律约束力。"当事人反悔请求变更或者撤销财产分割协议的，如果不能举证签订协议时有欺诈、胁迫的情形，一般很难得到法院的支持。

《合同法》第一百八十六条的特色在于撤销权的任意性，即不需要任何理由，在赠与物的权利转移之前均可以撤销。而《婚姻法司法解释（二）》第八条则强调了离婚协议中财产分割条款的法律约束力，不可擅自变更或撤销。以离婚协议中赠与条款的法律约束力对抗任意撤销权的任意性，根据特别法优于一般法的原则，本案纠纷应当优先适用《婚姻法司法解释（二）》的规定。

第二，如果当事人达成的赠与协议经过人民法院审查确认后制作成民事调解书，该调解书一旦生效，即赋予了和判决书同等的强制效力，其效力应该等同于或高于经过公证的赠与合同，双方当事人均必须履行。从物权法"因人民法院、仲裁委员会的法律文书或者人民政府的征收决定等，导致物权设立、变更、转让或者消灭的，自法律文书或者人民政府的征收决定等生效时发生效力"的规定也可以看出，故经法院确认的房产赠与，其效力等同于或高于经过公证的房产赠与合同，原则上是不

---

① 该司法解释已废止，相关规定参见《最高人民法院关于适用〈中华人民共和国民法典〉婚姻家庭编的解释（一）》第六十九条："当事人达成的以协议离婚或者到人民法院调解离婚为条件的财产以及债务处理协议，如果双方离婚未成，一方在离婚诉讼中反悔的，人民法院应当认定该财产以及债务处理协议没有生效，并根据实际情况依照民法典第一千零八十七条和第一千零八十九条的规定判决。"

能予以撤销的。

另外需要探讨的程序问题是，离婚协议中作为受赠人的子女能否作为原告提起请求履行赠与条款的诉讼或者到法院申请强制执行？

由于作为受赠人的子女既不是离婚协议中的权利人，也不是民事义务的承受人，其只是民事权利所指向的对象，即离婚协议中赠与条款的受益人，其作为原告起诉不适格；对于离婚当事人在法院主持下达成协议领取调解书的情形，根据《民事诉讼法》第二百三十六条[①]的规定“调解书和其他应当由人民法院执行的法律文书，当事人必须履行。一方拒绝履行的，对方当事人可以向人民法院申请执行”，作为受赠人的子女显然不是“对方当事人”，其没有权利到法院申请执行。

四、最高人民法院民一庭裁判观点

协议离婚时夫妻双方达成的将房产赠与子女的条款，与解除婚姻关系密不可分，在双方当事人已经协议离婚的情况下，一方反悔请求撤销赠与条款的，人民法院经审查没有欺诈、胁迫的情形，应当判决驳回其诉讼请求。

① 现为《民事诉讼法》第二百四十三条。

【新旧法律依据对照】

旧法	新法	旧司法解释	新司法解释
《合同法》 **第二条** 本法所称合同是平等主体的自然人、法人、其他组织之间设立、变更、终止民事权利义务关系的协议。 婚姻、收养、监护等有关身份关系的协议，适用其他法律的规定。	《民法典》 **第四百六十四条** 合同是民事主体之间设立、变更、终止民事法律关系的协议。 婚姻、收养、监护等有关身份关系的协议，适用有关该身份关系的法律规定；没有规定的，可以根据其性质参照适用本编规定。		
《合同法》 **第一百八十六条** 赠与人在赠与财产的权利转移之前可以撤销赠与。 具有救灾、扶贫等社会公益、道德义务性质的赠与合同或者经过公证的赠与合同，不适用前款规定。	《民法典》 **第六百五十八条** 赠与人在赠与财产的权利转移之前可以撤销赠与。 经过公证的赠与合同或者依法不得撤销的具有救灾、扶贫、助残等公益、道德义务性质的赠与合同，不适用前款规定。		

续表

旧法	新法	旧司法解释	新司法解释
		《婚姻法司法解释（三）》 第六条 婚前或者婚姻关系存续期间，当事人约定将一方所有的房产赠与另一方，赠与方在赠与房产变更登记之前撤销赠与，另一方请求判令继续履行的，人民法院可以按照合同法第一百八十六条的规定处理。	《民法典婚姻家庭编解释（一）》 第三十二条 婚前或者婚姻关系存续期间，当事人约定将一方所有的房产赠与另一方或者共有，赠与方在赠与房产变更登记之前撤销赠与，另一方请求判令继续履行的，人民法院可以按照民法典第六百五十八条的规定处理。
		《婚姻法司法解释（二）》 第八条 离婚协议中关于财产分割的条款或者当事人因离婚就财产分割达成的协议，对男女双方具有法律约束力。 当事人因履行上述财产分割协议发生纠纷提起诉讼的，人民法院应当受理。	《民法典婚姻家庭编解释（一）》 第六十九条 当事人达成的以协议离婚或者到人民法院调解离婚为条件的财产以及债务处理协议，如果双方离婚未成，一方在离婚诉讼中反悔的，人民法院应当认定该财产以及债务处理协议没有生效，并根据实际情况依照民法典第一千零八十七条和第一千零八十九条的规定判决。 当事人依照民法典第一千零七十六条签订的离婚协

续表

旧法	新法	旧司法解释	新司法解释
			议中关于财产以及债务处理的条款，对男女双方具有法律约束力。登记离婚后当事人因履行上述协议发生纠纷提起诉讼的，人民法院应当受理。
		《婚姻法司法解释（二）》 **第九条** 男女双方协议离婚后一年内就财产分割问题反悔，请求变更或者撤销财产分割协议的，人民法院应当受理。 人民法院审理后，未发现订立财产分割协议时存在欺诈、胁迫等情形的，应当依法驳回当事人的诉讼请求。	《民法典婚姻家庭编解释（一）》 **第七十条** 夫妻双方协议离婚后就财产分割问题反悔，请求撤销财产分割协议的，人民法院应当受理。 人民法院审理后，未发现订立财产分割协议时存在欺诈、胁迫等情形的，应当依法驳回当事人的诉讼请求。

【法律适用指引】

法律适用指引一

身份关系协议的适用

身份关系是民法的重要调整对象之一，其具有非财产性、专属性以及固有性的特性。依据传统民法理论，有关身份关系的协议不仅涉及平等民事主体之间的私益，更涉及社会公益和伦理道德，因此，是不宜为调整交易关系的合同法所调整的。我国既往的合同立法也明确了这一点。《合同法》第二条第二款规定：“婚姻、收养、监护等有关身份关系的协议，适用其他法律的规定。”该款规定明确身份关系协议对合同法规定的不适用。但是，身份关系协议的属性和种类并不单纯。除了纯粹引起身份关系变动的协议外，还存在着一些既能引起身份关系变动，又能导致财产关系变动的复合型身份协议。调整身份关系的法律缺乏对身份关系协议中有关财产部分的规定。如果完全排斥合同法的适用，则复合型身份协议里附属的财产部分将会面临无法可依的情形。司法实践急需体系化的解决方案。《民法典》第四百六十四条第二款通过设立参照适用条款的方式，将合同法的规则适用引入了身份关系协议之中，回应了司法实践的需求。

虽然《民法典》第四百六十四条第二款规定，在相关法律没有规定的情况下，婚姻、收养、监护等有关身份关系的协议可以依据其性质参照适用合同编的规定，但身份关系所具有浓重的伦理色彩决定了身份关系协议中必然有不适宜为合同法所调整的内容。在适用第四百六十四条第二款的规定时，要根据有关身份关系协议的性质来判断其是否适合适用合同编的规定。如若该身份关系协议对合同编规定的适用会导致相关调整身份关系法律的规范意旨落空，那么就应当认定该身份关系协议属于依其性质不适用合同编规定的身份关系协议。

法律适用指引二

赠与人任意撤销权

依法成立的合同对双方具有拘束力，而赠与合同具有无偿性和非交易性的特征，赠与人将财产无偿给予受赠人本质上属于一种施惠行为，而且赠与合同是单务合同，受赠人是纯获利益者，赠与人撤销赠与的一般不会损害受赠人的权益，根据权利义务相称的原则，赠与合同对赠与人的约束可以较双务合同相对弱一些，准许赠与人在一定条件下反悔，因此，法律赋予赠与人任意撤销权，以平衡双方的权利义务关系。

任意撤销权是指赠与人在赠与财产的权利转移之前享有撤销赠与的权利。这种撤销权是法律赋予赠与人单方享有的权利，赠与人行使撤销权的时间是在赠与财产权利转移之前，一般为动产标的物交付之前，如果赠与的财产属于不动产、权利等需要办理权利转移登记手续的，则在办理登记手续之前。赠与人行使任意撤销权之后，当事人之间的赠与权利义务关系消灭，赠与人不负有交付赠与财产的义务。赠与人行使任意撤销权的条件如下：

首先，赠与合同已经成立并生效。赠与合同为诺成合同，双方当事人意思表示达成一致合同即成立。如果合同未成立，则撤销赠与无从谈起。

其次，撤销赠与须在赠与财产权利转移之前。这是因为赠与财产权利未转移之前，财产归属于赠与人，撤销赠与对受赠人不会有实际影响，而一旦完成财产权利转移，除非受赠人存在《民法典》第六百六十三条的规定情形（法定撤销权），赠与人不能再撤销赠与，否则有违诚信原则并会对受赠人的权益造成损害。

最后，赠与合同须不属于经过公证的赠与合同或者依法不得撤销的具有救灾、扶贫、助残等公益、道德义务性质的赠与合同。赠与人的任意撤销权并不是无限制的，否则会有损社会和他人利益，故《民法典》第六百五十八条第二款规定，经过公证的赠与合同或者依法不得撤销的具有救灾、扶贫、助残等公益、道德义务性质的赠与合同，赠与人不享有任意撤销权。《民法典》第六百五十八条第二款规定主要是基于以下理由：公证是依照法定程序对民事法律行为、有法律意义的事实和文书的真实性和合法性予以证明的活动，与未经公证的赠与合同相比，经过公证的赠与合同具有更强的严肃性和法律证明力，当事人进行公证的目的就是强化合同对双方的约束力，故在经过公证的赠与合同中，赠与人不得任意撤销合同。依法不得撤销的具有公益、道德义务性质的赠与的目的是促进救灾、扶贫、助残等社会公共利益的发展，允许赠与人任意撤销会损害公共利益。故对这两类赠与合同不允许任意撤销。

此外，需要注意的是，赠与人单方作出的赠与意思表示经法院生效裁判文书确认后，如受赠人接受赠与，该赠与合同亦不得任意撤销或变更。因为人民法院的裁判文书具有法律效力，当事人不得任意撤销或变更裁判文书的内容，除非该裁判文书因法定事由并经法定程序予以撤销。

法律适用指引三

任意撤销权的性质

任意撤销权是撤销权的一种，在性质上属于形成权。任意撤销权由赠与人行使，根据赠与人单方撤销的意思表示就可以使已经成立的赠与合同恢复到赠与合同订立前的状态，不需要征得受赠人同意或不同意。

正确理解任意撤销权的性质还需要厘清赠与合同任意撤销与法律行为的撤销、撤回以及债权人撤销权的区别。撤回和撤销在民法上是性质不同的两种行为。对于法律行为，一般允许在生效之前撤回。而撤销是针对已生效而有瑕疵法律行为，使之溯及地归于消灭。也即，撤回是指法律行为在发生效力之前予以追回的行为；撤销则是指法律行为在发生效力之后，再予以撤销的行为。根据《民法典》的相关规定，要约的撤销，是在要约生效后使其溯及归于消灭的行为，不以要约有瑕疵为必要；而可撤销法律行为的撤销，是在生效的法律行为有可撤销事由时使其溯及地归于消灭的行为，须以法律行为存在欺诈、胁迫、重大误解等瑕疵为条件。

《民法典》第五百三十八条规定："债务人以放弃其债权、放弃债权担保、无偿转让财产等方式无偿处分财产权益，或者恶意延长其到期债权的履行期限，影响债权人的债权实现的，债权人可以请求人民法院撤销债务人的行为。"此条规定的是债权人撤销权，系债权人撤销债务人损害债权行为的权利，债权人只有在法律规定的情形下才享有撤销权。

对于赠与合同的任意撤销权而言，其并不以赠与合同订立上存在欺诈、胁迫、重大误解等的事由为依据，亦非对受赠人损害债权的撤销，赠与人在赠与财产的权利转移之前可以任意撤销赠与，在性质上与可撤销法律行为的撤销不同，属于法律赋予赠与合同中赠与人的特殊撤销权。

法律适用指引四

对“赠与财产的权利转移之前”的理解

鉴于赠与财产范围的广泛性，实践中要注意把握赠与财产权利转移这一行使任意撤销权的关键环节。

首先，财产权利转移包括但不限于所有权转移。《民法典》第二百四十条规定：“所有权人对自己的不动产或者动产，依法享有占有、使用、收益和处分的权利。”所有权主要是针对动产、不动产等有体物而言的；而股权、知识产权等无形财产，权利人一般是股东、著作权人等，对于股权、知识产权而言财产权利转移是权利的转移而非所有权的转移。所以，财产权利转移并非仅指所有权转移。

其次，财产权利转移不等于交付。在民法中，交付的对象不限于动产，包括动产、不动产等，例如，《民法典》第五百一十一条第三项规定：“当事人就有关合同内容约定不明确，依据前条规定仍不能确定的，适用下列规定：……（三）履行地点不明确，给付货币的，在接受货币一方所在地履行；交付不动产的，在不动产所在地履行；其他标的，在履行义务一方所在地履行……”在赠与合同中，交付是赠与人将财产的占有转移给受赠人。对于动产而言，交付是所有权变动的依据，动产的交付就意味着财产权利的转移。对于不动产和其他财产权益而言，所有权的转移一般以变更权利登记为要件，交付并不代表所有权的转移，因此，在赠与财产是房屋等不动产时，在交付后、权利登记变更之前，仍属于赠与财产权利转移之前，赠与人可以任意撤销赠与。

法律适用指引五

分批交付的赠与合同中任意撤销权的特殊性

在赠与合同中，可能存在分批交付赠与物的情况，也即在赠与物是可分的情况下，当事人约定分批交付赠与物。例如：赠与人赠与受赠人

100 吨大米，合同约定分 10 次交付，每次交付 10 吨。此类赠与合同任意撤销权的行使具有特殊性，实践中需要加以注意。

根据《民法典》第六百五十八条之规定，在赠与财产权利转移之前，赠与人可以撤销赠与，例如在前例中，赠与人在 100 吨大米转移交付之前，可以撤销赠与合同。但是，如果赠与财产根据双方的约定已经分批部分交付，尚有部分没有交付，又如在前例中，赠与人已经交付了 3 批 30 吨大米，还剩余 7 批没有交付，此时赠与人能否行使任意撤销权呢？我们认为，此种情况下，赠与人可以行使任意撤销权，但是该撤销权仅是对未交付部分的撤销，不具有溯及力，已交付部分无需返还。

《民法典》第六百三十三条规定："出卖人分批交付标的物的，出卖人对其中一批标的物不交付或者交付不符合约定，致使该批标的物不能实现合同目的的，买受人可以就该批标的物解除。出卖人不交付其中一批标的物或者交付不符合约定，致使之后其他各批标的物的交付不能实现合同目的的，买受人可以就该批以及之后其他各批标的物解除。买受人如果就其中一批标的物解除，该批标的物与其他各批标的物相互依存的，可以就已经交付和未交付的各批标的物解除。"这一条是关于买卖合同的规定，这条规定的精神可以为我们解答上述问题提供参考：

第一，赠与合同约定分批交付，当事人分批交付不违反合同约定。第二，赠与人仅交付部分批次赠与物不影响合同目的实现。赠与合同是施惠行为，受赠人是纯获益的，交付多少批次赠与物不致合同目的不能实现。第三，在分批交付的情况下，全部赠与物是可分的，已交付部分的财产权利已经转移，不能再行使任意撤销权。对于未交付部分，财产权利尚未转移，可以行使任意撤销权。赠与人对未交付批次的赠与物的撤销仅对未交付部分有效，已经交付的不受影响。

法律适用指引六

赠与人对任意撤销权的行使后果

任意撤销权是法律赋予赠与人的权利，较好地平衡了赠与合同双方

当事人之间的权利义务关系，赠与人行使任意撤销权一般不需承担赔偿责任。当然，权利不得滥用，《民法典》第七条规定："民事主体从事民事活动，应当遵循诚信原则，秉持诚实，恪守承诺。"任意撤销权在行使时也应遵循诚信原则，如果其行使时违背了诚信原则而导致受赠人的损失，在满足一定条件下，也应当承担赔偿责任。例如，赠与人在赠与合同成立后反复向受赠人保证会交付赠与财产并要求受赠人做好接受财产的准备，受赠人基于信赖为准备接受财产支出了必要费用，赠与人无正当理由撤销赠与的，应当赔偿受赠人的信赖损失。需要指出的是，此种条件必须严格把握，不能随意扩大赠与人在赠与合同中承担的责任。

法律适用指引七

赠与合同中放弃任意撤销权的条款的效力

为防止赠与人反悔，夫妻在赠与房产合同中特别约定赠与人放弃任意撤销权，此种约定是否有效？是否能够阻止任意撤销权的行使？实践中存在不同认识。一种意见认为，放弃任意撤销权是对整个有效赠与合同的否定，该条款当然无效；另一种意见认为，行使任意撤销权的前提是赠与合同合法有效，前述约定体现了夫妻双方的意思自治，签约前赠与人对此条款进行了慎重的考虑，其作为权利人，自愿放弃自己的房屋产权，符合当事人有权在法律规定的范围内处分自己的民事权利的规定，故应认定该约定有效，对赠与人具有约束力。我们认为，后一种观点符合法律规定精神，赠与人自愿放弃自己的民事权利应受到法律保护，行使任意撤销权应受到一定限制，故应认定夫妻房产赠与合同中放弃任意撤销权的约定有效。受赠人据此请求继续履行赠与合同的，即使赠与房产未经公证，人民法院也应予支持。

法律适用指引八

无民事行为能力人或者限制民事行为能力人是否具有夫妻间房产受赠人资格

民事行为能力，是指以自己的行为来行使民事权利、承担民事义务的资格。如果夫妻一方婚后因疾病或受伤成为无民事行为能力人（如痴呆人、植物人）或者限制行为能力人，作为有行为能力人的夫妻一方向对方赠与房产，对方是否有权接受赠与房产？根据《民法典》第二十二条规定，不能完全辨认自己行为的成年人为限制民事行为能力人，实施民事法律行为由其法定代理人代理或者经其法定代理人同意、追认；但是，可以独立实施纯获利益的民事法律行为或者与其智力、精神健康状况相适应的民事法律行为。可见，限制民事行为能力人具有受赠人的资格。因为赠与合同是单务行为，只要赠与人具有完全的民事行为能力，就不影响赠与合同的效力。对于无民事行为能力人，根据《民法典》第二十八条规定，无民事行为能力的成年人，配偶为第一顺序监护人，此时，存在赠与人与受赠人的法定代理人为同一人的情况，从维护无民事行为能力人合法权益角度考虑，可以认定作为无民事行为能力人的法定代理人，已经代理该无民事行为能力人接受了赠与，赠与合同成立。

法律适用指引九

法定撤销权

如果赠与房产已经变更登记，则原则上，赠与人不能再撤销赠与。但是，实践中，也可以根据具体案件情况适用法定撤销权，以平衡双方的合法权益，比如，受赠人有严重侵害赠与人或者赠与人近亲属合法权益的，对赠与人有扶养义务而不履行的，可以适用《民法典》第六百六十三条规定，支持赠与人撤销赠与的诉讼请求。如果双方在赠与合同中约定了受赠人应当履行一定的义务，受赠人不履行赠与合同约定的义务的，赠与人也可以援引法定撤销权予以撤销，但要注意，基于双方为夫妻的特定身份关系，所附义务如果限制人身自由或者有违公序良俗的，则不应当支持其相应的请求。

法律适用指引十

当事人请求撤销财产分割协议的司法处理

（一）当事人协议离婚后起诉请求撤销财产分割协议的人民法院应予受理

《最高人民法院关于适用〈中华人民共和国民法典〉婚姻家庭编的解释（一）》第七十条第一款明确规定，男女双方自愿在婚姻登记机关办理了离婚登记手续离婚后，一方或者双方就财产分割问题反悔，请求撤销财产分割协议的，人民法院应当受理。《最高人民法院关于适用〈中华人民共和国民法典〉婚姻家庭编的解释（一）》第七十条规定中所指的“夫妻双方协议离婚后”，是指其通过在婚姻登记机关办理离婚登记手续而离婚的，在人民法院通过诉讼，即使是以调解结案的方式离婚的，也不应当适用该条规定。因为，到人民法院调解离婚的，虽然与在婚姻登记机关办理离婚手续一样，都需要就财产分割问题达成协议，但这两种协议具有本质的区别。在诉讼中，调解协议的签订是在法院的主持下进行的，协议的内容经过法院审查，也就是说有国家司法机关的审查来保证双方当事人意思表示的真实性和协议内容的合法性；而在婚姻登记机关办理离婚手续时提交的协议只经过婚姻登记机关的形式审查，至于协议签订过程中是否存在欺诈、胁迫的情形，协议的内容是否合法则缺乏保障，因此，才有必要给予一定的司法救济途径。

关于离婚登记后，一方反悔要求人民法院对财产分割问题予以重新处理的，人民法院是否受理的问题，人民法院在认识上有一个发展过程。最高人民法院1985年公布的《关于男女登记离婚后，一方翻悔，向人民法院提起诉讼，人民法院是否应当受理的批复》中规定：“男女双方自愿离婚，并对子女和财产问题已有适当处理，领取了离婚证的，其婚姻关系即正式解除。一方对这种已经发生法律效力的离婚，及子女和财产问题的处理反悔，在原婚姻登记机关未撤销离婚登记的情况下，向人民法院提出诉讼的，人民法院不应受理……告知当事人向原婚姻登记机关申请解决。”但到了1986年，最高人民法院又以〔1986〕民他字第45号批复规定：“男女双方在婚姻登记机关办理离婚登记后，因对财产、子女抚养引起纠纷，当事人向法院起诉的，可直接由有关法院依法受理。”此后，2003年，最高人民法院以《婚姻法司法解释（二）》第九条第一款明确规定：“男女双方协议离婚后一年内就财产分割问题反悔，请求变更或者撤销财产分割协议的，人民法院应当受理。”

（二）人民法院审理撤销财产分割协议案件中应当遵循的原则

适用该条规定时，应当在程序方面和实体方面分别加以把握。对于当事人的诉权，我们应当予以保护，即当事人向人民法院提起此类诉讼的，人民法院都应依法予以受理，这也是我国实行的立案登记制度的要求。但是，至于当事人是否能享有胜诉权，需经人民法院实体审理才能确定，这取决于当事人是否能够证明订立协议时有欺诈、胁迫等情形存在。如果不存在上述规定的情形，人民法院应当驳回其诉讼请求。在审判实践中，人民法院应当注意遵循以下三点：

1. 离婚财产清算应当充分尊重当事人的意思自治。在此基础上，亦需要公权力的规制。这是因为离婚财产清算制度须具备道德上的合理性与法律上的公正性。“在保障人格尊严、追求性别关怀的法制背景下，倡导离婚当事人的意思自治，是协调和处理离婚财产清算纠纷的有效途径。”①近现代民法将意思自治作为整个民事活动的基本原则，是民事主体法律地位平等的必然要求。从我国目前实际情况看，当事人去民政部门离婚时，民政部门对达成离婚协议的男女，一律要求双方就财产分割及子女抚养等问题协商一致并形成书面材料后，才会为他们办理离婚手续。现实生活中经常会出现协议离婚后，当事人对解除婚姻关系本身没有异议，但对财产分割问题反悔，起诉到人民法院要求变更或者撤销关

① 夏吟兰、薛宁兰主编：《民法典之婚姻家庭编立法研究》，北京大学出版社2016年版，第344页。

于财产分割的协议。我们认为，双方到民政部门离婚，就财产分割问题达成的协议，是当事人在平等自愿的前提下协商一致的结果。对于任何一方当事人来说，这都是对自己财产权利的一种自由处分，该协议具有民事合同性质，对双方具有法律上的拘束力。任何一方没有特殊原因，都理应接受这一决定所带来的法律后果。因此，人民法院对于当事人协议离婚后又请求撤销财产分割协议的案件予以受理后，在实体审理的过程中，只有发现了《最高人民法院关于适用〈中华人民共和国民法典〉婚姻家庭编的解释（一）》第七十条规定的特定情形时，才可以作出支持当事人关于撤销财产分割协议的诉讼请求的判决。

2. 离婚财产分割协议具有一定的特殊性。依据《民法典》第四百六十四第二款规定："婚姻、收养、监护等有关身份关系的协议，适用有关该身份关系的法律规定；没有规定的，可以根据其性质参照适用本编规定。"我们认为，由于婚姻关系的本质是一种身份关系，这种特定的身份关系伴随着法定的财产关系，但财产关系却是允许婚姻关系当事人通过约定来加以改变的。这种"约定"即是协议、合同，而且是关于财产权属问题的合同。当事人基于这种具有民事合同性质的协议发生纠纷的，应当适用《民法典》总则编、婚姻家庭编和合同编的基本原则和相关规定。存在法律规定的特殊情形，当事人请求撤销相关协议的，人民法院才应当依法予以支持。关于这类合同的订立、生效、无效、可撤销的原则，仅仅靠《民法典》婚姻家庭编的规定是无法调整的。因此，人民法院审理婚姻案件中涉及财产问题的协议，还是要将《民法典》总则编和合同编的原则作为适用法律的依据，否则就会在一些问题上无所遵循。不过，婚姻关系中毕竟还包含了身份关系，由此导致的纠纷，也注定具有自身的特点。所以处理问题时，不能置身份关系于不顾，简单地全部适用其他法律规定。在这一思想指导下，《最高人民法院关于适用〈中华人民共和国民法典〉婚姻家庭编的解释（一）》作了一些具体规定。例如，对属于人民法院应当支持当事人请求撤销财产分割协议的情形，在明确列举出的事项中并没有规定显失公平、重大误解等内容，就是基于这种考虑而设计的。当然，我们也不是完全排斥这些未明确写出事项的适用，只是认为对这几方面的内容，在适用的时候必须严格限制。个案中如果确实属于应该适用这些规定的，法官可以根据具体案情依法作出公正裁判的权利。如果一方以欺诈、胁迫等手段，使对方在违背自己真实意思表示的情况下订立的合同，只要不属于《民法典》规定民事法律行为无效的情形，合同并不当然归于无效，其法律效力属于可撤销，至于该合同最终是否被撤销，当事人享有请求权。只有当事人提出了请求，人民法院才开始考虑这一合同是否应当被撤销。这一规定体现了充分尊重当事人对其民事实体权利和诉讼权利处分权的原则。

3. 协议离婚的当事人所订立的财产分割协议在何种情形下应予撤销。针对此问题，在离婚涉及的财产分割协议中确实存在与一般民事合同的不同之处。由于离婚的男女双方毕竟与对方有过夫妻名分，共同生活过一段时间，可能还育有子女，因此，在订立关于分割共同财产的协议时，除了纯粹的利益考虑外，常常会难以避免地掺杂一些感情因素。一方在感情支配下，可能答应将夫妻共同财产的大部分给予对方。衡量这类协议是否公平，不能像对待其他民事合同一样，以等价有偿作为唯一的标准。司法实践中，人民法院对于这类案件中当事人主张“乘人之危”的认定应当十分谨慎。不得将男女双方中急欲离婚的一方在财产上作出的让步视为另一方乘人之危的后果。只有在一方利用他方生病、行为能力受限而监护人监护不力或与之程度相当的情况下，迫使其签订达成了明显损害其原配偶合法权益的协议的行为，才能认定为乘人之危。人民法院在审理这类案件时，不宜轻易以协议“显失公平”为由而支持当事人撤销协议的主张。尤其是对于那些以获得配偶同意迅速离婚为目的，将大部分或者全部夫妻共同财产均答应给予对方，而一旦达到离婚目的，即以协议显失公平为由起诉，请求人民法院撤销该协议的当事人，不能予以支持。一般不应当将“重大误解”作为支持当事人变更和撤销财产分割协议的理由。另外，当事人可能因为法律知识的欠缺，不能清楚地区分什么情形下协议无效、什么情形下协议可撤销，在协议符合《民法典》关于民事法律行为无效的规定情形时，仍然起诉请求撤销该协议，在这种情况下，人民法院仍然应当受理当事人的起诉，以保护当事人依法享有的诉权。

【类案裁判观点】

类案裁判观点

立案受理阶段，在审查当事人起诉时应当把握的问题

（1）原告应当是在婚姻登记机关办理离婚登记手续并已经取得离婚证的自然人。（2）起诉应当符合《民事诉讼法》的规定，其中诉讼请求应当是撤销离婚时男女双方签署的有关财产分割问题的协议或者是离婚协议中有关财产分割的内容。（3）当事人由于受文化水平和法律知识的限制，有可能请求人民法院确认该协议无效。对当事人在法律认知上的错误不应当苛求，只要当事人诉讼请求的实质是要求撤销离婚时所签订的有关分割财产的协议或者离婚协议中涉及财产分割的条款的效力，人民法院即应当予以立案。

【案例八】

个人所有房屋的婚后收益认定及其处理*

一、案情简介

王某某与李某于2008年8月登记结婚，未生育子女。婚后李某用出售自己婚前房屋的款项购买了安徽省宁国市××小区房屋一套，总价款为181800元，房屋产权登记在李某自己名下，王某某用自己婚前住房公积金账户上的45000元对该房屋进行了装修。

2011年6月，李某将该房以448000元的价格卖给他人。婚后双方购买的家具及海尔冰箱、康佳彩电、三洋洗衣机、煤气灶等在卖房时也一并留给了买房人，大约估价为8000元，包含在448000元房价中。

王某某婚前有一套房屋，婚后一直用于出租，租金收入约72000元。

2011年10月王某某诉至一审法院，要求判令双方离婚，并对夫妻共同财产依法分割，包括分割李某出售婚后所购宁国市××小区房屋的增值收益。

李某同意离婚，但认为诉争房屋及其增值收益属于其个人财产，与王某某无关。王某某个人所有房屋的租金收入72000元，应当作为夫妻共同财产进行分割。

---

* 案例来源：最高人民法院民事审判第一庭编：《民事审判指导与参考》2013年第4辑（总第56辑）。

二、法院裁判情况

一审法院经审理认为，王某某与李某夫妻感情确已破裂，现双方当事人均同意离婚，故准予王某某与李某离婚。在财产分割方面，宁国市××小区房屋是李某用其出售自己婚前房屋的款项购买，属于一方的婚前财产在婚后进行了转化，即由李某一方的婚前房产转化为货币形式，然后再由货币形式转化为诉争房产，不应影响其个人财产的性质认定。

李某购买宁国市××小区房屋用于家庭居住，并非投资，其将该房屋卖给他人的增值部分，依照《最高人民法院关于适用〈中华人民共和国婚姻法〉若干问题的解释（三）》（以下简称《婚姻法司法解释（三）》）第五条①的规定，该增值属于自然增值，离婚时应归李某个人所有；婚后双方用夫妻共同财产购买的家具、电器等，出售房屋时一并转让，总房款中的8000元应认定为夫妻共同财产。

王某某用婚前住房公积金账户上的45000元对房屋进行了装修，虽然《最高人民法院关于适用〈中华人民共和国婚姻法〉若干问题的解释（二）》（以下简称《婚姻法司法解释（二）》）第十一条②规定，婚姻关系存续期间夫妻双方实际取得或者应当取得的住房补贴、住房公积金，属于夫妻共同财产的范围，但前提是该住房补贴、住房公积金是婚姻关系存续期间取得的。而个人住房公积金账户中的数额可能包括婚前取得和婚后取得两个部分，本案中王某某系用婚前取得的住房公积金45000元装修房屋，该部分住房公积金应认定为王某某一方的婚前财产。由于装修材料已添附到房屋上，成为房屋不可分割的组成部分，离婚时对房屋价格整体评估时，应一并考虑房屋的实际装修状况，故448000元总房款中也包含房屋装修部分。考虑到房屋装修的折旧因素，李某应支付王

---

① 该司法解释已废止，相关规定参见《民法典婚姻家庭编解释（一）》第二十六条："夫妻一方个人财产在婚后产生的收益，除孳息和自然增值外，应认定为夫妻共同财产。"

② 该司法解释已废止，相关规定参见《民法典婚姻家庭编解释（一）》第二十五条："婚姻关系存续期间，下列财产属于民法典第一千零六十二条规定的'其他应当归共同所有的财产'：（一）一方以个人财产投资取得的收益；（二）男女双方实际取得或者应当取得的住房补贴、住房公积金；（三）男女双方实际取得或者应当取得的基本养老金、破产安置补偿费。"

某某40000元的房屋装修补偿款。

关于王某某个人所有房屋的租金收入72000元，性质属于经营性收入，按照《婚姻法》第十七条[①]的规定，应认定为夫妻共同财产。

综上，一审法院判决：准予王某某与李某离婚；李某支付王某某房屋装修补偿款40000元及出售夫妻共同所购家具、电器的款项4000元；王某某支付李某房屋租金收入36000元。

一审判决后王某某不服提出上诉，王某某坚持认为李某婚后所购房屋及出售房屋的增值收益属于夫妻共同财产，而其出租房屋的租金收入不应认定为夫妻共同财产，因为房屋出租事宜全部由其自己打理，包括寻找合适的租户、签订租赁合同、维修设施等等，李某根本就不关心，租金收入当然也与李某无关。

二审法院经审理后判决：驳回上诉，维持原判。

三、主要观点和理由

该案争议的焦点问题是：（1）李某用于婚后购房的资金来源于出售其婚前个人所有的房屋，诉争房屋是否属于夫妻共同财产的范围，增值部分应如何处理；（2）王某某个人所有房屋于婚姻关系存续期间的租金收入应如何认定。

1. 关于李某用于婚后购房的资金来源于出售其婚前个人所有的房屋，诉争房屋是否属于夫妻共同财产的范围，增值部分应如何处理的问题。

第一种意见认为，位于宁国市××小区的房屋，系李某用出售自己婚前房产所得资金购买，虽然该购房行为发生在双方婚姻关系存续期间，但购房款来源于李某的婚前财产，王某某对此也没有异议。从性质上来说，这只是李某一方的婚前财产由原来的房产转化为货币再转化为诉争房产，所谓万变不离其宗，该房屋应属李某个人所有。李某将诉争房屋

---

① 《婚姻法》已废止，相关规定参见《民法典》第一千零六十二条："夫妻在婚姻关系存续期间所得的下列财产，为夫妻的共同财产，归夫妻共同所有：（一）工资、奖金、劳务报酬；（二）生产、经营、投资的收益；（三）知识产权的收益；（四）继承或者受赠的财产，但是本法第一千零六十三条第三项规定的除外；（五）其他应当归共同所有的财产。夫妻对共同财产，有平等的处理权。"

再次转让，由于房价上涨的市场因素而获利丰厚，但该收益属于自然增值，根据相关司法解释的规定，增值部分也应属于李某一方所有。

关于婚姻关系存续期间对房屋进行装修一节，应考虑装修款来源及相应的折旧因素，由李某对王某某予以合理补偿。

第二种意见认为，双方登记结婚在前，李某出售原房屋继而再购新房在后。取得结婚证即确立夫妻关系，除法律规定和双方另有约定外，原则上婚后所得都应认定为夫妻共同财产。故李某婚后所购宁国市××小区的房屋应定性为夫妻共同财产，出售房屋所得增值收益也属于夫妻共同财产，离婚时应当依法予以分割。

我们认为，上述第一种意见是适当的。

本案中李某在婚后用出售自己婚前房产所得资金购买诉争房屋，不能机械地认为该房屋系婚后购买就属于夫妻共同财产，还要审查购买房屋的资金来源。根据民法的基本原理，货币形式和其他财产形态之间的转化并不改变所有权的性质。从国外法律的规定来看，一些国家通过明文规定的方式将“夫妻个人财产的替代物”，认定为夫妻一方的个人财产。

2. 关于王某某个人所有房屋于婚姻关系存续期间的租金收入应如何认定的问题。

第一种意见认为，对于一方个人所有的房屋婚后出租取得的租金收入，应确立一个推定原则。即一方婚前所有的房屋在婚姻关系存续期间所得的租金首先推定为夫妻共同所有，但若房屋所有人有证据证明房屋出租的经营管理仅由一方进行的，则婚姻关系存续期间的租金收益应归房产所有人个人所有。比如发布租赁信息、寻找租户、带人看房、签订房屋租赁合同、催收租金等均是由房屋所有人负责，另一方从始至终没有参与，对于经营出租房屋并无任何贡献，此种情况下应认定房屋租金归属房产人个人所有。

第二种意见认为，虽然房屋租金在民法理论上被认为属于法定孳息，仅仅从法律定义的角度分析，房屋租金是依据租赁合同收取的法定孳息，应归租赁物的所有人所有。但是，租赁行为本身也是一种经营活动，也需要付出时间、精力和劳动。考虑到租金与单纯的银行存款利息不同，出租方对房屋还有维修等义务，租金的获取与房屋本身的管理状况密切相连，需要投入一定的管理或劳务，故将租金认定为经营性收益比较适宜。尤其对那种夫妻一方依靠房租收益维持生计的情形，如果将一方所有的房屋婚后出租的租金收益认定为个人财产，而另一方的工资、奖金收入则属于夫妻共同财产，结果显然是极不公平的。

我们同意第二种意见。当今世界主流越来越强调家务劳动与出外工作、投资经营对于家庭具有同等价值，第一种意见忽略了家务劳动应有的价值，不利于妇女权益的保护及婚姻家庭关系的稳定。另外，从证据的角度来说，判断一方是否对经营出租房屋作出过贡献，恐怕也有一定的难度。

四、理论分析

对于夫妻一方个人财产在婚后所产生的收益问题存在规定上的缺失。收益一般包括生产经营性收益、投资收益、知识产权收益、孳息、自然增值等，婚姻法本身明确了生产、经营的收益和知识产权的收益归夫妻共同所有，而《婚姻法司法解释（二）》中明确了一方以个人财产投资取得的收益属于“其他应当归共同所有的财产”，《婚姻法司法解释（三）》则明确了孳息和自然增值的个人财产属性。

按照《辞海》的解释，投资即为企业或个人以获得未来收益为目的，投放一定量的货币或实物，以经营某项事业的行为。根据是否直接投资于企业经营活动可将投资区分为直接投资和间接投资。直接投资是指将货币或实物直接投资于企业生产经营活动，投资者对企业具有经营决策的权利，其投资收益通常与投资者的经营行为相伴相随。间接投资则并不直接投资于企业，其收益通常与企业的经营活动并不直接相关，主要表现为购买股票、债券、投资基金等有价证券获得的红利、利息、基金投资收益及转让上述证券所得与扣除本金的差额等。投资是货币的资本化，投资收益是资本产生的剩余价值，带有风险性、不确定性和主观性，投资收益的这些特性与孳息形成了鲜明的对比。

孳息是指通过自然的规律或法律的规定产生的收益。孳息与投资相比最突出的特性在于“定期性”，通常按法律的规定或法律关系即可定期地获得收益。

法律意义上孳息是原物派生的，是指由原物所产生的额外收益。我国《物权法》第一百一十六条①规定：“天然孳息，由所有权人取得；既有所有权人又有用益物权人的，由用益物权人取得。当事人另有约定的，按照约定。法定孳息，当事人有约定的，按照约定取得；没有约定或者约定不明确的，按照交易习惯取得。”法定孳息一般按持续的时间来收取。《合同法》第一百六十三条②也有关于孳息的规定，即“标的物在交付之前产生的孳息，归出卖人所有，交付之后产生的孳息，归买受人所有”。

《婚姻法司法解释（三）》中关于“夫妻一方个人财产在婚后产生的收益，除孳息和自然增值外，应认定为夫妻共同财产”的规定，之所以引起一些学者的争议，其实根源在于学者们对“孳息”的解释不尽相同，有广义的解释也有狭义的解释，我国法律又对“孳息”的概念未作规定。

我们认为，“收益”一般来说是“孳息”的上位概念，收益包括孳息但远远超出孳息之范围。《婚姻法司法解释（三）》第五条的“孳息”一词应作限缩解释，专指非投资性、非经营性的收益。投资、经营收益与孳息收益的不同之处在于其具有风险性、不确定性和主观性的特点，台湾学者黄立就认为：“因拥有公司股票所获得之红利，系于公司经营有盈余时才会有红利的分配，若有亏损则无法分派红利，此种属于投资风险所得之利益，并非法定孳息。”③

一方婚前所有果园中的果树，婚后由夫妻双方共同劳动、管理，该果树所结果实就不能简单认定属于天然孳息。

---

① 《物权法》已废止，相关规定参见《民法典》第三百二十一条：“天然孳息，由所有权人取得；既有所有权人又有用益物权人的，由用益物权人取得。当事人另有约定的，按照其约定。法定孳息，当事人有约定的，按照约定取得；没有约定或者约定不明确的，按照交易习惯取得。”

② 《合同法》已废止，相关规定参见《民法典》第六百三十条：“标的物在交付之前产生的孳息，归出卖人所有；交付之后产生的孳息，归买受人所有。但是，当事人另有约定的除外。”

③ 黄立：《民法总则》，中国政法大学出版社2002年版，第198页。

增值，顾名思义就是物或权利在价格上的提升，根据发生原因不同，可分为自然增值（也有称被动增值）和主动增值。如果物或权利价格的提升是基于人为努力而产生的，应当属于主动增值，原则上按照夫妻共同财产处理。《婚姻法司法解释（三）》实际上对夫妻一方个人财产在婚姻关系存续期间的增值，是以该增值所基于的主观能动性行为或客观被动性行为作为划分标准，强调了客观被动性的自然增值属于一方的个人财产。之所以司法解释条文中没有出现“主动增值”的字眼，主要考虑到主动增值的原因包括进行生产、经营或者投资行为等，有些概念是交叉重合的。该条司法解释采用规定孳息、自然增值除外的方法，便于法官具体操作及统一裁量尺度。

夫妻一方个人财产在婚姻关系存续期间的自然增值，是指该增值的发生因通货膨胀或市场行情的变化而致，与夫妻一方或双方的协作劳动、努力或管理等并无关联。比如夫妻一方个人婚前所有的房屋、古董、字画、珠宝、黄金等，在婚姻关系存续期间因市场价格上涨而产生的增值，由于抛售后的增值是基于原物交换价值的上升所致，是不以人的意志为转移的市场行为作用的结果，仍应依原物所有权归属为个人所有，将该部分增值认定为一方的个人财产。

由于购买房屋具有投资和自住两种功能，对一方用婚前财产婚后购买房产所带来的收益，需要区分是投资购房还是家庭居住。在将婚前房产用于非自住的投资用途时，另一方有权主张其投资收益。比如，夫妻一方用婚前个人存款婚后购买反租式酒店公寓，其间获取租金收益，虽然房产的所有权是一方个人的，但租金收益归属夫妻双方。有的炒房客用自己的个人财产在婚后不断买进卖出房产，花费大量的时间和精力，所获收益认定为夫妻共同财产比较公平。因此，在将婚前房产用于非自住的投资用途时，夫妻另一方有权主张分割投资收益。

一方婚前个人房产婚后变卖，双方又添加若干夫妻共同财产购买新的房产，离婚时应考虑婚前房产变卖价款在新购房产价款中所占的比例，公平合理地予以分割。

一方用自己个人所有的房产作为家庭共同生活的居住用房，婚姻关系存续期间，因种种原因将该房屋出售后另购住房，仍然用于家庭自住，如果没有夫妻共同资金或另一方个人资金的再投入，离婚时对于出售房屋所带来的增值收益，应当认定为一方的个人财产。

五、最高人民法院民一庭裁判观点

一方婚后用个人财产购买房屋，离婚时该房屋属于“个人财产的替代物”，应认定为个人财产，其自然增值也属于个人财产；一方个人所有的房屋婚后用于出租，其租金收入属于经营性收入，应认定为夫妻共同财产。

【新旧法律依据对照】

旧司法解释	新司法解释
《婚姻法司法解释（二）》 **第十一条** 婚姻关系存续期间，下列财产属于婚姻法第十七条规定的“其他应当归共同所有的财产”： （一）一方以个人财产投资取得的收益； （二）男女双方实际取得或者应当取得的住房补贴、住房公积金； （三）男女双方实际取得或者应当取得的养老保险金、破产安置补偿费。	**《民法典婚姻家庭编解释（一）》** **第二十五条** 婚姻关系存续期间，下列财产属于民法典第一千零六十二条规定的“其他应当归共同所有的财产”： （一）一方以个人财产投资取得的收益； （二）男女双方实际取得或者应当取得的住房补贴、住房公积金； （三）男女双方实际取得或者应当取得的基本养老金、破产安置补偿费。
《婚姻法司法解释（三）》 **第五条** 夫妻一方个人财产在婚后产生的收益，除孳息和自然增值外，应认定为夫妻共同财产。	**《民法典婚姻家庭编解释（一）》** **第二十六条** 夫妻一方个人财产在婚后产生的收益，除孳息和自然增值外，应认定为夫妻共同财产。

【法律适用指引】

法律适用指引一

一方以婚前个人财产投资取得的婚后收益的认定

1. 一方婚前财产的婚后自然孳息，根据物权原理，孳息应归物的所有人或其他合法权利人。《民法典》第一千零六十三条明确规定夫妻婚前财产归个人所有，那么这种财产产生的利息和其他孳生物应当属于夫妻个人财产。比如，对于一方婚前的财产存入银行所产生的自然孳息，一方婚前所有的房屋出租而未通过共同劳动所取得的房屋租金等，认定为一方个人的财产比较适宜。

2. 用婚前个人财产在婚后进行生产、经营活动所增值部分，属于《民法典》第一千零六十二条规定的“生产、经营、投资的收益”，应当认定为夫妻共同财产。在婚后所得共同制下，夫妻婚前个人财产的所有权原则上不因婚姻的成立而改变，如果将个人财产用于投资，不管这种投资是在婚前还是在婚后，其本金仍归个人所有，这是毫无疑问的。对于婚姻关系存续期间这些财产通过经营所产生的增值，则应属于夫妻共同财产。如果个人出资部分的收益归个人所有，将会成为一方推卸家庭责任的借口。在实际生活中，往往也是男方出面出资经营。有的家庭男方用自己的婚前财产进行各类投资，女方在家照顾家庭、操持家务、照顾孩子，如果离婚时男方进行投资所赚的钱与女方无关，这显然不利于维护家庭和谐，不利于保护弱势群体的利益。但如果一方用婚前个人财产在婚后进行生产、经营、投资，由于经营不善产生损失，离婚时不能要求以夫妻共同财产进行抵偿。因为离婚时只能对现存的财产进行分割，已经消耗、灭失的财产不在分割之列。一方面，个人财产的所有者处分自己财产的后果应由自己承担；另一方面，也不能将自然因素等导致个人财产灭失或部分灭失的后果转嫁到夫妻共同财产上，从而侵犯配偶一方的财产共有权。

3. 一方用婚前个人积蓄在婚后购买的有形财产的归属问题，由于这只是原有财产价值存在形态发生了变化，其价值取得始于婚前，即所谓“万变不离其宗”，故应当认定为一方的个人财产。

4. 一方婚前用自己的财产投资做公司的股东，每年都有分红，那么婚后取得的分红属于什么性质的问题。根据《民法典》第一千零六十二条的规定，股东分红属于投资经营性的收益，既然是在婚姻关系存续期间取得，认定为夫妻共同财产比较适宜。

法律适用指引二

正确理解“所得”的来源

夫妻共同财产的来源，为夫妻双方或者一方所得的财产，既包括夫妻通过劳动所得的财产，也包括其他非劳动所得的合法财产。当然，法律直接规定为个人特有财产的和夫妻约定为个人财产的除外。这里讲的“所得”是针对财产权利的取得，而不要求对财产实际占有。如果一方如夫或妻中奖所得的财产，离婚时可能权利人并未实际占有，但这些未实际控制、占有的财产仍应认定为婚姻关系存续期间所得。同样道理，婚前财产在婚后取得，也应属于一方的个人财产。比如，一方在婚姻关系存续期间拿到补发的婚前奖金，这笔奖金应认定为一方的个人财产；又如，一方的父亲在婚前死亡，婚姻关系存续期间才分割遗产，由于继承权从被继承人死亡时开始享有，故这笔遗产也应认定为一方的个人财产。再如，一方婚前借给朋友10万元，并签订了书面借款协议，婚后才通过诉讼程序要回这笔钱，但实际上债权早在结婚前就存在了，即从一方与朋友签订的借款合同成立之日起已经享有债权，故这10万元应认定为一方的个人财产。

法律适用指引三

正确理解“共同所有”的含义

这里的“共同所有”是指夫妻不分份额的共同所有，而不是按份共有。在分割夫妻共同财产之前的每一项财产，夫妻均拥有共同所有权，包括共同占有、使用、收益和处分的权利。在共同共有关系存续期间，各共有人对共有财产都没有确定的份额，他们共同享有共有财产的各种利益，共同负担由共有财产发生的各种义务。

夫妻共同财产属于共同共有财产关系。共同共有财产关系的发生原因，在于共有人之间具有法定的共同关系，如夫妻关系、家庭成员关系或者合伙关系。从法理上讲，共同共有财产关系发生的原因没有消灭，共同共有财产就不能分割。此举的意义，在于保持共有关系的稳定性和基础性，保护共有人的合法权益，否则将会对共同共有关系的当事人造成损害。因此，不论是何种共同共有关系，如果要消灭其财产关系，必先消灭其基础关系，再分割共有财产就顺理成章了。从现行法律规定来看，如果要分割夫妻共同财产，只有两种途径：一是离婚分割；二是在婚姻关系存续的前提下，夫妻双方约定分割。也就是说，一方在婚姻关系存续期间不得请求分割夫妻共同财产，除非夫妻双方协商一致都同意进行分割。

法律适用指引四

夫妻一方财产在婚后产生的收益归属的认定

关于夫妻一方财产在婚后产生的收益如何处理，《最高人民法院关于适用〈中华人民共和国民法典〉婚姻家庭编的解释（一）》第二十六条采用的是一般原则加例外规定的模式，按照不同类型分别加以认定。

1.《最高人民法院关于适用〈中华人民共和国民法典〉婚姻家庭编的解释（一）》第二十六条规定关于夫妻一方财产在婚后产生的收益归

属的认定，一般原则上应认定为夫妻共同财产。这一原则规定符合我国现行婚后所得共同制为基本形态的夫妻财产制度，也适应我国传统的婚姻家庭伦理观念和传统文化。

2.《最高人民法院关于适用〈中华人民共和国民法典〉婚姻家庭编的解释（一）》第二十六条除了规定上述一般原则外，还规定了两种除外类型：（1）孳息。（2）自然增值。《最高人民法院关于适用〈中华人民共和国民法典〉婚姻家庭编的解释（一）》第二十六条规定将上述两种夫妻一方财产在婚后产生的收益类型排除于夫妻共同财产之外，而把夫妻另一方对个人财产的天然孳息、自然增值认定为个人财产，其原因在于夫妻另一方对个人财产的天然孳息、自然增值的形成及产生未提供贡献，故而为个人财产。但从协力理论的角度出发，孳息是否为夫妻一方个人财产应区分不同情形作不同处理：将夫妻一方个人财产产生的天然孳息界定为个人财产并无疑问，但法定孳息不宜均界定为个人财产，最典型如出租房屋所获得的租金，这一孳息与个人财产投资获得的收益并不存在差异，《最高人民法院关于适用〈中华人民共和国民法典〉婚姻家庭编的解释（一）》第二十六条将个人财产投资所获得的收益规定为夫妻共同财产，按照类似实务类似处理的平等原则，以租金为代表的法定孳息也应属于夫妻共同财产。而夫妻一方婚前银行存款及其利息则更宜解释为夫妻一方个人财产。总之，在判断孳息是否为夫妻个人财产时，应当从协力理论出发，考察夫妻一方对财产的取得是否作出贡献。

因夫妻一方财产在婚后产生的自然增值通常是因通货膨胀或市场行情的变化而致，与夫妻双方的人为协作劳动或管理等并无关联，根据平等原则和注重保护个人财产原则，应将该部分增值认定为个人财产。

3. 关于夫妻一方财产在婚后产生的投资收益这种类型认定为夫妻共同财产。投资收益与自然增值、孳息存在很大的不同，是财产所有人对于所拥有的财产起到了积极推动作用，因夫妻一方或者双方的投资原因物质财富的增加，资产货币价值的增长。故这类投资收益也属于夫妻通过劳动所得的财产类型，除了夫妻另有约定外，应归属于夫妻共同财产。

法律适用指引五

婚姻关系中约定财产制的规定

1. 鉴于离婚案件的特殊性，无论是民事实体法还是民事程序法都对其进行了特殊的规定和设计。在审理该类纠纷时，单纯运用法律的手段效果未必理想，而且容易留下“后遗症”，故应特别注意诉讼调解程序的运用，通过法、理、情多管齐下，争取当事人能够互谅互让，妥善处理好离婚与否、子女抚养、财产分割等问题。在处理夫妻一方财产在婚后产生的收益归属问题时，法官亦要注意调解程序的运用，以便双方当事人都各得其所。

2. 关于约定财产制的规定，《民法典》第一千零六十五条规定：“男女双方可以约定婚姻关系存续期间所得的财产以及婚前财产归各自所有、共同所有或者部分各自所有、部分共同所有。约定应当采用书面形式。没有约定或者约定不明确的，适用本法第一千零六十二条、第一千零六十三条的规定。夫妻对婚姻关系存续期间所得的财产以及婚前财产的约定，对双方具有法律约束力。夫妻对婚姻关系存续期间所得的财产约定归各自所有的，夫或妻一方对外所负的债务，相对人知道该约定的，以夫或者妻一方的个人财产清偿。”在司法审判实践中，如当事人对夫妻一方财产在婚后产生的收益归属有约定时，应尊重当事人的约定，约定优先于法定，而不应机械生硬地适用《最高人民法院关于适用〈中华人民共和国民法典〉婚姻家庭编的解释（一）》第二十六条。

3. 以往在理论界讨论夫妻一方财产在婚后产生的收益归属问题时，往往将着眼点放在“夫妻一方婚前财产”在婚姻存续期间所产生的收益上，但根据当事人的约定或法律规定，夫妻在婚姻存续期间的所得亦有可能归属夫妻一方个人财产，而《最高人民法院关于适用〈中华人民共和国民法典〉婚姻家庭编的解释（一）》第二十六条规定对“夫妻一方个人财产”并未局限在“婚前”这个时点上，故对夫妻在婚姻存续期间所得且应归属于夫妻一方个人财产在婚后所产生的收益如何确定归属，亦适用该条规定。

【案例九】

当事人仅以人身安全保护裁定为据请求离婚损害赔偿人民法院不予支持*

一、案情简介

2012年1月，方某某以楚某实施家庭暴力为由诉请离婚，请求法院判令：13岁的婚生女楚某某由方某某抚养，楚某每月给付抚养费5000元。夫妻共同财产中有楼房两套：120平方米的一套归方某某所有；60平方米的一套归楚某所有。楚某不同意离婚，认为双方产生纠纷的原因是方某某有外遇，但自己为了女儿愿意原谅妻子，请求法院驳回方某某的诉讼请求。由于受诉法院为受理人身安全保护裁定申请的试点法院，方某某遂在起诉的同时，向该院申请人身安全保护裁定，并由朱某的妹妹为方某某作证证明楚某到其同事朱某家中对方某某进行殴打。楚某辩称朱某即是与方某某长期保持不正当关系的人，并提供了朱某的离婚判决书作为证据。楚某承认其本人确实曾去朱某家理论，其间与朱某发生冲突但并未殴打方某某。朱某之妹作为方某某的中学同学与其有利害关系，其证言不可采信。鉴于诉讼中楚某情绪激动，曾威胁如果方某某坚持离婚，将对其和朱某实施暴力，该院作出了人身安全保护裁定，禁止楚某对方某某实施家庭暴力。但考虑到楚某不同意离婚，愿意原谅方某某并为恢复夫妻感情做进一步努力情况，故判决驳回了方某某的诉讼

* 案例来源：最高人民法院民事审判第一庭编：《民事审判指导与参考》2014年第3辑（总第59辑）。

请求。

6个月以后，方某某再次以同样理由请求离婚。除了重复上次诉讼中的请求外，方某某以《婚姻法》第四十六条第三项[①]为依据，并以上次诉讼期间人民法院发出的人身安全保护裁定作为楚某实施家庭暴力的证据，请求判令楚某向其赔偿5万元。

楚某同意离婚，要求抚养楚某某，由方某某按月支付抚养费1500元。夫妻共同财产中的120平方米的房屋归自己所有，60平方米的一套房屋归方某某所有。方某某表示为了离婚可以接受楚某的上述意见，但坚持要求将夫妻共同财产中的存款10万元判归其所有，并请求判令楚某向其支付离婚损害赔偿金5万元。

二、法院裁判情况

一审法院审理认为，方某某与楚某夫妻感情破裂，经调解无效，现双方均同意离婚，并就子女抚养问题和夫妻共同财产中的房产分割达成了一致意见，经法院询问，从小由祖母带大的楚芳娴表示愿意随父亲一起生活。法院应予准许。双方当事人争议的焦点集中在楚某是否实施家庭暴力导致离婚，对方某某有关判令楚某向其支付离婚损害赔偿款的请求是否应予支持。方某某以第一次离婚诉讼期间人民法院发出的人身安全保护裁定作为楚某实施家庭暴力的证据，以《婚姻法》第四十六条第三项为法律依据，提出离婚损害赔偿请求，事实和法律依据充分，应予支持。但考虑到方某某并未就楚某对其实施家庭暴力的具体情况举证加以证明，故酌情判决楚某赔偿方某某5000元。对10万元存款判决归方某某与楚某各半所有。

楚某不服一审判决，提起上诉。楚某认为，对于一审判决的其他内容并无异议，但导致其与方某某离婚的原因是方某某长期有外遇而不是其本人对方某某实施家庭暴力。一审判决其赔偿的数额虽然只有5000元，但没

---

① 《婚姻法》已废止，相关规定参见《民法典》第一千零九十一条："有下列情形之一，导致离婚的，无过错方有权请求损害赔偿：（一）重婚；（二）与他人同居；（三）实施家庭暴力；（四）虐待、遗弃家庭成员；（五）有其他重大过错。"本文下同。

有事实和法律依据。故要求撤销一审判决中有关离婚损害赔偿的判项。方某某答辩认为，一审法院判决确认的赔偿数额远远不足以弥补其损失，但为了尽早从痛苦的婚姻中解脱出来，请求二审法院维持一审判决。

二审法院审查当事人的上诉请求后认为，双方当事人二审的争议集中在一审法院支持方某某提出的离婚损害赔偿的诉讼请求是否正确的问题上。

二审法院认为，方某某虽然依据《婚姻法》第四十六条第三项请求损害赔偿，但自始至终没有举出充分的证据证明楚某对其实施了家庭暴力，更没有证明楚某的家暴行为是导致双方当事人离婚的原因。一审法院已经查明：方某某与朱某关系暧昧是导致夫妻感情破裂的原因。方某某能够证明的唯一一次所谓家庭暴力，是楚某到朱某家中找方某某回家时与朱某发生的冲突。一审法院在第一次受理方某某提起的离婚诉讼期间根据方某某的申请向楚某发出人身安全保护裁定，主要原因是楚某在诉讼中情绪激动，曾扬言要对方某某实施家庭暴力，而并非法院在查实楚某施暴后采取的措施。故二审法院支持了楚某的上诉请求，撤销了一审判决中有关离婚损害赔偿的判项而维持了一审判决的其他判项。

二审判决后，双方当事人息诉。

三、主要观点和理由

本案一、二审法院就是否应当支持方某某有关离婚损害赔偿的诉讼请求而发生的争议具有一定的代表性。实际上，二审法院在案件审理过程中，也有少数法官认为应当维持原判，驳回楚某的上诉请求。其主要理由有两个：第一，楚某与方某某夫妻感情破裂，固然与方某某与朱某长期关系暧昧有关，但方某某的行为至多属于婚外情，并未构成有配偶者与他人同居。所以方某某仍然属于《婚姻法》第四十六条的“无过错方”，其有权请求离婚损害赔偿；第二，人民法院发出人身安全保护裁定是十分慎重的，既然有生效的裁定，方某某即无须再就楚某实施家庭暴力举证加以证明。而应当由楚某提出相反证据否认生效裁判文书确认的事实。如果其不能提出证据，则人民法院可以直接认定裁判文书所确认的事实。因此，方某某的诉讼请求应当得到支持。多数人则认为，根据

《婚姻法》第四十六条规定，无过错方请求离婚损害赔偿的条件之一是对方实施家庭暴力导致离婚，但法院已经查明，导致楚某与方某某离婚的主要原因是方某某与朱某长期关系暧昧，致使夫妻感情破裂。而无论楚某是否实施过家庭暴力，均不是导致离婚的原因。因此，方某某请求离婚损害赔偿不能得到支持。

我们认为，二审法院的改判是正确的。除了二审法院多数人意见所持理由外，还有一个需要补充的十分重要的理由是，人身安全保护裁定的根本目的是制止可能发生家庭暴力而不限于制止再次发生的家庭暴力。其目的决定了人民法院发出人身安全保护裁定的条件并非查实已经发生过家庭暴力，而是存在发生或者再次发生家庭暴力的可能。因此，人身安全保护裁定本身并不能证明被申请人确实曾经对申请人或者其他家庭成员实施过家庭暴力。如果我们将人民法院发出的人身安全保护裁定作为其已经查实被申请人实施家庭暴力的证明看待，实际上是不恰当地提高了人身安全保护裁定的适用条件，使得人民法院在没有认定被申请人确有家暴行为的情况下，不敢发出人身安全保护裁定，使得感到自己可能面临家庭暴力的人和以往曾遭受家暴但没有证据的人申请人身安全保护裁定时，均无法得到人民法院的支持。例如，某一离婚诉讼的当事人向法院申请人身安全保护裁定，理由是对方多次威胁要女方撤诉，称如果最终被法院判决离婚，则要杀了女方全家。但女方并无证据，只是表现出极度恐惧。又例如，一起离婚案件的男方当事人闯入女方母亲家，杀死其家庭宠物狗并称，如果不撤诉，这只狗就是女方母女二人的下场。此种情况下，认定男方实施了家庭暴力可能证据不够充分，如果深入核查家暴是否发生，则可能无法及时发出人身安全保护裁定，因而失去以法律手段制止暴力的最佳时机，如果干脆拒绝发出人身安全保护裁定，则无疑会极大地缩小人身安全保护裁定的适用范围，削弱其保护家暴受害者的作用。从人身安全保护裁定的被申请人方面看，如果该裁定本身并不意味着认定其已经实施了家庭暴力，则裁定发出后，被申请人可能更容易接受裁定，而不会不断地申请复议或寻找其他撤销该裁定的救济途径，如果该裁定本身被视为其施暴的证据，出于名誉与利益的考量，被申请人的反应可能更为激烈，要花费更多的时间、精力去寻求救济途径，而且国家在此方面也需投入更多的司法资源，而这种投入并非必须。

四、最高人民法院民一庭裁判观点

当事人仅以人民法院发出的人身安全保护裁定为据，主张其配偶实施家庭暴力并请求离婚损害赔偿的，人民法院不予支持。

【新旧法律依据对照】

旧法	新法	旧司法解释	新司法解释
《婚姻法》(2001年修正)第四十六条 有下列情形之一，导致离婚的，无过错方有权请求损害赔偿： （一）重婚的； （二）有配偶者与他人同居的； （三）实施家庭暴力的； （四）虐待、遗弃家庭成员的。	**《民法典》第一千零九十一条** 有下列情形之一，导致离婚的，无过错方有权请求损害赔偿： （一）重婚； （二）与他人同居； （三）实施家庭暴力； （四）虐待、遗弃家庭成员； （五）有其他重大过错。	**《婚姻法司法解释（一）》第一条** 婚姻法第三条、第三十二条、第四十三条、第四十五条、第四十六条所称的“家庭暴力”，是指行为人以殴打、捆绑、残害、强行限制人身自由或者其他手段，给其家庭成员的身体、精神等方面造成一定伤害后果的行为。持续性、经常性的家庭暴力，构成虐待。	**《民法典婚姻家庭编解释（一）》第一条** 持续性、经常性的家庭暴力，可以认定为民法典第一千零四十二条、第一千零七十九条、第一千零九十一条所称的“虐待”。

续表

旧法	新法	旧司法解释	新司法解释
		《婚姻法司法解释（一）》第二十九条 承担婚姻法第四十六条规定的损害赔偿责任的主体，为离婚诉讼当事人中无过错方的配偶。 人民法院判决不准离婚的案件，对于当事人基于婚姻法第四十六条提出的损害赔偿请求，不予支持。 在婚姻关系存续期间，当事人不起诉离婚而单独依据该条规定提起损害赔偿请求的，人民法院不予受理。	**《民法典婚姻家庭编解释（一）》第八十七条** 承担民法典第一千零九十一条规定的损害赔偿责任的主体，为离婚诉讼当事人中无过错方的配偶。 人民法院判决不准离婚的案件，对于当事人基于民法典第一千零九十一条提出的损害赔偿请求，不予支持。 在婚姻关系存续期间，当事人不起诉离婚而单独依据民法典第一千零九十一条提起损害赔偿请求的，人民法院不予受理。
		《婚姻法司法解释（一）》第三十条 人民法院受理离婚案件时，应当将婚姻法第四十六条等规定中当事人的有关权利义务，书面告知当事人。在适用婚姻法第四十六条时，应当区分以下不同情况： （一）符合婚姻法第四十六条规定的无过错方作为原告基于该条规定向人民法院提起损害赔偿请求的，必须在离婚诉讼的同时提出。 （二）符合婚姻法第四十六条规定的无过错方作为被告的离婚诉讼案件，如果被告不同意离婚也不基于该条规	**《民法典婚姻家庭编解释（一）》第八十八条** 人民法院受理离婚案件时，应当将民法典第一千零九十一条等规定中当事人的有关权利义务，书面告知当事人。在适用民法典第一千零九十一条时，应当区分以下不同情况： （一）符合民法典第一千零九十一条规定的无过错方作为原告基于该条规定向人民法院提起损害赔偿请求的，必须在离婚诉讼的同时提出。 （二）符合民法典第一千零九十一条规定的无过错方作为被告的离婚诉讼案件，如果被告不同意

续表

旧法	新法	旧司法解释	新司法解释
		定提起损害赔偿请求的，可以在离婚后一年内就此单独提起诉讼。 （三）无过错方作为被告的离婚诉讼案件，一审时被告未基于婚姻法第四十六条规定提出损害赔偿请求，二审期间提出的，人民法院应当进行调解，调解不成的，告知当事人在离婚后一年内另行起诉。	离婚也不基于该条规定提起损害赔偿请求的，可以就此单独提起诉讼。 （三）无过错方作为被告的离婚诉讼案件，一审时被告未基于民法典第一千零九十一条规定提出损害赔偿请求，二审期间提出的，人民法院应当进行调解；调解不成的，告知当事人另行起诉。双方当事人同意由第二审人民法院一并审理的，第二审人民法院可以一并裁判。

【法律适用指引】

法律适用指引一

离婚损害赔偿的适用条件

（一）一方对离婚存在过错

离婚损害赔偿的适用，以夫妻中的一方对离婚存在过错为前提，这里包含两层意思：一是离婚损害赔偿要求行为人主观上必须存在过错，行为人虽实施了损害行为，但主观上不存在过错的，不适用离婚损害赔偿；二是该种过错必须是导致离婚的原因，虽有过错，但并未导致离婚的结果，或虽然离婚，但导致离婚的原因并非过错方的过错行为的，均不能适用离婚损害赔偿。

（二）过错方实施了妨害婚姻家庭关系的违法行为

根据《民法典》第一千零九十一条规定，离婚损害赔偿的过错行为分为以下几种情形：

1. 重婚。有配偶而又与他人结婚的，构成重婚。《民法典》第一千零四十一条明确规定，实行婚姻自由、一夫一妻、男女平等的婚姻制度。重婚行为严重违反一夫一妻的婚姻制度，侵犯了夫妻中另一方的配偶权，同时构成刑事犯罪。

2. 与他人同居。离婚损害赔偿的适用以合法婚姻关系的存在为前提，故《民法典》第一千零九十一条规定删去了《婚姻法》第四十六条中“有配偶者”的表述。重婚行为以外的有配偶者与他人不以夫妻名义同居的行为，同样违反一夫一妻制，构成对配偶权的侵犯。

3. 实施家庭暴力。根据《反家庭暴力法》第二条规定，家庭暴力，是指家庭成员之间以殴打、捆绑、残害、限制人身自由以及经常性谩骂、恐吓等方式实施的身体、精神等侵害行为。家庭暴力既包括身体暴力，如殴打、捆绑、残害，限制人身自由，以饿冻、有病不给治疗等方式虐待、遗弃没有独立生活能力的儿童、老人、残疾人、重病患者，在家庭教育中以暴力方式管教儿童等，也包括精神暴力，主要表现为对受害人进行侮辱、谩骂、诽谤、宣扬隐私、无端指责、人格贬损、恐吓、威胁、跟踪、骚扰等。

4. 虐待、遗弃家庭成员。《最高人民法院关于适用〈中华人民共和国民法典〉婚姻家庭编的解释（一）》第一条规定，持续性、经常性的家庭暴力，可以认定为《民法典》第一千零四十二条、第一千零七十九条、第一千零九十一条所称的“虐待”。遗弃，是指对于年老、年幼、患病或者其他没有独立生活能力的人，负有扶养义务而拒绝扶养的行为。虐待、遗弃家庭成员情节恶劣的，都将构成刑事犯罪。

5. 有其他重大过错。本项规定系《民法典》新增，《婚姻法》第四十六条规定将离婚损害赔偿的适用情形限制在以上四种，该四种情形以外的违反婚姻义务、家庭义务等的行为，均不能适用离婚损害赔偿，导致实践中适用的很少。实际上，婚姻中的过错行为远不止这些，当一方存在如通奸、卖淫、嫖娼、赌博、吸毒等其他过错行为时，非过错方不能通过离婚损害赔偿制度得到相应的补偿和救济，有失公平。《民法典》第一千零九十一条通过概括式规定作为兜底，人民法院应当根据具体案件情况，结合过错情节、伤害后果等因素，对过错方是否存在重大过错进行认定。

（三）另一方没有过错

《民法典》第一千零九十一条规定，“无过错方有权请求损害赔偿”，夫妻双方中，只有不存在该条规定中导致离婚事实的过错的一方，才有权请求离婚损害赔偿，享有离婚损害赔偿请求权。

（四）过错方的损害行为造成了损害结果

涉及精神损害赔偿的，适用《最高人民法院关于确定民事侵权精神损害赔偿责任若干问题的解释》的有关规定。无论过错方的过错行为给无过错方造成了物质损害还是精神损害，无过错方都有权要求赔偿。（1）物质损害赔偿，主要是指过错方给无过错方造成的财产损失，这种损失不以损害行为直接作用于财产为条件，只要过错行为导致了财产损失的损害后果即可，包括积极财产的减少和消极财产的增加，但不包括期待利益损失。（2）精神损害赔偿，因过错方对受害者人身进行伤害导致的精神损害及纯粹因过错方的行为导致的精神创伤、精神痛苦等，无过错方均可请求赔偿。

（五）过错行为与损害结果之间存在因果关系

损害结果必须是因过错方的损害行为导致，此种情况下，无过错方才享有对过错方的离婚损害赔偿请求权。虽有损害结果，但该结果并非过错方的损害行为导致的，无过错方不能以此为由要求过错方承担损害赔偿责任。因过错方的行为导致离婚这一结果的，方产生离婚损害赔偿请求权。在婚姻关系存续期间，当事人不起诉离婚而单独依据该条规定提起损害赔偿请求的，人民法院不予受理。

法律适用指引二

离婚损害赔偿的时间要求

根据《最高人民法院关于适用〈中华人民共和国民法典〉婚姻家庭编的解释（一）》第八十八条规定，人民法院受理离婚案件时，应当将

《民法典》第一千零九十一条等规定中当事人的有关权利义务，书面告知当事人。在适用《民法典》第一千零九十一条时，应当区分以下不同情况：（一）符合《民法典》第一千零九十一条规定的无过错方作为原告基于该条规定向人民法院提起损害赔偿请求的，必须在离婚诉讼的同时提出。（二）符合《民法典》第一千零九十一条规定的无过错方作为被告的离婚诉讼案件，如果被告不同意离婚也不基于该条规定提起损害赔偿请求的，可以就此单独提起诉讼。（三）无过错方作为被告的离婚诉讼案件，一审时被告未基于《民法典》第一千零九十一条规定提出损害赔偿请求，二审期间提出的，人民法院应当进行调解；调解不成的，告知当事人另行起诉。双方当事人同意由第二审人民法院一并审理的，第二审人民法院可以一并裁判。

一般情况下，离婚损害赔偿的诉讼请求应当在离婚诉讼中一并提出，无过错方作为被告不同意离婚的，自然也就没有提出离婚损害赔偿的必要，故根据《最高人民法院关于适用〈中华人民共和国民法典〉婚姻家庭编的解释（一）》第八十八条第二项规定，符合民法典第一千零九十一条规定的无过错方作为被告的离婚诉讼案件，如果被告不同意离婚也不基于该条规定提起损害赔偿请求的，可以就此单独提起诉讼。无过错方作为被告，同意离婚但未提起损害赔偿请求，离婚后又提起诉讼的，人民法院不予支持。无过错方作为被告，在二审中才提起离婚损害赔偿请求的，为了保护无过错方的利益，应当允许其另行提出请求。

法律适用指引三

离婚损害赔偿的范围

物质损害赔偿以全部赔偿为原则，人民法院应当根据过错方的过错程度、造成的损失大小等确定赔偿数额。精神损害赔偿则应当根据《最高人民法院关于确定民事侵权精神损害赔偿责任若干问题的解释》第五条规定予以综合认定。此外，过错方应当以其个人财产和分得的财产支付离婚损害赔偿金。

法律适用指引四

离婚损害赔偿的补充规定

1. 根据《最高人民法院关于适用〈中华人民共和国民法典〉婚姻家庭编的解释（一）》第八十八条规定，人民法院受理离婚案件时，应当将《民法典》第一千零九十一条等规定中当事人的有关权利义务，书面告知当事人。人民法院应当注意履行对离婚案件当事人的离婚损害赔偿请求权告知义务，保证离婚案件中无过错方的当事人得以及时行使其离婚损害赔偿请求权，寻求法律的保护。

2. 注意区分离婚损害赔偿的损害结果和家庭暴力的损害结果。因家庭暴力导致离婚，无过错方请求离婚损害赔偿的，人民法院对家庭暴力行为的认定，不以该行为产生了伤害后果为条件，只要过错方作出了相关行为，就构成家庭暴力。但离婚损害赔偿必须以因家庭暴力导致离婚为条件。

3. 有权提起离婚损害赔偿请求的主体必须是无过错一方。该条规定得很明确，只有无过错方才有权利、有资格提起离婚损害赔偿请求。如果双方都有过错，比如一方与他人婚外同居，而另一方在家里实施家庭暴力；一方在外“包二奶”，另一方在外“包二爷”，这种情形下谁也没有资格请求离婚损害赔偿。该条规定的离婚损害赔偿与一般的民事赔偿毕竟不能完全等同，不存在区分过错大小的问题。

4. 请求离婚损害赔偿的前提是双方具有合法婚姻关系，如果双方的婚姻被宣告为无效婚姻或者被撤销，或者双方没有进行结婚登记而仅仅是同居关系，则无权提出离婚损害赔偿的请求。

5. 有人提出，对于因实施家庭暴力或虐待、遗弃家庭成员而导致离婚的，由此受到损害的未成年子女或其他家庭成员是否可以作为离婚损害赔偿请求权的主体？我们认为，离婚损害赔偿请求权的主体只能是婚姻当事人中无过错的一方，不宜作扩大解释，将未成年子女或其他家庭成员也作为离婚损害赔偿请求权的主体是不妥的。至于未成年子女或其他家庭成员因家庭暴力或虐待、遗弃行为等受到损害的，可以按照《民法典》侵权责任编的有关规定寻求救济途径。

法律适用指引五

对家庭暴力的理解适用

根据《民法典》的规定和立法意图，结合司法工作实践经验，综合上述国内外的诸多观点，我们从以下三个方面对家庭暴力予以解释：

第一，从家庭暴力行为的主体范围看。由于《民法典》对家庭暴力的内涵没有明确规定，致使人们对家庭暴力的主体范围有不同认识，我们认为，家庭暴力作为家庭领域的一种社会现象，应是发生在夫妻之间和其他家庭成员之间的共同生活之中。这就决定了家庭暴力的行为主体即施暴人与受害人之间存在有特定的亲属身份关系，如配偶、父母子女、兄弟姐妹、祖孙、婆媳等。《反家庭暴力法》就将家庭暴力的行为主体规定为家庭成员之间。但也有某些国家将家庭暴力延伸到非婚同居及夫妻离婚后的暴力行为。对家庭成员的范围问题，国内有观点提出，鉴于我国之传统习俗，对没有在一起共同生活的亲属，如父母与已成年分家的子女、婆媳、祖孙、分家另过的兄弟姐妹等也视为一个大家庭成员，如他们相互之间因家庭琐事发生的暴力侵害行为，是否也可认定为家庭暴力。我们认为，《反家庭暴力法》对家庭成员间的暴力行为并未限制在共同居住的特定情形中，为更全面地保护家庭暴力受害人的权益，不宜对此进行限定，而且根据《反家庭暴力法》的规定，家庭成员以外共同生活的人之间实施的暴力行为，也参照该法规定执行。

第二，从家庭暴力的表现形式看。家庭暴力的表现形式多样复杂。通常人们将家庭暴力概括为对家庭成员的“身体、精神、性”等三方面实施的暴力行为。对是否要将“身体”“精神”“性”暴力并列进行规定，实践中有不同意见。少数意见认为应并列规定。多数意见认为没有必要将对“性”的暴力单独列出，因为对“性”方面实施的暴力，在后果上完全可以体现为对身体、精神方面造成的侵害。《反家庭暴力法》没有将对“性”的暴力单独列出，但在对身体暴力、精神暴力后加一个“等”字，表明家庭暴力的表现形式不仅限于对身体和精神的侵害。对于经济暴力，比如，掌握家庭经济大权的一方，在任何情况下，都不让另一方支配夫妻共同财产，也应当属于家庭暴力的表现形式。

为便于对家庭暴力的具体认定和把握，《反家庭暴力法》采取列举方式对家庭暴力的表现形式予以明确规定。如殴打、捆绑、残害、限制自由以及经常性谩骂、恐吓等方式。“等方式”主要是针对家庭暴力行为的复杂多样性而作的概括性规定，既便于对司法实践中出现的各种形式的家庭暴力行为灵活认定，也有利于对各种形式的家庭暴力行为给予禁止和制裁。

第三，从家庭暴力的构成看。对构成家庭暴力应具备的条件，有些国家限制性规定很少，从而将其范围理解得比较宽泛，许多在我们看来很轻微的行为都可能构成其他国家所确认的家庭暴力，甚至将彼此间的冷漠、不理睬等也认定为家庭暴力。我国《反家庭暴力法》对家庭暴力的规定比较宽泛，构成家庭暴力并不要求有伤害后果的形成。只要家庭成员之间存在以殴打、捆绑、残害、限制自由以及经常性谩骂、恐吓等方式实施的身体、精神等侵害行为，就构成家庭暴力。这样的规定，有利于维护平等、和睦、文明的家庭关系，促进家庭和谐、社会稳定；有利于弘扬社会主义核心价值观。

法律适用指引六

对虐待的理解适用

对于家庭成员之间的虐待，全国人大常委会法制工作委员会民法室主任黄薇主编的《中华人民共和国民法典婚姻家庭编解读》[①] 认为：“家庭成员之间的虐待，是指用打骂、冻饿、有病不给治疗等方法摧残、折磨家庭成员，使他们在肉体上、精神上遭受痛苦的行为。虐待家庭成员，

① 黄薇主编：《中华人民共和国民法典婚姻家庭编解读》，中国法制出版社2020年版。

破坏了家庭的和睦生活，违背了社会主义道德准则，亦为法律所不容。虐待家庭成员，情节恶劣的，即构成虐待罪，要受到刑法制裁。”

关于家庭暴力与虐待的关系问题，由于《宪法》《刑法》、1980年《婚姻法》《妇女权益保障法》《治安管理处罚法》等法律法规只明确规定了禁止家庭成员之间的虐待，而2001年《婚姻法》在保留禁止虐待条款的基础上又新增了禁止家庭暴力的规定，但没有对家庭暴力的概念、构成等予以明确，致使理论界和实务界对家庭暴力和虐待的认识产生了较大分歧。有观点认为，家庭暴力范围广，涵盖了发生在家庭成员之间的所有侵害行为，包括虐待。也有观点认为家庭暴力只是虐待的一种表现形式，虐待包含了家庭暴力。还有观点认为，家庭暴力与虐待是各自不同的两个独立行为，一次或数次殴打行为就可以构成家庭暴力，但不一定构成虐待，而虐待则具有连续性和长期性。我们认为，家庭暴力和虐待虽然在行为主体、客体、主体过错、外在表现形式及后果上基本一致，有相互重合之处，但从《民法典》禁止家庭暴力、禁止家庭成员间的虐待和遗弃的规定看，家庭暴力与虐待行为应是两类不同的行为。从现有法律规定看，可以说虐待的性质和危害程度要比一般的家庭暴力更严重，家庭暴力通常是偶发性和间断性的，只有持续性、经常性的家庭暴力，才构成虐待。胡康生主编的《中华人民共和国婚姻法释义》[①] 一书认为：“家庭暴力和虐待虽有重合之处，但虐待不能包括所有的家庭暴力行为。因此，修改《婚姻法》时单独规定禁止家庭暴力。”从理论研究和实践经验看，家庭暴力与虐待也有不同，家庭暴力具有偶发性、间断性、暴力性，虽可造成一定伤害后果，但尚不严重，未构成犯罪，而虐待则是一种后果较为严重并具有长期性和连续持久性的行为，是一种犯罪行为。据此，《最高人民法院关于适用〈中华人民共和国民法典〉婚姻家庭编的解释（一）》明确规定“持续性、经常性的家庭暴力，构成虐待”，从行为的实施时间和后果程度的层次上，对家庭暴力和虐待予以明确区别。

---

① 胡康生主编：《中华人民共和国婚姻法释义》，法律出版社2001年版。

法律适用指引七

审理涉家庭暴力离婚案件应当注意的问题

《反家庭暴力法》正式确立了人身安全保护令制度，并将该制度作为对家庭暴力受害者提供人身安全保障的重要措施。该法规定在“当事人因遭受家庭暴力或者面临家庭暴力现实危险的”情况下，人民法院应当受理当事人的申请。人身安全保护令的申请条件为被申请人明确、有具体的请求、正在遭遇或存在现实家庭暴力危险。同时，对被申请人违反人身安全保护令的法律责任也作了规定，即被申请人违反人身安全保护令，构成犯罪的，依法追究刑事责任；尚不构成犯罪的，人民法院应当给予训诫，可以根据情节轻重处以1000元以下罚款、15日以下拘留。

人民法院在对涉家庭暴力离婚案件审理中，一旦认定加害人的行为构成《民法典》及《反家庭暴力法》中规定的家庭暴力，在确认夫妻感情确已破裂且调解无效时，就会成为判决应当准予离婚的理由和依据，还涉及无过错方请求损害赔偿的问题。

司法实践中需要注意的是证据的把握问题。不论是申请人身安全保护令，还是请求判决离婚、损害赔偿的离婚案件，受害人均需要向法院提交正在遭受家庭暴力，被申请人存在现实家庭暴力的证明，包括但不限于：出警记录，家庭暴力现场及受害人身体受到伤害的照片、录像，告诫书，伤情鉴定书，就诊记录，相关组织的接待记录，家庭暴力施暴人的保证书，证人证言，聊天记录及通话录音等。然而，由于受害者及时收集证据意识薄弱，有的证据本身难以收集，受传统观念的影响证人不愿作证、证言难以获取等因素影响，受害人收集证据难是客观现实。人民法院应当区分不同情况予以处理。在申请人身安全保护令案件中，人民法院适当降低对证明力的要求，在请求判决离婚和损害赔偿的离婚案件中，证明标准就要把握得严一些，受害人应当有确实充分的证据证明自己的主张，否则其诉请不应当得到法院的支持。

法律适用指引八

虐待行为与虐待罪的关系

《民法典》明令禁止家庭成员间的虐待和遗弃。《刑法》第二百六十条对虐待罪作了规定，对虐待情节严重的行为给予刑事处罚，即处二年以下有期徒刑、拘役或者管制；犯前款罪，致使被害人重伤、死亡的，处二年以上七年以下有期徒刑。目的就是为了有效约束家庭成员中处于主导地位一方的行为，建立和维护平等、和睦、文明的婚姻家庭关系。虐待罪，是指对共同生活的家庭成员，经常以打骂、冻饿、禁闭、有病不给治疗、强迫从事过度劳动等各种方法，从肉体上和精神上肆意进行摧残迫害，情节恶劣的行为。该罪侵犯的客体是家庭成员间的平等权利，也侵犯被害人的人身权利。客观方面表现为各种虐待行为，有的是肉体折磨，如捆绑、殴打、冻饿等；有的是精神摧残，如侮辱、讽刺、限制行动自由等。该虐待行为必须是经常的、一贯的，并且情节恶劣，才能构成犯罪。犯罪主体必须与被害人之间具有一定的血亲关系、婚姻关系、收养关系，而且必须是在一个家庭内共同生活的成员。如夫妻、父母、子女（包括继父母、养子女）、祖父母、外祖父母、兄弟、姐妹等。非家庭成员的虐待行为，不能构成虐待罪。主观方面由直接故意构成，即行为人有意识地对被害人进行肉体上、精神上的折磨和摧残。行为人实施虐待的动机是各种各样的。例如，为了逼使妻子或丈夫离婚而故意虐待妻子或丈夫；为了减少个人经济负担而虐待父母、子女；为了达到奸淫养女甚至亲生女儿的目的，以虐待逼其就范，或者因目的未达到而以虐待进行报复；因妻子生女孩而受到公婆或者丈夫虐待；等等。

根据《刑法》规定，虐待行为除需要具备以上构成要件外，还必须达到“情节恶劣”的程度才构成犯罪。情节恶劣，在司法实践中一般是指：虐待手段凶狠残忍的；对年老、年幼、患重病或者死亡而不能独立生活的人实行虐待的；虐待动机卑鄙的；长期进行虐待的；先后虐待多人的等情形。

对于虐待行为情节不恶劣、后果不严重的，应当采取批评教育的方式解决。尤其是父母对子女教育方法不当、简单粗暴，甚至打骂，但其主观上不是有意识地对子女进行摧残、折磨的，不能视为虐待罪而追究其刑事责任。但如果被虐待人要求处理的，可以依照《治安管理处罚法》第四十五条第一项的规定，给予治安处罚，即处5日以下拘留或者警告。

法律适用指引九

"告诉才处理"原则的适用问题

由于虐待罪发生在家庭成员之间，虐待者与被虐待者之间有亲属关系，又是生活在同一个家庭中，被虐待者在经济上往往需要依靠虐待者；或者家庭其他成员中还有老幼需要虐待者扶养抚育。在这种情况下，被虐待者往往只要求虐待者改正错误，使自己的处境得到适当改善，并不希望对虐待者判刑。因此，《刑法》第二百六十条第三款规定，构成虐待罪而没有致人重伤、死亡的，"告诉的才处理"。也就是说，只有被害人向司法机关控告的，才予以处理；控告要求撤诉的，也应予准许。但是，以下两种情形不在此限，一是该条第二款规定的"致使被害人重伤、死亡的"；二是该条第三款规定的"被害人没有能力告诉，或者因受到强制、威吓无法告诉的"。

法律适用指引十

离婚损害赔偿的主体仅限无过错方的配偶

《最高人民法院关于适用〈中华人民共和国民法典〉婚姻家庭编的解释（一）》第八十七条第一款是对离婚损害赔偿主体的限制性规定，除了义务主体限定为无过错方的配偶之外，还有一个隐含的限定条件，即权利主体只能是无过错方。这也是对《民法典》第一千零九十一条规定精神的延伸贯彻。之所以采取"无过错方的配偶"这种表述方式，而不直接表述为"过错方"，是由于离婚损害赔偿的权利主体受到严格的条件限制，只有“无过错方”才有权利主张离婚损害赔偿。这里的“无过错方”并非一个相对概念，而是对权利主体的绝对要求。根据《最高人民法院关于适用〈中华人民共和国民法典〉婚姻家庭编的解释（一）》第九十条规定，在夫妻双方均存在符合《民法典》第一千零九十一条规定的过错情形的情况下，人民法院对离婚损害赔偿请求不予支持。离婚损害赔偿作为一项离婚救济制度，建立的初衷就是对夫妻任何一方违反夫妻义务，侵犯对方配偶权，使对方蒙受物质、精神上的双重损害进行弥补。过错方应当为其损害行为受到惩罚，无过错方有权获得对其被损害的权利的补偿和救济，这同时也是维护其他家庭成员的合法权益，保护社会公共利益，促进平等、和睦、文明的婚姻家庭关系的需要。因此，只有无过错方才有权提出离婚损害赔偿请求。相应地，因过错行为给他人造成损害的主体，即无过错方的配偶应当承担赔偿责任。

这里还存在一个需要说明的问题，即在过错方实施的是家庭暴力、虐待、遗弃等行为时，损害行为的直接受害者既可能是配偶，也可能是老人、子女等其他家庭成员，除了夫妻中的无过错方之外其他受到损害的家庭成员，是否有权提出离婚损害赔偿？答案是否定的。离婚损害赔偿作为一项离婚救济制度，与一般的侵权导致的损害赔偿在制度设计目的上存在显著不同，与夫妻双方之间的权利义务关系息息相关。一定程度上，可以认为离婚损害赔偿是特殊情形下的侵权损害赔偿。也正是因为其特殊性，离婚损害赔偿只能适用于特定的情形，而不能突破适用于离婚夫妻双方之外的其他主体。其他家庭成员因符合《民法典》第一千零九十一条情形的行为而遭受损害的，可以通过其他途径寻求救济。

法律适用指引十一

当事人提出了离婚的诉讼请求

《最高人民法院关于适用〈中华人民共和国民法典〉婚姻家庭编的解释（一）》第八十七条第三款规定：“在婚姻关系存续期间，当事人不起诉离婚而单独依据民法典第一千零九十一条提起损害赔偿请求的，人

民法院不予受理。”这是对婚姻关系存续期间夫妻一方提起《民法典》第一千零九十一条规定的五种情形导致的损害赔偿诉讼请求时，人民法院应当如何处理的规定。离婚损害赔偿，顾名思义，发生在因过错行为导致离婚的情境中，这是我国民法对离婚损害赔偿请求提出的限制性条件之一。一方实施了《民法典》第一千零九十一条规定的过错行为，导致离婚的，作为配偶的无过错方才有权请求离婚损害赔偿。配偶虽明知对方的过错行为，但无意与对方解除婚姻关系的，由于不满足“导致离婚”的条件，未导致双方夫妻关系在法律上的变化，没有进行离婚救济的必要，无过错方此时不能提出离婚损害赔偿。实践中，这种情况并不鲜见，无论无过错方是出于情感、经济抑或是为子女利益考虑，只要其没有离婚的请求，就不符合离婚损害赔偿的主张条件，而动机在所不论。

对于夫妻之间能否成立侵权损害赔偿之诉，素来颇有争议。持反对意见者认为：离婚应当被看作发给当事人的婚姻关系已死亡的诊断书。“既然分离就要彻底”，家庭不是一个商业企业，该团体中的每一个成员无权通过法律程序弥补在家中失去的利益。损害赔偿违反婚姻的伦理本质，并使婚姻关系商业化。我国台湾地区学者王泽鉴先生的观点则恰恰相反：“婚姻含有伦理因素，固无疑问，但本身亦为一项法律制度，关系当事人利益至巨，并涉及公益，应受法律之保护。至所谓损害赔偿将使婚姻关系成为商业化，亦属似是而非。现行法规定人格权遭受侵害者，被害人得依法律规定，请求损害赔偿或慰抚金，损害赔偿不足以使人格权成为商业化，毫无疑问，婚姻关系亦然。”[①] 还有人尖锐地指出：对带有子女的妻子来说，“彻底破裂”是毫无道理的。

对婚内一方有《民法典》第一千零九十一条规定的过错情形，无过错方能否主张损害赔偿的讨论，多以“婚内侵权”作为切入点。婚内侵权，是指具有合法婚姻关系的夫妻一方，以作为或不作为的方式违背了法律对夫妻权利义务的规定，实施了侵害配偶人身权或财产权的过错行为，使对方的人身、财产受到损害。[②] 与一般侵权相比，婚内侵权因发生

① 王泽鉴：《民法学说与判例研究（第二册）》，中国政法大学出版社 1998 年版，第 250 页。
② 俞瑾：《论我国婚内侵权损害赔偿制度的构建》，载《西南政法大学学报》2011 年第 1 期。

在家庭内部，更具隐蔽性，不易为人发现。受传统“家丑不可外扬”思想和担心社会舆论压力或招致侵权行为变本加厉等心理的影响，很多情况下，婚内被侵犯权益的一方选择隐忍不发，于通过法律途径保护权利一事并不积极。受到侵害的权益因此无法得到法律的实际保护。处理婚内侵权，还有一个难点在于，侵权损害赔偿应用最广泛、最具普适性的方式仍然是金钱赔偿。我国大多数夫妻采用法定共同财产制，婚姻关系存续期间，除《民法典》有特别规定的情形外，只要婚姻关系不解除，夫妻获得的财产原则上属于双方共同共有，这种共有不分份额，作为一个整体而存在。即便认定配偶应当向无过错方赔偿损失，除因受到人身损害获得的赔偿等情况外，其他更多是“从哪儿来，到哪儿去”。损害赔偿金转了一个圈，从共同财产的池子里出来，又回到共同财产的池子里。除非夫妻双方离婚，对财产进行分割，否则损害赔偿无法产生真正的效果。

但这也并不意味着婚姻关系存续期间，夫妻双方之间发生侵权行为时，就不能寻求法律的救济。相反，《民法典》倡导树立优良家风，家庭成员之间尤应当互敬互爱，尊重彼此权利，杜绝侵犯权益的情况发生。归根结底，离婚损害赔偿只是一种特殊情形下的侵权损害赔偿，在婚姻关系存续期间发生符合《民法典》第一千零九十一条规定的过错情形的，被侵权人可以依据《民法典》侵权责任编的规定依法主张权利，这与离婚时主张离婚损害赔偿可以说一体两面，并行不悖。

法律适用指引十二

人民法院判决不准离婚的，离婚损害赔偿请求亦不予支持

如前已述，离婚损害赔偿的适用，以过错方实施了《民法典》第一千零九十一条规定的过错行为，导致离婚为前提。没有产生“离婚”这一结果的，不符合离婚损害赔偿的适用条件。因此，《最高人民法院关于适用〈中华人民共和国民法典〉婚姻家庭编的解释（一）》第八十七条第二款规定，人民法院判决不准离婚的案件，对于当事人基于《民法典》

第一千零九十一条提出的损害赔偿请求，不予支持。《最高人民法院关于适用〈中华人民共和国民法典〉婚姻家庭编的解释（一）》第八十七条第二款和第三款都是对诉讼离婚情形下离婚损害赔偿的条件要求，也就是说，如果要在诉讼离婚中适用离婚损害赔偿，既要满足当事人提出了离婚诉讼请求的启动条件，也要满足人民法院判决准予离婚，婚姻关系确实被解除的结果条件，二者缺一不可。

法律适用指引十三

离婚损害赔偿在诉讼离婚情况下如何判断和适用问题的规定

在理解和适用的过程中，要注意区分条件和结论。《最高人民法院关于适用〈中华人民共和国民法典〉婚姻家庭编的解释（一）》第八十七条规定以“诉讼离婚”为大前提，在此前提下，才将当事人提出离婚诉讼请求，以及人民法院准予离婚作为可以适用离婚损害赔偿的条件。但绝不能因此认为，只有当事人提出了离婚诉讼请求，或者人民法院判决准予离婚的情况下，才能适用离婚损害赔偿。《民法典》第一千零九十一条规定了应当给予离婚损害赔偿的过错情形，并未设定其他条件限制。无论夫妻双方选择诉讼离婚还是协议离婚，离婚方式不作为排除离婚损害赔偿的考察要件。这一点，在该解释第八十九条规定中亦可觅得踪迹。《最高人民法院关于适用〈中华人民共和国民法典〉婚姻家庭编的解释（一）》第八十七条规定排除的是当事人不解除婚姻关系，单独提起离婚损害赔偿情形下离婚损害赔偿的适用。人民法院在审判实践中，务必注意防止不当理解导致的限缩，也要依照该条文准确区分适用。

法律适用指引十四

离婚诉讼与离婚损害赔偿

离婚诉讼的目的是解决夫妻双方的婚姻关系是否需要解除的问题，这是离婚诉讼最核心的部分，而财产分割、子女抚养并非必须一并解决。

《民法典》第一千零九十一条赋予夫妻中的无过错一方损害赔偿请求权，既可以在离婚诉讼中主张，也可以在人民法院判决离婚、调解离婚后提出，或在婚姻登记机关办理离婚登记手续后提出。离婚损害赔偿在离婚诉讼中占据什么位置，与离婚诉讼构成什么样的关系，有所争议。有人认为，离婚损害赔偿属于离婚诉讼的一部分；有人认为，离婚损害赔偿是有别于离婚诉讼的独立之诉，二者并非单纯的包含和被包含关系。我们认为，不宜简单以两个不同的集合之间构成什么关系来看待离婚诉讼与离婚损害赔偿。诉讼的根本目的是解决当事人之间的争议，从这点来说，离婚诉讼针对的是是否解除婚姻关系、财产如何分割、子女怎么抚养的问题；离婚损害赔偿针对的是一方实施了法定的过错行为侵犯无过错方权利，侵权责任如何承担的问题。由于离婚诉讼和损害赔偿请求提起的不完全同步性，二者缺乏并列类比的基础。《民事案件案由规定》规定了“离婚纠纷”和“离婚后损害责任纠纷”两个并列的三级案由。其中，“离婚纠纷”包括析产、损害赔偿等相关诉讼请求，这和《最高人民法院关于适用〈中华人民共和国民法典〉婚姻家庭编的解释（一）》第八十八条第一项规定可以形成呼应，当无过错方作为原告，同时提起离婚诉讼和离婚损害赔偿请求时，虽然实际分属离婚纠纷和侵权责任纠纷两类，但出于二者之间紧密的联系和一次性解决争议、减少当事人诉累的考虑，将离婚纠纷和离婚损害赔偿一并解决，于实体无损，于程序有益。

而对于《最高人民法院关于适用〈中华人民共和国民法典〉婚姻家庭编的解释（一）》第八十八条第二项和第三项规定的情况而言，根据《民法典》第一千零九十一条和《最高人民法院关于适用〈中华人民共和国民法典〉婚姻家庭编的解释（一）》第八十六条、第八十七条规定，离婚损害赔偿的提出主体只能是无过错方，责任主体只能是无过错方的配偶，赔偿条件之一是因过错行为导致双方离婚的结果。在《最高人民法院关于适用〈中华人民共和国民法典〉婚姻家庭编的解释（一）》第八十八条第二项规定情形下，无过错方无意解除婚姻关系，也就没有理由提出离婚损害赔偿请求。即使经人民法院审理判决离婚，这一结果不是作为无过错方的当事人所追求或可以准确预见的范围。若不能在程序上给无过错方预留主张权利的空间，一方面有违离婚损害赔偿制度的初衷，不利于给无过错方以保护，给过错方以惩罚；另一方面，对无过错方施加的义务太重，未免过于苛责。《最高人民法院关于适用〈中华人民共和国民法典〉婚姻家庭编的解释（一）》第八十八条第三项在第二项的公平考量以外，还涉及程序正义的问题。《民事诉讼法司法解释》第三百二十六条规定："在第二审程序中，原审原告增加独立的诉讼请求或者原审被告提出反诉的，第二审人民法院可以根据当事人自愿的原则就新增加的诉讼请求或者反诉进行调解；调解不成的，告知当事人另行起诉。双方当事人同意由第二审人民法院一并审理的，第二审人民法院可以一并裁判。"《最高人民法院关于适用〈中华人民共和国民法典〉婚姻家庭编的解释（一）》第八十八条第三项即是该条精神在离婚损害赔偿请求中的体现。如果当事人另诉，此时，无过错方提起离婚损害赔偿请求的时间已经是在判决或调解离婚之后，"离婚纠纷"这一案由不再适用。根据《民事案件案由规定》，此时可以适用"离婚后损害责任纠纷"解决这一问题，这也有利于无过错方得到充分的法律救济。

法律适用指引十五

无过错方作为被告提出损害赔偿请求不属于反诉

《最高人民法院关于适用〈中华人民共和国民法典〉婚姻家庭编的解释（一）》第八十八条第三项规定是吸收了《民事诉讼法司法解释》规定精神而作出的规定。但需要注意的是，两者在精神内核上一致，但在程序法视角看，有所不同。有观点认为，无过错方作为被告时提出的离婚损害赔偿请求可视为附条件的反诉，如果婚姻关系解除，则反诉成立；如婚姻关系未解除，则"离婚"这一条件没有成就，反诉也不成立。我们不赞同这种观点，无过错方作为被告的离婚诉讼案件，一审时被告未基于《民法典》第一千零九十一条规定提出损害赔偿请求，二审期间提出的，不属于反诉。

《民事诉讼法》第五十四条规定，原告可以放弃或者变更诉讼请求。被告可以承认或者反驳诉讼请求，有权提起反诉。反诉是指在已经开始的民事诉讼程序中，被告针对原告提出的与本诉牵连的诉讼请求。被告提出反诉的目的，是抵消或者吞并本诉的诉讼请求，或者使本诉的诉讼请求失去意义。[①] 反诉制度一方面可以给予诉讼双方当事人平等的保护，一方面也可以通过合并审理，一次、终局地解决争议，节约司法资源，避免矛盾裁判。一般而言，提起反诉需要满足几个条件：（1）必须由本诉被告向本诉原告提出；（2）必须在本诉过程中提出；（3）必须向受理本诉的人民法院提出；（4）适用同一诉讼程序；（5）反诉与本诉具有法律或事实上的牵连关系。[②] 反诉实际属于诉的合并的范畴，将具有牵连关系的诉合并审理，可以简化诉讼程序，方便诉讼。反诉与本诉虽然存在上述程序、法律或事实上的关联，但其与本诉之间并无必然的依附关系。反诉作为一个独立的诉，独立具备诉的所有要素和特征。即便不存在本诉，本诉被告也可以单独提起一个以反诉请求为诉讼请求的新的本诉。而本诉原告的诉讼请求被人民法院支持或驳回，对反诉均不构成影响。这点就与离婚损害赔偿请求有所不同。离婚损害赔偿以“导致离婚”为前提条件，如果无过错方的配偶不提起离婚诉讼，无过错方主张离婚损害赔偿的条件就不成立，自然也不成诉。或者人民法院经审理认为，夫妻双方尚未达到感情确已破裂的程度，判决不准离婚，离婚损害赔偿的条件同样不成立，离婚诉讼的裁判结果直接影响到离婚损害赔偿请求权是否得以行使。这与本诉和反诉相互独立，各自不受影响，可以独立成诉的特点显然不同。所以，当无过错方的配偶提起离婚诉讼，诉请离婚，无过错方以被告的身份提起离婚损害赔偿请求的，不属于民事诉讼法意义上的反诉。将其理解为一种人民法院可以合并审理的普通共同诉讼较为妥当。

---

① 王胜明主编：《中华人民共和国民事诉讼法释义》，法律出版社 2012 年版，第 338 页。

② 吴高盛主编：《〈中华人民共和国民事诉讼法〉释义及实用指南》，中国民主法制出版社 2012 年版，第 170~171 页。

法律适用指引十六

无过错方作为被告，不同意离婚也没有提起离婚损害赔偿请求的，单独提起诉讼不受时间限制

《婚姻法司法解释（一）》第三十条规定："人民法院受理离婚案件时，应当将婚姻法第四十六条等规定中当事人的有关权利义务，书面告知当事人。在适用婚姻法第四十六条时，应当区分以下不同情况：（一）符合婚姻法第四十六条规定的无过错方作为原告基于该条规定向人民法院提起损害赔偿请求的，必须在离婚诉讼的同时提出。（二）符合婚姻法第四十六条规定的无过错方作为被告的离婚诉讼案件，如果被告不同意离婚也不基于该条规定提起损害赔偿请求的，可以在离婚后一年内就此单独提起诉讼。（三）无过错方作为被告的离婚诉讼案件，一审时被告未基于婚姻法第四十六条规定提出损害赔偿请求，二审期间提出的，人民法院应当进行调解，调解不成的，告知当事人在离婚后一年内另行起诉。"《最高人民法院关于适用〈中华人民共和国民法典〉婚姻家庭编的解释（一）》第八十八条删除了原规定中关于"在离婚后一年内另行起诉"的规定。主要考虑如下：

（一）一年期间限制缺乏明确法律依据

对权利行使构成限制的期间，最常见的有诉讼时效和除斥期间两种。诉讼时效，是指权利人经过法定期限不行使自己的权利，依法律规定其胜诉权便归于消灭。诉讼时效可以在法定事由发生的时候，中止、中断或延长。除斥期间，是指法律规定的某种民事权利有效存续的期间，权利人在法律规定的期限内不行使其权利，其权利即被除斥。除斥期间作为不变期间，任何情况下都不可中止、中断或延长。最典型的除斥期间规定，如《民法典》第五百四十一条对撤销权除斥期间的规定："撤销权自债权人知道或者应当知道撤销事由之日起一年内行使。自债务人的行为发生之日起五年内没有行使撤销权的，该撤销权消灭。"诉讼时效是对民事主体胜诉权的排除，于其享有的权利内容没有影响。而除斥期间排

除的是民事主体的权利，一旦除斥期间届满，民事主体即丧失了行使该项权利的资格，相较而言更为严厉，作出这样的限制尤需明确的法律规定作为依据。因《民法典》中并无相应的期间规定依据，因此《最高人民法院关于适用〈中华人民共和国民法典〉婚姻家庭编的解释（一）》在清理修改的过程中，删除了一年期间的要求。

（二）有利于贯彻《民法典》保护无过错方利益原则

举例说明，凌某、刘某婚后育有一女，婚初双方感情尚可，后因生活琐事产生矛盾，刘某于2014年2月离开双方居住地外出不归。2016年4月8日刘某提起离婚诉讼，一审法院判决不准离婚。2017年，刘某再次提起离婚诉讼，一审法院判决准予离婚，婚生女凌某某随凌某一起生活。凌某不服，提起上诉，二审法院维持了一审判决。2019年3月4日和同年5月6日，凌某与凌某某先后两次对刘某提起离婚后损害责任纠纷诉讼，均因凌某及凌某某经传票传唤，无正当理由拒不到庭，而被一审法院裁定按撤回起诉处理。2019年10月30日，凌某及凌某某再次向一审法院提起离婚后损害责任纠纷诉讼，要求刘某赔偿损失，审理中，凌某某撤回对刘某的起诉。二审法院认为，2018年1月15日，一审法院作出一审民事判决，准予刘某与凌某离婚。凌某不服提出上诉，二审法院于2018年5月2日作出二审民事判决，驳回上诉，维持原判。虽然凌某分别于2019年3月4日、5月6日提起过离婚后损害赔偿诉讼，均因无正当理由拒不到庭而按撤诉处理，但因上述法律、司法解释规定的一年期间为除斥期间，并不适用中止、中断或延长，故凌某于2019年10月30日再次提起诉讼，超过离婚后一年，其请求损害赔偿的实体权利已经丧失，诉讼请求应不予支持。

该案中，二审法院最终以凌某提起离婚损害赔偿请求超过“离婚后一年”期间，驳回了其诉讼请求。是否应当对无过错方的起诉权利进行限制？有观点认为，为了避免无过错方怠于行使自己的权利，使离婚后双方的财产权利一直处于不确定状态，应当对无过错方提起离婚损害赔偿请求的权利施以一定的限制。也有观点认为，离婚损害赔偿本来就是在无过错方的配偶权受到对方的侵犯，使对方承担侵权损害赔偿责任，救济无过错方合法权益而设立的制度。虽然促使无过错方积极行使权利，使双方离婚后的各方面权利义务尽快得到清理，趋于稳定有其必要性，但不得不考虑的是，现实生活中，包括与他人同居、重婚等情形常常难以发现，无过错方很有可能在离婚后很长一段时间内才得知对方存在该种过错行为，其权利被侵犯的事实。如果一味要求无过错方在一年内提起离婚损害赔偿请求，给其施加的义务难免有过重之嫌。《民法典》将照顾无过错方利益作为共同财产分割的基本原则之一，这一原则在离婚损害赔偿制度中也应当得到贯彻。且从实践看，无过错方请求离婚损害赔偿，需要承担相应的举证责任，时日过久，证据难以收集，无过错方长时间怠于行使权利于其自身而言也有不利，这可以在一定程度上避免以上第一种观点所担忧的怠于行使权利导致双方财产状态长期无法稳定的情况。两相权衡之下，该条规定删除了对无过错方另行提起离婚损害赔偿的一年期间规定。但基于离婚损害赔偿请求权的债权请求权性质，应当适用诉讼时效制度予以规制。

【案例十】

认定夫妻共同财产涉及父母为子女买房出资性质如何确定*

一、基本案情

叶某与刘某婚姻关系存续期间，叶某的父母全额出资为其购买房屋，并将产权登记在夫妻双方名下。后刘某到法院起诉请求与叶某离婚，并要求分割叶某父母出资购买的房屋。一审法院判决准予叶某与刘某离婚，并认定案涉房屋属于夫妻共同财产。

在一审离婚案件法院作出房屋属于夫妻共同财产的判决后，叶某不服提起上诉。叶某的父母随即向另一法院另案起诉叶某，主张购房款的性质为借款，双方迅速达成调解协议，由法院出具民事调解书确认购房款的性质为借款，后叶某持该民事调解书在离婚案件的二审期间主张购房款为夫妻共同债务。

本案一审中的庭审笔录载明，一审法院曾询问双方当事人有无共同债权债务，双方均回答说没有。二审中叶某又提出购房款系夫妻双方对外的共同债务，并提供了自己书写的“借据”，借款日期为二年前购买房屋的时间。刘某认为这张所谓的“借据”是叶某在离婚诉讼期间后补的，坚持认为购房款的性质为赠与。

---

* 案例来源：最高人民法院民事审判第一庭编：《民事审判指导与参考》2016 年第 2 辑（总第 66 辑）。

二、法院裁判情况

二审法院应如何认定“半路杀出”的民事调解书对本案产生的证据效力？合议庭在评议时存在两种不同的意见：

一种意见认为，已经生效的民事调解书确定叶某父母的出资属于借款性质而非赠与。在婚姻关系存续期间一方在外举债，只要叶某和刘某之间没有实行分别财产制且叶某没有与债权人明确约定为个人债务的，该出资款应认定为夫妻双方的共同债务。

另一种意见认为，在叶某与其父母之间的民间借贷案件中，缺乏利害关系人刘某的实际参与，从一定程度上剥夺了刘某的抗辩权。叶某和刘某在一审离婚案件中均陈述对外没有债权债务，叶某二审又主张购房款系借款，与其在一审中的陈述显然存在矛盾。从日常经验法则来看，叶某的父母随时都可能让叶某补写“借据”，而涉案房屋产权登记在夫妻双方名下，刘某用房产证来证明叶某父母的出资属于赠与性质，叶某用“借据”证明父母出资的性质属于借款，从优势证据的角度分析，房产证的证明效力要大于借据，故将购房款认定为赠与更符合客观事实。对叶某所持民事调解书的证据效力，不宜机械地予以认定。

二审法院最终认定叶某父母的出资属于赠与性质，案涉房屋是叶某和刘某的夫妻共同财产。

三、主要观点及理由

本案涉及生效法律文书所确定债务的认定问题。

一种观点认为，《最高人民法院关于民事诉讼证据的若干规定》第十条明确规定：“下列事实，当事人无须举证证明：（一）自然规律以及定理、定律；（二）众所周知的事实；（三）根据法律规定推定的事实；（四）根据已知的事实和日常生活经验法则推定出的另一事实；（五）已为仲裁机构的生效裁决所确认的事实；（六）已为人民法院发生法律效力的裁判所确认的基本事实；（七）已为有效公证文书所证明的事实。前款第二项至第五项事实，当事人有相反证据足以反驳的除外；第六项、第七项事实，当事人有相反证据足以推翻的除外。”本案中叶某所持的民事调解书已经生效，该调解书已经确认叶某父母的出资属于借款，对本案中有关事实的认定应当具有预决性质。

另一种观点认为，不宜直接将夫妻一方对外所付债务的法律文书在离婚案件中作为认定夫妻共同债务的依据。对于夫妻共同债务的认定应加强举债人的举证责任，诸如证人出庭、汇款交易记录等。婚姻关系存续期间，一方父母出资为子女买房，在父母实际出资意思表示不明的情况下，从社会常理出发认定为赠与，这是基于父母出资借给子女买房的概率远远低于父母出资赠与子女买房的概率。当然，如果当事人有证据证明父母对子女购房的出资是借贷性质，则应当按照借贷关系处理。问题的难点在于，在离婚诉讼双方利益对立时，子女给父母补写有关“借据”是分分钟的事，配偶一方往往无可奈何。如果“借据”是购房时写的，有相关证据予以佐证，将父母为子女买房的出资认定为借贷性质应该没有争议。但对“借据”的出具时间无法确认时，根据借款人与出借人之间的亲属关系、案涉房屋产权证书上载明的产权人为叶某和刘某、叶某和刘某在离婚案件一审时陈述对外没有共同债权债务，这一系列证据构成了完整的证据链条，能够证明叶某父母的出资属于赠与性质。

我们认为另一种意见是适当的。本案叶某在二审期间所持生效法律文书为民事调解书，该调解书解决的是叶某与其父母之间的民间借贷纠纷，刘某并不是案件的当事人，调解结果对刘某没有法律上的约束力。

四、最高人民法院民一庭裁判观点

离婚诉讼中，夫妻一方持婚姻关系存续期间一方所欠债务的生效法律文书，主张该债务为夫妻共同债务的，不宜直接将该法律文书作为认定夫妻共同债务的依据。

【新旧法律依据对照】

旧法	新法	旧司法解释	新司法解释
《婚姻法》（2001年修正） **第十九条** 夫妻可以约定婚姻关系存续期间所得的财产以及婚前财产归各自所有、共同所有或部分各自所有、部分共同所有。约定应当采用书面形式。没有约定或约定不明确的，适用本法第十七条、第十八条的规定。 夫妻对婚姻关系存续期间所得的财产以及婚前财产的约定，对双方具有约束力。 夫妻对婚姻关系存续期间所得的财产约定归各自所有的，夫或妻一方对外所负的债务，第三人知道该约定的，以夫或妻一方所有的财产清偿。	《民法典》 **第一千零六十五条** 男女双方可以约定婚姻关系存续期间所得的财产以及婚前财产归各自所有、共同所有或者部分各自所有、部分共同所有。约定应当采用书面形式。没有约定或者约定不明确的，适用本法第一千零六十二条、第一千零六十三条的规定。 夫妻对婚姻关系存续期间所得的财产以及婚前财产的约定，对双方具有法律约束力。 夫妻对婚姻关系存续期间所得的财产约定归各自所有，夫或者妻一方对外所负的债务，相对人知道该约定的，以夫或者妻一方的个人财产清偿。	《婚姻法司法解释（一）》 **第十八条** 婚姻法第十九条所称“第三人知道该约定的”，夫妻一方对此负有举证责任。	《民法典婚姻家庭编解释（一）》 **第三十七条** 民法典第一千零六十五条第三款所称“相对人知道该约定的”，夫妻一方对此负有举证责任。

续表

旧法	新法	旧司法解释	新司法解释
		《婚姻法司法解释（二）》 **第二十四条** 债权人就婚姻关系存续期间夫妻一方以个人名义所负债务主张权利的，应当按夫妻共同债务处理。但夫妻一方能够证明债权人与债务人明确约定为个人债务，或者能够证明属于婚姻法第十九条第三款规定情形的除外。 夫妻一方与第三人串通，虚构债务，第三人主张权利的，人民法院不予支持。 夫妻一方在从事赌博、吸毒等违法犯罪活动中所负债务，第三人主张权利的，人民法院不予支持。	《民法典婚姻家庭编解释（一）》 **第三十三条** 债权人就一方婚前所负个人债务向债务人的配偶主张权利的，人民法院不予支持。但债权人能够证明所负债务用于婚后家庭共同生活的除外。

【法律适用指引】

法律适用指引

如何掌握债务人婚前所欠债务用于婚后家庭共同生活的证明标准

婚前个人债务向婚后共同债务的转化，必须以婚前所欠债务用于婚后家庭共同生活为条件，债权人对此事实应当承担证明责任。在司法实践中，婚前个人债务向婚后共同债务的转化有多种类型，包括：一方婚前举债购置大量结婚用品，婚后为夫妻双方共同生活所需要时，可以转化为婚后共同债务；一方婚前借款装修房屋，该房屋供夫妻双方婚后共同居住或共同使用的情形等。总之，判断一方婚前债务与婚后共同生活之间的因果联系，应当结合债务人举债的目的、用途以及婚后共同生活的需要等诸多因素综合判断。

在实施《最高人民法院关于适用〈中华人民共和国民法典〉婚姻家庭编的解释（一）》第三十三条的过程中，除应当注意对一方婚前债务如何转化为婚后的共同债务的审查外，还要防止另外两种倾向：一是不能将一方婚前的全部债务转移给债务人的配偶，加重夫妻双方中另一方的责任。例如，一方婚前投资经营所负的债务、一方婚前因侵权行为所负的债务、一方婚前为自己亲属的婚丧嫁娶所负的债务、一方婚前因从事违法行为受到国家机关处罚时所负的债务等，只要一方婚前债务与夫妻婚后共同生活无关，不能要求债务人的配偶对该债务承担清偿责任。二是不能对债权人的举证责任设定较为苛刻的要求，使债权人的权利无法获得司法的救济。应当承认，由于一方婚前债务向婚后共同债务的转换，必须以所欠债务用于婚后共同生活为要件，这就使得债权人完成证明责任十分困难。如果我们对债权人承担证明责任的要求过于严苛，实际上无法真正保护债权人的合法权利。如债权人主张债务人婚前所负债务主要用于婚后共同生活，并举证证明了借款的时间、结婚的时间以及结婚时购置的大量物品等，由此可以推定债务人所负债务用于婚后共同生活。此时，人民法院可以要求债务人及其配偶就否认的事实承担证明责任。如果夫妻双方能够举证证明结婚时购置的物品或其他夫妻共同财产的形成，与债务人婚前所举债务无关，债务人的配偶就不应承担该债务的清偿责任；如果双方所持证据均不能完全证明自己的主张时，应当按照《民事诉讼法司法解释》规定的原则处理。

【案例十一】

使用已故配偶工龄购买“房改房”纠纷的处理规则*

一、案情简介

许某与赵某系夫妻关系，双方婚后育有三子，即赵 A、赵 B、赵 C。许某于 2004 年 6 月死亡，2004 年 12 月赵某出资 4 万余元购买其与许某婚姻关系存续期间承租（1987 年）的单位“房改房”，2008 年 4 月取得房屋所有权证。2008 年 10 月，赵某至北京市某公证处立下遗嘱，内容为：上述房屋产权由儿子赵 A 和赵 B 共同继承，由赵 A 继承上述房屋 70%的产权份额，赵 B 继承 30%的产权份额。

赵某死亡后，兄弟三人因继承房产问题发生纠纷。赵 A、赵 B 起诉至一审法院，要求对父亲公证遗嘱中所涉及的上述房屋享有继承权，其中赵 A 享有 70%，赵 B 享有 30%。赵 C 辩称，赵某遗留的诉争房屋原系赵某和许某共同居住，并且是用双方共同存款购买，所以对于公证遗嘱中涉及许某的部分应当认定为无效。

二、法院裁判情况

一审法院认为，本案争议焦点在于诉争房屋是否为被继承人赵某的

---

* 案例来源：最高人民法院民事审判第一庭编：《民事审判指导与参考》2018 年第 2 辑（总第 74 辑）。

个人财产。综合本案证据，诉争房屋系用赵某与许某的夫妻共同财产购买，虽然登记在赵某名下，但其中部分权益属于许某。对于赵某所立遗嘱处分许某权益的部分，应当认定为无效，该部分应按照法定继承予以处理。

一审判决后赵A、赵B不服提起上诉。二审法院认为，公有住房的承租、房改制度具有极强的福利属性，与合同法中的租赁及商品房买卖具有明显的区别。公房承租制度是我国在一定的历史条件下及特定的发展阶段中的福利制度，其福利属性表现为由夫妻一方承租，只缴纳少许的费用即可长期居住、使用，在后续的房改政策中可以成本价购买并通过折算工龄获得优惠。作为原承租人的父母去世后，其子女一般均可以继续承租并参加房改。本案中，赵某与许某自1987年开始承租诉争房屋，虽以赵某名义承租，但该项福利应属赵某与许某共同取得、共同享有。本案诉争房屋虽系赵某在许某去世后购买，但该房的权属取得毕竟不同于商品房的购买，系对原有福利的形态转化，不能简单地理解为由赵某单独所有，而应认定含有许某的部分权益。

综上判决：驳回上诉，维持原判。

赵A、赵B不服申请再审，再审法院认为：赵某与许某自1987年承租涉案房屋，虽以赵某名义承租，但该项福利应属赵某和许某共同取得和享有。涉案房屋虽系赵某在许某去世后所购买，但该房屋的权属取得毕竟不同于商品房的购买。因此，许某对涉案房屋应享有部分权益。原审法院依据查明的事实，对涉案房屋的分割处理并无不当，遂驳回赵A、赵B的再审申请。

三、主要观点及理由

司法部律师公证工作指导司曾就享受本人工龄和已死亡配偶生前工龄优惠后所购公房是否属于夫妻共同财产的问题分别向建设部和最高人民法院征求过意见，但两个部门的答复意见截然不同。建设部〔建住房市函（1999）005号〕复函认为，按照目前我国城镇住房制度改革的有关政策，按成本价或标准价购买公有住房以城镇职工家庭（夫妇双方）

为购房主体，且每个家庭只能享受一次。如果一方按房改政策购买住房时享受了其配偶的工龄优惠，该住房应当视为其夫妇双方共同购买，即应视为夫妻共同财产。

最高人民法院2000年2月17日（2000）法民字第4号复函认为，夫妻一方死亡后，如果遗产已经继承完毕，健在一方用自己的积蓄购买的公有住房应视为个人财产，购买该房时所享受的已死亡配偶的工龄优惠只是属于一种政策性补贴，而非财产或财产权益。夫妻一方死亡后，如果遗产没有分割，应予以查明购房款是夫妻双方的共同积蓄，还是配偶一方的个人所得，以此确认所购房屋是夫妻共同财产还是个人财产；如果购房款是夫妻双方的共同积蓄，所购房屋应视为夫妻共同财产。

2013年4月8日起施行的法释（2013）7号《最高人民法院关于废止部分司法解释和司法解释性质文件（第十批）的决定》中以“与现行房改政策不一致”为由废止了（2000）法民字第4号复函。

房改房的权属认定问题一直存在争议，审判实践中因“房改房”引发的纠纷屡见不鲜，但各地法院把握的标准并不统一，主要存在以下两种观点：

一种观点认为，根据继承法的有关规定，遗产是公民死亡时遗留的个人合法财产。夫妻生存一方取得房屋所有权时，死亡一方的民事权利能力因其死亡而终止，故其并不具备取得房屋所有权的主体资格。夫妻共同财产是指一方或双方在婚姻关系存续期间取得的财产，而离婚和死亡是导致婚姻关系终止的原因，夫妻一方死亡后，婚姻关系自然终止。死亡配偶一方在世时并未取得房屋的所有权，只是取得了房屋的承租权，故夫妻生存一方使用已故配偶工龄购买的“房改房”不应认定为夫妻共同财产。

另一种观点认为，最高人民法院（2000）法民字第4号复函“唯出资论”的观点完全忽视了“房改房”的福利因素，可能导致极其不公平的结果。“房改房”是国家根据职工工龄、职务、家庭人口等多种因素综合考虑后在房屋价值计算上给予职工的政策性优惠福利，其与我国长期实行低工资制度、住房实行福利性实物分配制度密不可分。这种政策性优惠福利实质上是对职工的一种工资差额的补偿，属于财产性权益，职工生前没有实际取得并不能就此否定其对这种财产性权益的拥有资格。根据现行房改政策，房改售房并不会因为一方死亡而受影响。在职工去世后，这种财产性权益通过配偶的购买行为转化为房屋形态，将工龄优惠折扣通过房价表现出来。[①]“房改房”不同于普通商品房，其房屋价格不是单纯的市场价格，相对于市场价有很大的优惠。为购房出资只是取得房屋所有权的一个因素，但绝不是最重要的因素，因其低廉的价格对于取得房屋产权显然远远不够。如果仅凭出资就可以主张房屋产权，将导致购买“房改房”时已死亡配偶及其子女的合法权益无法得到保障。[②]因此，使用已故配偶工龄所购“房改房”，应由健在一方与已故配偶共同共有。

我们认为，第二种观点更符合房改政策的精神，处理结果更加公平。

其一，“房改房”作为特定历史条件下的一种房屋形式，将逐渐退出历史的舞台。但从目前的情况看，“房改房”还是普遍存在于各大城市中，成为离婚、继承等相关案件处理时一大难点。“房改房”属于计划经济时期国家政策性福利分房，具有补偿性、社会保障性、国家统筹性、价格低廉性、享受权利一次性等特点。使用配偶工龄购房的优惠措施，并非仅仅是对房价的政策性补贴，而是对原有承租权的承袭和转化，是死亡配偶享有共有权的依据。在认定“房改房”的权属时，不能简单粗暴地割裂历史，完全忽略“房改房”从承租权转化为所有权的承继事实。既不能简单依据出资来源，也不能仅以购房合同的签订时间及房产证取得时间来判断房屋产权归属，而应从特定历史时期的特定国情出发，充分考量国家政策制定的初衷和现实国情，作出公平合理的判断。

其二，“房改房”实际上是卖给夫妻双方而非仅向夫妻中的一方出售，其购买价格远远低于房屋的市场价值。《国务院关于深化城镇住房制度改革的决定》第十八条规定，以成本价或标准价购房的，每个家庭只

---

① 杨晓林、段凤丽：《享用已故配偶工龄优惠所购房改房的权属探析》，载《中国法学会婚姻法学研究会 2017 年年会论文集》，第 453 页。

② 李成：《房改房的权属认定问题探讨》，首届中国婚姻家事法实务论坛会议资料集第 351 页。

能享受一次，享受住房福利待遇的对象应是夫妻双方，而不是售房单位的职工一方。

其三，已故配偶的工龄优惠体现的是享有物权的资格身份，而非仅仅是一种政策性补贴。《最高人民法院关于适用〈中华人民共和国婚姻法〉若干问题的解释（三）》第十二条[①]已经明确："婚姻关系存续期间，双方用夫妻共同财产出资购买以一方父母名义参加房改的房屋，产权登记在一方父母名下，离婚时另一方主张按照夫妻共同财产对该房屋进行分割的，人民法院不予支持。购买该房屋时的出资，可以作为债权处理。"也就是说，"房改房"的购买资格决定产权归属，出资仅具有特定情况下的债权意义。

其四，从我国夫妻共同财产的立法本意来看，夫妻共同财产，是在婚姻关系存续期间所得的财产。婚姻关系存续期间，自合法婚姻缔结之日起，至夫妻一方死亡或离婚生效之日止。这里讲的"所得"，是指对财产权利的取得，而不要求对财产实际占有。[②] 如果一方在婚姻关系存续期间与出版社签订合同，约定取得稿费的数额，但直到婚姻关系终止后才实际取得这笔稿费，由于取得稿费的权利产生于婚姻关系存续期间，故这笔稿费应当认定为夫妻共同财产。同样道理，"房改房"所有权的取得来源于婚姻关系存续期间的承租权，而根据1996年2月5日《最高人民法院关于审理离婚案件中公房使用、承租若干问题的解答》的规定精神，对于婚后一方或双方申请取得公房承租权的房屋，离婚双方均可承租。既然公房承租权属于夫妻双方，购买公房时使用了已故配偶的工龄优惠取得公房的所有权，考虑到从承租权转化为所有权之间的承继性，对已故配偶工龄等所体现的财产性利益应予以保护。

---

① 该司法解释已废止，相关规定参见《民法典婚姻家庭编解释（一）》第七十九条："婚姻关系存续期间，双方用夫妻共同财产出资购买以一方父母名义参加房改的房屋，登记在一方父母名下，离婚时另一方主张按照夫妻共同财产对该房屋进行分割的，人民法院不予支持。购买该房屋时的出资，可以作为债权处理。"

② 胡康生主编：《中华人民共和国婚姻法释义》，法律出版社2001年版，第64页。

四、最高人民法院民一庭裁判观点

“房改房”不同于普通商品房，其房屋价格不是单纯的市场价格。夫妻一方使用已故配偶工龄优惠购买的“房改房”，考虑到从承租权转化为所有权之间的承继性，对已故配偶工龄等所体现的财产性利益应予以保护。

【新旧法律依据对照】

旧司法解释	新司法解释
《婚姻法司法解释（三）》 **第十二条** 婚姻关系存续期间，双方用夫妻共同财产出资购买以一方父母名义参加房改的房屋，产权登记在一方父母名下，离婚时另一方主张按照夫妻共同财产对该房屋进行分割的，人民法院不予支持。购买该房屋时的出资，可以作为债权处理。	**《民法典婚姻家庭编解释（一）》** **第七十九条** 婚姻关系存续期间，双方用夫妻共同财产出资购买以一方父母名义参加房改的房屋，登记在一方父母名下，离婚时另一方主张按照夫妻共同财产对该房屋进行分割的，人民法院不予支持。购买该房屋时的出资，可以作为债权处理。

【法律适用指引】

法律适用指引一

房改房及产权归属

房改房，是指城镇居民出资购买的根据国家住房制度改革政策出售的房屋。随着社会的发展和进步，房改房在市场上所占比例越来越小，但历史发展阶段遗留下来的此类房屋还有一定数量的存在。住房制度改革后的一段时期内，我国城镇居民居住的房屋主要是通过购买房改房获取。在房改房实行货币化配置之前，房屋是给单位职工的福利待遇，按照低租金进行实物分配居住使用。1980 年开始，随着出售公房、调整租金、提倡个人建房买房政策的提出，我国城镇住房制度改革逐步展开。国务院于 1988 年发布《国务院关于印发在全国城镇分期分批推行住房制度改革实施方案的通知》《国务院办公厅关于转发国务院住房制度改革领导小组鼓励职工购买公有旧住房意见的通知》，于 1991 年发布《国务院关于继续积极稳妥地进行城镇住房制度改革的通知》（已失效），于 1994 年发布《国务院关于深化城镇住房制度改革的决定》（已失效），明确提出城镇住房制度改革的目标是把住房建设投资由国家、单位统包的体制改为国家、单位、个人三者合理负担，从改革公房低租金制度着手，将现行公房实物福利分配制度逐步转变为货币工资分配制度，由住户通过商品交换取得住房的所有权或使用权。住房制度改革后，福利性的房屋分配制度逐渐为市场化、货币化房屋分配制度替代。福利性房屋的居住使用需通过支付相应的房屋价格或较高的租金取得，该种住房的所有权取得与市场出售的房屋不同。按市场价出售需 40 万元的房屋，房改时在综合考虑到夫妻双方工龄、职务、人口等多种因素后，职工可以以 10 万元的价格取得，与市场出售的房屋价格差距甚大。职工以市场价购买的住房，产权归个人所有，可以依法进入市场，按规定交纳有关税费后，收入归个人所有。职工以成本价购买的住房，产权归个人所有，一般住用 5 年后可以依法进入市场，在补交土地使用权出让金或所含土地收益和按规定交纳有关税费后，收入归个人所有。

房改房与普通商品房关键的一点不同是，房改房是单位根据职工职务、年龄、工资、家庭人口等多种因素综合考虑后在房屋价值计算上给予职工的政策性优惠福利，相当于将多年积累的工资差额一次性发给职工。售房单位在计算价格时，要根据购房职工建立起住房公积金制度前的工龄给予工龄折扣，此外还要综合考虑职工的职务等因素。可以认为，优惠的价款部分是由购房人的工龄、职级等其他利益转化而来。这些利益虽然不以购房款的形式表现，却是房屋价值中不容忽视的一部分。也是基于这种考虑，其时《国务院关于深化城镇住房制度改革的决定》[①] 等文件规定，职工按成本价购买公有住房，每个家庭只能享受一次，根据住房制度改革相关的政策，房改房一般也是登记在参加房改的职工名下。

法律适用指引二

购房出资可作为夫妻双方离婚时的债权处理

房改房虽然登记在一方父母名下，但购房款是以夫妻共同财产支付，为离婚诉讼的夫妻双方共同享有。此时便出现了房屋的出资人和所有权人完全分离的情况，对这部分款项，我们认为，应当按照债权处理。《民法典》将夫妻共同所有作为法定的夫妻财产制，除个人财产和夫妻双方另有约定外，夫妻双方或一方在婚姻关系存续期间所得的财产，均归夫妻共同所有，夫妻对于共同所有的财产，有平等的处理权。夫妻在婚姻关系存续期间，为一方父母参加房改的出资，如果没有特别约定，也不符合赠与的条件，在双方离婚时可作为债权处理。

有观点提出，将以夫妻共同财产支付的购房款认定为债权，出资人在请求偿还债务时，可以一并要求对方支付利息。对此，《民法典》第六百八十条规定，借款合同对支付利息没有约定的，视为没有利息。自然人之间借款的，视为没有利息。是否支付利息，如夫妻双方在出资时与一方父母有约定的，从约定，人民法院可以支持；没有约定的，一般不予支持。

法律适用指引三

对于虽以一方父母名义参加房改但权属登记于夫妻一方或双方名下的可否作为夫妻共同财产处理

房改房根据国家房改政策规定，一般应登记于参加房改的职工名下。

---

① 已失效。

房改房根据购买价格及拥有产权权利范围不同又可分为市场价房、成本价房和标准价房，符合相应条件的房改房也可买卖和赠与。

对于以一方父母名义参加房改，权属登记于产生离婚纠纷的夫妻一方或双方名下的，实践中产生争议较大的是一方父母享受房改政策后对于夫妻一方或双方的赠与过户。我们认为，由于《最高人民法院关于适用〈中华人民共和国民法典〉婚姻家庭编的解释（一）》第七十九条针对的是婚姻关系存续期间、夫妻双方出资而一方父母参加房改的情形，如果已经登记在夫妻双方名下，可视作一方父母放弃对于房改房中因自己参加房改以职级、年龄、工龄等抵扣所享受的福利，对于夫妻双方的赠与，可作为夫妻共同财产进行分割。如果登记于夫或妻一方名下，应视为对子女一方的赠与，该房改房应认定为夫妻一方的个人财产，而非夫妻共同财产。

【类案裁判观点】

类案裁判观点

对于房屋增值的部分应否予以补偿

关于夫妻双方共同出资，登记于一方父母名下的房改房，对于房屋增值部分应否补偿存在不同意见。有意见认为，购买房改房的出资作为债权处理不妥，因为目前房价高企，离婚时该房改房可分割给占用房改房父母子女一边，但考虑到购买该房时的价格和离婚时的房屋市场价格，扣除具有购买房改房资格父母指标的价值，增值部分作为夫妻共同财产分割，否则对于另一方不公平。

我们认为，该种意见欠妥。理由是：首先，根据国家房改政策，房改房针对特定对象，具有福利性质，一方父母参加房改是因其符合房改条件，房改是对于其之前低工资不包含住房因素的一次性补贴；其次，夫妻应明知其不具备房改资格，其为一方父母购买房改房的出资行为，应为借款或赠与性质。房改房在出售时并非按照市场价格定价，而是带有社会福利、保障性质的住房，夫妻因出资从中获利也不符合房改房的特性。所以，我们认为，在离婚时，对于登记于一方父母名下的房改房，另一方主张因用夫妻财产共同出资，故对于增值部分应予以补偿的，不应支持。

【案例十二】

姜某某、孟某某与乔某甲申请变更监护人案*

【裁判摘要】

在申请变更监护人、变更抚养关系等需要确认未成年人、无行为能力或者限制行为能力人的财产监管责任的案件中，如监护人因年龄、身体健康等原因导致财产监管能力不足，或者监护人与被监护人的财产利益存在冲突等情况，造成监护人无法有效管理被监护人财产，可能造成其财产利益受损的，为体现“最有利于被监护人”的法律原则，经监护人与第三方协商一致并听取被监护人意见，经法院审查认定，可将被监护人财产委托第三方监管。

申请人：姜某某，女，汉族，住上海市宝山区。

申请人：孟某某，男，汉族，住上海市宝山区。

被申请人：乔某甲，男，汉族，住上海市宝山区。

申请人姜某某、孟某某与被申请人乔某甲因申请变更监护人，向上海市长宁区人民法院提起诉讼。

申请人姜某某、孟某某称：被监护人乔某乙系两申请人的外孙女，乔某乙的母亲孟某于2010年9月3日病故，父亲乔某丙于2012年7月23日病故，乔某乙成为了孤儿。2012年10月10日经过亲属协商，上海市新华路街道人民居民委员会指定由乔某乙的叔叔乔某甲担任监护人。乔

* 案例来源：《最高人民法院公报案例》2022年第9期（总第313期）。

某乙已就读初三，有自己的判断能力，现在乔某乙本人要求两申请人担任监护人，两申请人尊重乔某乙的本人意愿，希望担任乔某乙的监护人。

被申请人乔某甲表示同意变更监护人，乔某乙现已长大，尊重其本人意愿。同时，将乔某乙本人的相关身份资料、乔某乙动迁分得的房产资料、银行存折等一并移交给乔某乙（两申请人同时签收）。并表示经过结算，在其处还有属于乔某乙的300000元钱款，希望由案外人韩某某代为监管，该款不到万不得已不要动用。乔某甲另希望乔某乙能加强自我保护意识，在清明等重大节日能去祭扫自己的父母，尽到一个女儿的责任。在乔某乙遇到困难时，乔家的亲属也愿意帮助她。

上海市长宁区人民法院经审理查明：

两申请人姜某某、孟某某系夫妻关系，两申请人系被监护人乔某乙的外祖父母。乔某乙于2002年5月15日出生，其母亲孟某于2010年9月3日病故，父亲乔某丙于2012年7月23日病故。经亲属间协商，上海市长宁区新华路街道人民居民委员会于2012年10月10日指定被申请人乔某甲（系乔某乙叔叔）担任监护人。2012年10月起，乔某乙随乔某甲共同生活，直至2016年7月。2016年8月起，乔某乙随两申请人共同生活。

庭审中，被监护人乔某乙本人到庭，表示其愿意随两申请人姜某某、孟某某共同生活。

两申请人姜某某、孟某某与被申请人乔某甲在庭审中对被监护人乔某乙的经济款项达成一致意见，乔某甲将300000元交付给乔某乙，就此结清。

申请人姜某某、孟某某与被申请人乔某甲一致表示，为保护未成年人合法权益，希望属于被监护人乔某乙的300000元钱款由双方共同信任的案外人韩某某代为监管。

法院对被监护人乔某乙进行了心理观护。根据社会观护员出具的心理观护报告，乔某乙身体健康，但性格较弱，其已走出父母早逝的阴影。申请人姜某某、孟某某与被申请人乔某甲之间的争执让乔某乙心灵受到不小冲击，望各方亲属能看在乔某乙年纪尚小、失去父母的情况下，减少争执，尽可能在乔某乙成长之路上给予帮助。

法院经审理认为，父母是未成年子女的法定监护人，现被监护人乔某乙的父母皆已过世，居民委员会指定了被申请人乔某甲成为乔某乙的监护人，乔某甲尽到了监护责任。然乔某乙在生活中难免与乔某甲的亲属产生矛盾，其本人希望由申请人姜某某、孟某某担任监护人，现两申请人与被申请人达成一致意见，符合法律规定，予以准许。关于财产监管的问题，根据法律规定，监护人有管理和保护被监护人财产的义务。乔某甲作为原监护人出于保护乔某乙合法权益出发，提议由可信任的案外人暂时保管乔某乙的银行卡，符合情理。案外人韩某某也愿意承担监管义务，考虑到两申请人文化水平有限，年岁已高，乔某乙也系未成年，其心智尚未完全成熟，案涉钱款系已离世的父母留给乔某乙的最后财产，确需慎重保管和处理，本案两申请人亦同意将乔某乙钱款交由韩某某监管。综合本案案情和现实生活中的情况，法院具体考量如下。

首先，在我国将被监护人财产交第三方监管是有法律依据的。当前的司法实践中，财产形式的多样化、财产关系的复杂化、经济行为的丰富化对财产监护能力提出更高要求。《民法通则》第十八条以及 2017 年 10 月 1 日起正式实施的《民法总则》第三十五条对被监护人的财产监护职责作了原则规定。《最高人民法院关于贯彻执行〈中华人民共和国民法通则〉若干问题的意见（试行）》第二十二条规定："监护人可以将被监护人监护职责部分或者全部委托给他人。"《民法总则》第三十五条明确规定，"监护人应当按照最有利于被监护人的原则履行监护职责。监护人除为维护被监护人利益外，不得处分被监护人的财产"。[①]

其次，关于第三方资质的问题。监管被监护人财产的主体范围可以是被监护人的近亲属、亲朋好友等合适成年人，或是公证机关，或是妇联、关工委、居民（村）委员会、民政等公益组织。本案中，两申请人姜某某、孟某某和被申请人乔某甲共同选定由被监护人乔某乙的表舅韩

---

① 上述规定已废止，相关规定参见《民法典》第三十五条："监护人应当按照最有利于被监护人的原则履行监护职责。监护人除为维护被监护人利益外，不得处分被监护人的财产。未成年人的监护人履行监护职责，在作出与被监护人利益有关的决定时，应当根据被监护人的年龄和智力状况，尊重被监护人的真实意愿。成年人的监护人履行监护职责，应当最大程度地尊重被监护人的真实意愿，保障并协助被监护人实施与其智力、精神健康状况相适应的民事法律行为。对被监护人有能力独立处理的事务，监护人不得干涉。"

某某担任财产监管人。法院在听取两申请人和被申请人意见的基础上，听取了案外人韩某某本人意见，其表示乔某乙系孤儿，愿意承担监管责任，由其保管该款项的银行卡或存折。法院还委托社会观护员调查韩某某的经济状况、社会表现、有无不良记录等各方面情况，确保韩某某确实具有监管乔某乙财产的能力，并会为了乔某乙的利益最大化管理其财产。

再次，为保证未成年被监护人利益的最大化，法院还详细解释并听取了被监护人乔某乙对财产监管方式的意见。乔某乙表示对由表舅韩某某担任财产监管人无异议，没有抵触心理。

最后，在各方面条件均具备的情况下，法院组织两申请人姜某某、孟某某，被申请人乔某甲和案外人韩某某在法官见证下，签订了书面监管协议，明确了财产清单、监管方式、监管时间等具体内容，并由法院审核确认，以此规范财产监管人的行为，保障未成年被监护人的财产得到最好管理和维护。

法院还指出，监护人有管理和保护未成年人财产的义务。财产监管是为防止监护人与未成年人的财产利益相冲突下，监护人无法合理有效管理未成年人财产并损害未成年人财产利益或者监护人出于自身管理财产能力等因素，自愿将未成年人财产交由他人代为监管。财产监管人并非未成年人财产的所有权人，财产监管人侵犯未成年人财产权益，未成年人或者监护人可以追究财产监管人的法律责任。

综上，上海市长宁区人民法院依照《民法通则》第十六条、第十八条，《最高人民法院关于贯彻执行〈中华人民共和国民法通则〉若干问题的意见（试行）》第十四条、第十五条、第十六条、第十七条、第十八条、第十九条，《民事诉讼法》第一百七十八条之规定，于 2017 年 4 月 12 日判决如下：

一、被监护人乔某乙的监护人变更为申请人姜某某、孟某某。

二、被申请人乔某甲于本判决生效后十五日内将 300000 元交付给被监护人乔某乙，该款的银行卡（存折）在乔某乙 18 周岁前由财产监管人韩某某负责代为保管。

本判决为终审判决。

【新旧法律依据对照】

旧法	新法
《民法通则》（2009 年修正） **第十六条** 未成年人的父母是未成年人的监护人。 未成年人的父母已经死亡或者没有监护能力的，由下列人员中有监护能力的人担任监护人： （一）祖父母、外祖父母； （二）兄、姐； （三）关系密切的其他亲属、朋友愿意承担监护责任，经未成年人的父、母的所在单位或者未成年人住所地的居民委员会、村民委员会同意的。 对担任监护人有争议的，由未成年人的父、母的所在单位或者未成年人住所地的居民委员会、村民委员会在近亲属中指定。对指定不服提起诉讼的，由人民法院裁决。 没有第一款、第二款规定的监护人的，由未成年人的父、母的所在单位或者未成年人住所地的居民委员会、村民委员会或者民政部门担任监护人。	《民法典》 **第二十七条** 父母是未成年子女的监护人。 未成年人的父母已经死亡或者没有监护能力的，由下列有监护能力的人按顺序担任监护人： （一）祖父母、外祖父母； （二）兄、姐； （三）其他愿意担任监护人的个人或者组织，但是须经未成年人住所地的居民委员会、村民委员会或者民政部门同意。
《民法通则》（2009 年修正） **第十八条** 监护人应当履行监护职责，保护被监护人的人身、财产及其他合法权益，除为被监护人的利益外，不得处理被监护人的财产。 监护人依法履行监护的权利，受法律保护。 监护人不履行监护职责或者侵害被监护人的合法权益的，应当承担责任；给被监护人造成财产损失的，应当赔偿损失。人民法院可以根据有关人员或者有关单位的申请，撤销监护人的资格。	《民法典》 **第三十四条** 监护人的职责是代理被监护人实施民事法律行为，保护被监护人的人身权利、财产权利以及其他合法权益等。 监护人依法履行监护职责产生的权利，受法律保护。 监护人不履行监护职责或者侵害被监护人合法权益的，应当承担法律责任。 因发生突发事件等紧急情况，监护人暂时无法履行监护职责，被监护人的生活处于无人照料状态的，被监护人住所地的居民委员会、村民委员会或者民政部门应当为被监护人安排必要的临时生活照料措施。

续表

旧法	新法
《民事诉讼法》（2012 年修正） **第一百七十八条** 依照本章程序审理的案件，实行一审终审。选民资格案件或者重大、疑难的案件，由审判员组成合议庭审理；其他案件由审判员一人独任审理。	《民事诉讼法》（2021 年修正） **第一百八十五条** 依照本章程序审理的案件，实行一审终审。选民资格案件或者重大、疑难的案件，由审判员组成合议庭审理；其他案件由审判员一人独任审理。

【法律适用指引】

法律适用指引一

父母是未成年子女的监护人

在未成年人合法权益保护问题上，对未成年子女监护权与对未成年人亲权在内容和行使方式上并无实质区别。首先，父母对子女的监护以亲子关系为基础，无须批准，自然取得。当同时存在祖父母等其他有监护能力的人时，父母也是未成年子女的当然监护人，优先于其他有监护能力的人。其次，父母对未成年子女的权利是国际人权公约、各国宪法和相关法律规定的基本权利，也是父母必须履行的义务，不得任意放弃。只有父母丧失监护能力时，其对未成年子女的监护关系才终止。再次，由于通常情况下父母对未成年子女的利益更为关心，因此，在目前各国均加大对监护制度的干预和监督的情况下，对父母监护的介入更要注意保持谦抑的态度。在条件允许的情况下，应当尽可能地让被监护人在家庭中与父母共同生活。未经法定程序，人民法院不得撤销父母的监护人资格。即便父母的监护人资格被依法撤销，除对被监护人实施故意犯罪外，确有悔改表现的，还可视情况恢复。

法律适用指引二

法定监护义务的履行

在法定监护中，如果没有法律规定的不能担任监护人的限制性条件，就必须担任监护人，不得拒绝，也不得通过协议免除。父母有监护能力的情况下，不得与其他人签订监护协议由他人担任监护人而推卸自身责任。父母离婚时，只能就抚养费的数额等进行约定，不得免除父母任何一方对未成年子女的抚养义务。只有在父母死亡或失去监护能力的情况下，其他法定监护人才可以根据《民法典》第三十条进行协商，合意确定未成年人的监护人。即便在父母丧失监护能力时，其对协议确定监护人也可以提出自己的意见。

法律适用指引三

监护能力的认定

《民法典》第二十七条中规定的未成年人的父母以及其他法定监护人，都首先要具有完全民事行为能力。作为监护人的兄、姐，也应当是具有完全民事行为能力的成年人。《民法总则释义》中对“监护能力”① 做了以下论述：经研究认为，具有监护能力首先要具有完全民事行为能力，至于如何判断是否具有监护能力的其他条件，在实践中情况较为复杂，需要综合考虑多种因素，法律可不一一作出界定，需在实践中根据具体情况进行判断。实践中，没有监护能力多为以下三种情况：一是不具有完全民事行为能力；二是被剥夺人身自由；三是下落不明。具体到“父母没有监护能力”，一般表现为：不具备履行监护职责的身体健康要求或相应经济条件，父母与未成年子女两地分离，生活联系较少，无法履行监护职责等。具体到“其他个人没有监护能力”，一般表现为：年龄

① 李适时主编：《民法总则释义》，法律出版社2017年版。

较大、身体健康状况不佳、与未成年人相隔较远、自身工作生活负担繁重，无暇承担监护责任、或已负担较重监护任务，无法承担新的监护任务等。具体到“组织没有监护能力”，一般表现为：信誉不佳、没有相应人员和财产、无法对未成年人实施生活照护和人身财产保护、无法提供相应学习条件、无法代理被监护人实施法律行为、无法对被监护人的侵权行为承担责任等。对于“其他愿意担任监护人的个人或者组织”是否真正具备监护能力，能否真正维护未成年人合法权益，需经未成年人住所地的居民委员会、村民委员会或者民政部门结合未成年人的具体情况审查确定。

法律适用指引四

对未成年人的特殊监护职责

参照大陆法系国家立法中对未成年人监护职责的规定，结合我国《未成年人保护法》的内容，可以将未成年人人身监护职责概括为：（1）照料未成年人的日常生活；（2）对未成年人进行教育；（3）保护未成年人的身心健康；（4）指定住所；（5）医疗决定权。对于前三项内容，基本已经达成共识，法院在未成年人的监护案件的判决中基本都会涵盖以上内容。但是第 4 项和第 5 项内容，我国立法中没有明确规定。指定未成年人的住所，要求其居住在便于监护人履行监护职责的地方，这是监护人开展监护活动的前提，未成年人不得随意离开监护人指定的住所或居所。因此，监护人应当有权指定未成年人的住所，以便于监护人履行监护职责，在个案中根据具体情况可以要求监护人与被监护人共同居住。此外，《民法典》侵权责任编中的第一千二百一十九条规定，需要实施手术、特殊检查、特殊治疗的，医务人员应当及时向患者具体说明医疗风险、替代医疗方案等情况，并取得其明确同意。未成年人由于不具有完全的民事行为能力，不具备作出是否同意治疗方案的决定，需要由监护人代其作出决定，监护人作出医疗决定时应当完全从有利于未成年人的角度出发。

【案例十三】

指导案例66号：雷某某诉宋某某离婚纠纷案

（最高人民法院审判委员会讨论通过　2016年9月19日发布）

关键词

民事　离婚　离婚时　擅自处分共同财产

裁判要点

一方在离婚诉讼期间或离婚诉讼前，隐藏、转移、变卖、毁损夫妻共同财产，或伪造债务企图侵占另一方财产的，离婚分割夫妻共同财产时，依照《中华人民共和国婚姻法》第四十七条的规定可以少分或不分财产。

相关法条

《中华人民共和国婚姻法》第四十七条

基本案情

原告雷某某（女）和被告宋某某于2003年5月19日登记结婚，双方均系再婚，婚后未生育子女。双方婚后因琐事感情失和，于2013年上半年产生矛盾，并于2014年2月分居。雷某某曾于2014年3月起诉要求与宋某某离婚，经法院驳回后，双方感情未见好转。2015年1月，雷某某再次诉至法院要求离婚，并依法分割夫妻共同财产。宋某某认为夫妻感情并未破裂、不同意离婚。

雷某某称宋某某名下在中国邮政储蓄银行的账户内有共同存款37万元，并提交存取款凭单、转账凭单作为证据。宋某某称该37万元，来源于婚前房屋拆迁补偿款及养老金，现尚剩余20万元左右（含养老金

14322.48元），并提交账户记录、判决书、案款收据等证据。

宋某某称雷某某名下有共同存款25万元，要求依法分割。雷某某对此不予认可，一审庭审中其提交在中国工商银行尾号为4179账户自2014年1月26日起的交易明细，显示至2014年12月21日该账户余额为262.37元。二审审理期间，应宋某某的申请，法院调取了雷某某上述中国工商银行账号自2012年11月26日开户后的银行流水明细，显示雷某某于2013年4月30日通过ATM转账及卡取的方式将该账户内的195000元转至案外人雷某齐名下。宋某某认为该存款是其婚前房屋出租所得，应归双方共同所有，雷某某在离婚之前即将夫妻共同存款转移。雷某某提出该笔存款是其经营饭店所得收益，开始称该笔款已用于夫妻共同开销，后又称用于偿还其外甥女的借款，但雷某某对其主张均未提供相应证据证明。另，雷某某在庭审中曾同意各自名下存款归各自所有，其另行支付宋某某10万元存款，后雷某某反悔，不同意支付。

裁判结果

北京市朝阳区人民法院于2015年4月16日作出（2015）朝民初字第04854号民事判决：准予雷某某与宋某某离婚；雷某某名下中国工商银行尾号为4179账户内的存款归雷某某所有，宋某某名下中国邮政储蓄银行账号尾号为7101、9389及1156账户内的存款归宋某某所有，并对其他财产和债务问题进行了处理。宣判后，宋某某提出上诉，提出对夫妻共同财产雷某某名下存款分割等请求。北京市第三中级人民法院于2015年10月19日作出（2015）三中民终字第08205号民事判决：维持一审判决其他判项，撤销一审判决第三项，改判雷某某名下中国工商银行尾号为4179账户内的存款归雷某某所有，宋某某名下中国邮政储蓄银行尾号为7101账户、9389账户及1156账户内的存款归宋某某所有，雷某某于本判决生效之日起七日内支付宋某某12万元。

裁判理由

法院生效裁判认为：婚姻关系以夫妻感情为基础。宋某某、雷某某共同生活过程中因琐事产生矛盾，在法院判决不准离婚后，双方感情仍未好转，经法院调解不能和好，双方夫妻感情确已破裂，应当判决准予双方离婚。

本案二审期间双方争议的焦点在于雷某某是否转移夫妻共同财产和夫妻双方名下的存款应如何分割。《婚姻法》第十七条第二款规定："夫妻对共同所有的财产，有平等的处理权。"第四十七条规定："离婚时，一方隐藏、转移、变卖、毁损夫妻共同财产，或伪造债务企图侵占另一方财产的，分割夫妻共同财产时，对隐藏、转移、变卖、毁损夫妻共同财产或伪造债务的一方，可以少分或不分。离婚后，另一方发现有上述行为的，可以向人民法院提起诉讼，请求再次分割夫妻共同财产。"这就是说，一方在离婚诉讼期间或离婚诉讼前，隐藏、转移、变卖、毁损夫妻共同财产，或伪造债务企图侵占另一方财产的，侵害了夫妻对共同财产的平等处理权，离婚分割夫妻共同财产时，应当依照《婚姻法》第四十七条的规定少分或不分财产。

本案中，关于双方名下存款的分割，结合相关证据，宋某某婚前房屋拆迁款转化的存款，应归宋某某个人所有，宋某某婚后所得养老保险金，应属夫妻共同财产。雷某某名下中国工商银行尾号为 4179 账户内的存款为夫妻关系存续期间的收入，应作为夫妻共同财产予以分割。雷某某于 2013 年 4 月 30 日通过 ATM 转账及卡取的方式，将尾号为 4179 账户内的 195000 元转至案外人名下。雷某某始称该款用于家庭开销，后又称用于偿还外债，前后陈述明显矛盾，对其主张亦未提供证据证明，对钱款的去向不能作出合理的解释和说明。结合案件事实及相关证据，认定雷某某存在转移、隐藏夫妻共同财产的情节。根据上述法律规定，对雷某某名下中国工商银行尾号 4179 账户内的存款，雷某某可以少分。宋某某主张对雷某某名下存款进行分割，符合法律规定，予以支持。故判决宋某某婚后养老保险金 14322.48 元归宋某某所有，对于雷某某转移的 19.5 万元存款，由雷某某补偿宋某某 12 万元。

【新旧法律依据对照】

<table>
<tr><th>旧法</th><th>新法</th></tr>
<tr><td>《婚姻法》（2001 年修正）
第四十七条
离婚时，一方隐藏、转移、变卖、毁损夫妻共同财产，或伪造债务企图侵占另一方财产的，分割夫妻共同财产时，对隐藏、转移、变卖、毁损夫妻共同财产或伪造债务的一方，可以少分或不分。离婚后，另一方发现有上述行为的，可以向人民法院提起诉讼，请求再次分割夫妻共同财产。
人民法院对前款规定的妨害民事诉讼的行为，依照民事诉讼法的规定予以制裁。</td><td>《民法典》
第一千零九十二条
夫妻一方隐藏、转移、变卖、毁损、挥霍夫妻共同财产，或者伪造夫妻共同债务企图侵占另一方财产的，在离婚分割夫妻共同财产时，对该方可以少分或者不分。离婚后，另一方发现有上述行为的，可以向人民法院提起诉讼，请求再次分割夫妻共同财产。</td></tr>
<tr><td>《婚姻法》（2001 年修正）
第十七条
夫妻在婚姻关系存续期间所得的下列财产，归夫妻共同所有：
（一）工资、奖金；
（二）生产、经营的收益；
（三）知识产权的收益；
（四）继承或赠与所得的财产，但本法第十八条第三项规定的除外；
（五）其他应当归共同所有的财产。
夫妻对共同所有的财产，有平等的处理权。</td><td>《民法典》
第一千零六十二条
夫妻在婚姻关系存续期间所得的下列财产，为夫妻的共同财产，归夫妻共同所有：
（一）工资、奖金、劳务报酬；
（二）生产、经营、投资的收益；
（三）知识产权的收益；
（四）继承或者受赠的财产，但是本法第一千零六十三条第三项规定的除外；
（五）其他应当归共同所有的财产。
夫妻对共同财产，有平等的处理权。</td></tr>
</table>

【类案裁判观点】

类案裁判观点一

夫妻一方隐藏、转移、变卖、毁损、挥霍夫妻共同财产，或者伪造夫妻共同债务企图侵占另一方财产的，在离婚分割夫妻共同财产时，对该方可以少分或者不分

第一，可以少分或不分的财产范围，主要是指被隐藏、转移、变卖、毁损、挥霍，或伪造的夫妻共同债务范围内的夫妻共同财产，并非全部夫妻共同财产均可少分或不分。

第二，离婚后，财产权受到侵犯的一方再次提起分割请求的期限，受诉讼时效的约束，自该方知道或者应当知道权利受到损害之日起计算。

类案裁判观点二

知识产权收益的界定

知识产权的收益是指作品在出版、上演或播映后而取得的报酬，或允许他人使用而获得的报酬，专利权人转让专利权或许可他人使用其专利所取得的报酬，商标所有人转让商标权或许可他人使用其注册商标所取得的报酬等。审判实践中，如果知识产权财产性收益明确的时间系在婚姻关系存续期间，无论收益的实际取得是在婚姻关系存续期间还是在离婚后，该收益均为夫妻共同财产。对于离婚时一方尚未取得经济利益的知识产权，则不宜作为夫妻共同财产分割。比如，写好的书稿还没有联系到出版单位，已完成的绘画作品还没有卖出。享有知识产权的一方可能以后将自己的作品出售，也可能自己收藏品味，还可能赠送给朋友，因此，无法确定是否存在财产收益。而知识产权是一种智力成果权，具有很强的人身依附性，与人身密不可分，作者的配偶无权在作者的著作

中署名，也无权决定作品是否发表。如果作者的手稿、字画、设计稿等在离婚时还没有出版或未被采用，那它就仅仅属于夫妻一方的精神财富，离婚时应归一方所有。但是，考虑到创作的过程是在婚姻关系存续期间，而一方从事创作，另一方会承担更多家庭开支或家务劳动，其知识产权的获得离不开配偶一方的支持和帮助，应当根据公平原则兼顾双方的利益进行处理。

类案裁判观点三

婚前个人积蓄婚后变化部分的归属

一方使用婚前个人积蓄在婚后购买的房屋、车辆等有形财产，如果能够明确认定是来源于其婚前的个人积蓄，则不属于生产、经营收益范畴，只是原有财产价值存在形态发生了变化，其价值取得始于婚前，所谓“万变不离其宗”，应当认定为一方的个人财产。

夫妻一方用其个人财产在婚后投资的，必然花费一定的时间和精力，其投资经营行为是夫妻婚姻生活的一部分，因此，一方在婚后投资产生的收益，不管初始资金是婚前个人财产还是婚后的夫妻共同财产，投资产生的收益部分原则上应当为夫妻共同财产。例外的两项主要有孳息和自然增值。此处的孳息是在狭义范围内使用，包括天然孳息和法定孳息。天然孳息是依照物的自然性质而产生的收益物，如果树所结出的果实，动物之产物如鸡蛋、羊毛。法定孳息是依照法律规定产生的收益物如银行存款利息等。自然增值是因通货膨胀或市场行情的变化所致，与夫妻一方或双方是否为该财产投入物资、劳动、努力、管理等无关，比如房屋价格的上涨。应否将婚前财产在婚后的孳息归入夫妻共同财产，理论界存在分歧。现今立法例，如意大利、瑞士等国民法，均明确规定个人婚前财产在婚后的孳息属于夫妻共同所有。法国民法稍有不同，对婚前财产的孳息加以区分，仅规定其中的天然孳息归夫妻共有，法定孳息仍归个人所有。有学者提出，亲属法既然采取婚后所得共同制，则婚前财产在婚后的孳息，就应当归属于夫妻共有财产，此属于民法关于孳息归属原物所有权人的一般原理在亲属法上的例外。[1] 我们认为，孳息归属于原物所有权人为民法的一般原理，在婚姻家庭领域，基于夫妻别体主义原则，亦无特别例外规定的必要。孳息和自然增值与夫妻一方或双方对该财产所付出的劳务、扶持无关，认定为个人财产符合民法一般原理，亦符合公平原则。

一方用婚前财产炒股、买基金的，由于炒股、买基金属于一种投资行为，既可以获利，也可能具有相当的风险，而且在婚姻关系存续期间炒股、买基金，必然占用该方时间、精力，应当属于夫妻生活的一部分。如果炒股、买基金赚了钱，双方在没有另行约定该笔财产的归属问题时，应当属于夫妻共同财产。

① 梁慧星：《中国民法典草案建议稿附理由：亲属编》，法律出版社 2013 年版，第 114～115 页。

【案例十四】

支付抚养费与夫妻一方擅自处分夫妻共同财产纠纷属于两个不同的法律关系*

一、案情简介

马树某与田某系夫妻关系，田某在与马树某婚姻关系存续期间，与曹某婚外生育一女田某某。田某多次通过银行转账方式给曹某的账户转入 2475196 元。马树某认为田某擅自处分夫妻共同财产的行为侵犯其合法权益，故起诉至一审法院，请求判令：（1）田某给付曹某 2515140 元的处分行为无效；（2）曹某返还其 2515140 元。

二、法院裁判情况

一审法院经审理认为，夫妻在婚姻关系存续期间所得的财产属于夫妻共同财产，归夫妻共同所有而非按份共有。对于夫妻共同财产的处分，应由夫妻双方协商一致。田某未与其配偶马树某协商，就将夫妻共有的钱款赠与了与其有不正当关系的曹某。田某的赠与行为既损害了马树某的合法权益，也违反了相关的法律规定，还有悖于社会的公序良俗。故马树某的诉讼请求合理合法，应当予以支持。

马树某称除了通过银行转账方式转入曹某的账户 2475196 元外，田

---

* 案例来源：最高人民法院民事审判第一庭编：《民事审判指导与参考》2014 年第 3 辑（总第 59 辑）。

某还以现金方式给曹某 39944 元用于购买车库。对此，曹某予以否认，马树某和田某均未提供证据证明该笔钱款是田某替曹某支付的，故对马树某关于赠与现金 39944 元的陈述无法采信。据此判决：（1）田某赠与曹某 2475196 元的行为无效；（2）曹某于判决生效之日起 10 日内，返还马树某 2475196 元。

曹某不服该判决提起上诉称，田某汇至其账户的款项并非赠与，而是为女儿购房所用，部分款项已用于日常生活及抚养女儿；即使田某处分夫妻共同财产的行为被认定为赠与，但其处分个人所有财产份额部分应属合法有效，曹某无需返还。故请求撤销一审判决，改判曹某承担一半的返还责任。

二审法院经审理认为，本案中田某转入曹某账户的款项及为曹某购买商品房的款项已有证据证明，均属于田某与马树某的夫妻共同财产。田某对上述财产的处分行为未经马树某同意，事后也未取得马树某的追认，属于擅自处分夫妻共同财产的行为，应认定无效。

因共有的不动产或动产产生的债权债务，在对外关系上，共有人享有连带债权、承担连带债务。享有连带债权的每个权利人，都有权要求债务人履行义务。因此，马树某作为享有夫妻共同财产的共有债权人，有权要求曹某返还全部财产。据此判决：驳回上诉，维持原判。

三、第三人撤销之诉的情况

起诉人田某某认为，上述判决事实认定错误，田某支付曹某的款项并非是对曹某的赠与，而是支付田某某的抚养费。在上述案件中，田某某多次要求将其追加为第三人，但均未被准许。上述判决损害了其民事权益，故要求予以撤销。

作出上述生效判决的二审法院经审查认为，根据《民事诉讼法》第五十六条第三款的规定，因不能归责于本人的事由未参加诉讼，但有证据证明发生法律效力的判决内容错误，损害其民事权益的，可以自知道或者应当知道其民事权益受到损害之日起六个月内，向作出该判决的人民法院提起诉讼。本案从起诉人提交的材料来看，未提供可以证明生效判决内容错误的相关证据，起诉人田某某的起诉不符合第三人撤销之诉的受理条件，故裁定：对田某某的起诉不予受理。

田某某不服该判决，向某高级人民法院提起上诉，某高级人民法院经审查认为，本案现有证据表明，田某某至今未提供可以证明其主张应撤销的生效判决内容错误，损害其民事权益的相关证据，故田某某的起诉不符合第三人撤销之诉的受理条件，如田某某认为其被抚养的权利受到损害或侵害，可通过提起抚养诉讼解决。据此裁定：驳回上诉，维持原裁定。

田某某不服上述裁定，向最高人民法院申请再审称：（1）田某某的起诉，完全符合《民事诉讼法》第一百一十九条规定的起诉条件，一、二审法院应当保护未成年人田某某的诉权。（2）田某与曹某所生的非婚生子女田某某享有与婚生子女同等的权利，任何人对非婚生子女不得加以危害和歧视。田某某的生父应依法履行法定义务支付抚养费，在其没有个人资金的情况下，抚养费的来源只能从夫妻共同财产中提取和支付，这一支付完全合法。（3）在申请人因不能归责于本人的事由未能参加诉讼的情况下，原判决损害了未成年人依法获取生父抚养费的民事权益。

最高人民法院经审查认为，田某未经妻子马树某同意擅自将夫妻共同财产赠与曹某，侵犯了马树某享有的夫妻共同财产权利，这种赠与行为应认定为无效，曹某应返还田某赠与的相关款项。申请再审人田某某认为生效判决侵犯了其合法权益，但没有提供证据证明发生法律效力的判决内容错误，田某转入曹某账户的款项及为曹某购买商品房等消费款项已有在案证据予以佐证。赠与行为与抚养费问题是两个不同的法律关系，田某某如果认为自己需要生父田某支付相关的抚养费，可以另案提起诉讼进行救济。再审申请人田某某的申请不符合《民事诉讼法》第二百条规定的情形。依照《民事诉讼法》第二百零四条第一款之规定，裁定如下：驳回田某某的再审申请。

四、主要观点及理由

对田某某提起的第三人撤销之诉一案，有两种不同的处理意见：

第一种意见认为，田某擅自赠与曹某的钱款虽然属于夫妻共同财产，但田某作为夫妻共同财产的权利人也有一半份额的处分权。田某与曹某婚外生育了女儿田某某，其对女儿田某某也有法定的抚养义务。故田某某提起的第三人撤销之诉部分有理，应对原生效判决予以改判，判决曹某返还田某所赠与的一半钱款。

第二种意见认为，夫妻共同财产是基于婚姻法的规定，因夫妻关系的存在而产生的，在夫妻双方未约定实行分别财产制的情形下，夫妻双方对共同财产系共同共有，而非按份共有。根据共同共有的一般原理，在婚姻关系存续期间，夫妻共同财产应作为一个不可分割的整体，夫妻对全部共同财产不分份额地共同享有所有权，夫妻双方无法对共同财产划分个人份额，在没有重大理由时也无权于共有期间请求分割共同财产。夫妻对共同财产享有平等的处理权，并不意味着夫妻各自对共同财产享有一半的处分权。只有在共同共有关系终止时，才可对共同财产进行分割，确定各自份额。因此夫妻一方擅自将共同财产赠与他人的赠与行为应为全部无效，而非一半无效。

田某作为女儿田某某的生父，依照法律当然对田某某具有抚养义务，但支付抚养费与赠与关系属于两个完全不同的法律关系。马树某的诉讼请求是确认田某的赠与行为无效及返还赠与款项，在案证据也佐证了田某将夫妻共同财产擅自通过银行转账转入曹某的账户，所购房产也登记在曹某名下，田某某主张田某赠与曹某的款项系支付给其的抚养费，缺乏相应的证据予以支持。

如果田某某认为自己需要生父田某支付抚养费，其随时可以起诉向田某主张抚养费。而抚养费的具体数额，法院可根据田某某的实际需要、父母双方的负担能力和当地的实际生活水平予以确定。

我们认为第二种意见是适当的。

五、最高人民法院民一庭裁判观点

未成年的或不能独立生活的子女有要求父母支付抚养费的权利，但支付抚养费与夫妻一方擅自赠与婚外第三人财产纠纷是两个不同的法律关系，权利人可以另案主张支付子女抚养费。

【新旧法律依据对照】

旧法	新法	旧司法解释	新司法解释
《婚姻法》（2001年修正） **第十七条** 夫妻在婚姻关系存续期间所得的下列财产，归夫妻共同所有： （一）工资、奖金； （二）生产、经营的收益； （三）知识产权的收益； （四）继承或赠与所得的财产，但本法第十八条第三项规定的除外； （五）其他应当归共同所有的财产。 夫妻对共同所有的财产，有平等的处理权。	**《民法典》** **第一千零六十二条** 夫妻在婚姻关系存续期间所得的下列财产，为夫妻的共同财产，归夫妻共同所有： （一）工资、奖金、劳务报酬； （二）生产、经营、投资的收益； （三）知识产权的收益； （四）继承或者受赠的财产，但是本法第一千零六十三条第三项规定的除外； （五）其他应当归共同所有的财产。 夫妻对共同财产，有平等的处理权。	**《婚姻法司法解释（一）》** **第十七条** 婚姻法第十七条关于“夫或妻对夫妻共同所有的财产，有平等的处理权”的规定，应当理解为： （一）夫或妻在处理夫妻共同财产上的权利是平等的。因日常生活需要而处理夫妻共同财产的，任何一方均有权决定。 （二）夫或妻非因日常生活需要对夫妻共同财产做重要处理决定，夫妻双方应当平等协商，取得一致意见。他人有理由相信其为夫妻双方共同意思表示的，另一方不得以不同意或不知道为由对抗善意第三人。	

【类案裁判观点】

类案裁判观点

夫妻共同财产平等处理权

夫妻双方对共同所有的财产，享有平等的占有、使用、收益和处分的权利，自不待言，除了日常家事范围内的事务以及构成表见代理的情形外，一方擅自处分共同财产的，对另一方不发生法律效力。

二、继　　承

【案例十五】

如何判断遗嘱是否为缺乏劳动能力又没有生活来源的继承人保留了必要的遗产份额*

一、案情简介

原告：陈甲，男，55岁。

法定代理人：胡某艳，女，41岁。陈甲之妻。

被告：陈某岳，31岁。陈甲之子。

被告：陈乙，男，61岁。陈甲之长兄。

被告：陈丙，男，59岁。陈甲之次兄。

2011年1月，陈乙、陈丙和陈甲之父陈某风死亡。陈某风生前为家族企业老板，留有遗嘱。因其配偶已先于陈某风死亡，故陈某风在遗嘱中为其长子陈乙、次子陈丙各留有公司股份的30%，小儿子陈甲本来一直与陈某风共同经营企业，但三年前因车祸重伤，丧失行为能力。考虑到陈甲的再婚妻子在其遭遇车祸丧失行为能力后曾经提出过离婚，只是因为当时尚未对陈甲今后的生活作出妥善安排而被法院驳回，且胡某艳已经实际上与陈甲分居的情况，为了使小儿子今后的生活有保障，陈某风将家族企业股份的35%留给了陈甲之子陈某岳并限制陈某岳在陈甲有生之年转让股份。陈某风在遗嘱中要求陈某岳照顾其父的生活，陈乙、陈丙对此负有监督之责，有权从陈某岳每年应分得的收益中直接划扣陈

---

* 案例来源：最高人民法院民事审判第一庭编：《民事审判指导与参考》2013年第2辑（总第54辑）。

甲在疗养院的全部生活护理费用。2011年2月，胡某艳以陈甲的法定代理人的身份起诉，请求法院认定陈某风的遗嘱无效。按照法定继承的原则分割陈某风的遗产。理由是陈某风的遗嘱没有给丧失劳动能力的法定继承人陈甲留有遗产。

陈乙、陈丙和陈某岳则认为，陈某风的遗嘱合法有效。陈某风正是考虑到已经丧失行为能力的陈甲主要靠其子陈某岳照顾，且胡某艳已经与陈甲分居的事实，为了使陈甲今后的生活得到经济保障，才通过遗嘱作出上述安排的。不能因为遗嘱在形式上没有给陈甲留有遗产，就认定该遗嘱无效。

二、法院裁判情况

一审法院认为，《继承法》第十九条[①]规定："遗嘱应当对缺乏劳动能力又没有生活来源的继承人保留必要的遗产份额。"陈某风的遗嘱，没有为丧失劳动能力又没有生活来源的儿子陈甲保留必要的遗产份额，因此该遗嘱无效。陈甲为无民事行为能力人，其配偶胡某艳作为监护人有权代陈甲提起诉讼，其诉讼请求应当得到支持。一审法院判决陈某风的遗嘱无效，按照法定继承原则分割陈某风的遗产。

陈乙、陈丙和陈某岳均不服一审判决，提起上诉，请求撤销一审判决，认定陈某风的遗嘱有效，驳回陈甲一审的诉讼请求。

二审法院认为，陈某风的遗嘱虽然在形式上没有给丧失劳动能力又没有生活来源的继承人陈甲保留必要的遗产，但实际上遗嘱人充分考虑了小儿子陈甲面临的生活困境，为了使其今后的生活获得更好的经济保障，陈某风将家族企业中最大的股份给了陈甲的儿子陈某岳，并明确规定陈某岳负有照顾其父陈甲生活的义务。陈某风还指定自己另外两个儿子陈乙和陈丙，即陈甲的哥哥、陈某岳的叔叔，负责监督陈某岳履行义务，还在陈甲有生之年限制了陈某岳转让企业股份，在陈甲住疗养院的生活费、护理费不到位的情况下，授权陈乙、陈丙直接从陈某岳在企业

---

① 《继承法》已废止，相关规定参见《民法典》第一千一百四十一条："遗嘱应当为缺乏劳动能力又没有生活来源的继承人保留必要的遗产份额。"

的收益中划扣。陈某风作为陈甲之父，对自己丧失行为能力的儿子今后的生活安排，不可谓不尽心。陈某风不仅没有剥夺陈甲继承权的意思，反而是考虑到陈甲的再婚妻子在他丧失行为能力后已经与其分居，且曾经起诉离婚的情况，为了不使其掌控陈甲的财产，才作出了上述安排。因此，该遗嘱不因剥夺无劳动能力又无其他生活来源的继承人的继承权而无效。

二审法院撤销一审判决，改判驳回了陈甲的诉讼请求。

三、主要观点和理由

本案争议的实质问题是：陈某风的遗嘱是否因没有给丧失劳动能力又没有其他生活来源的法定继承人陈甲保留必要的遗产份额而无效。

在二审法院审理过程中，曾经有过三种不同观点。

第一种观点是同意一审法院的观点，认为陈某风的遗嘱中，毕竟没有直接给丧失劳动能力又没有其他生活来源的陈甲保留必要的遗产。陈某风所作的处分，并不一定能够为陈甲今后的生活提供保障。只有真正将财产分割到陈甲的名下，才对陈甲最为有利，也才符合我国继承法的规定。

第二种观点则认为，无民事行为能力人的监护人是其配偶。胡某艳是陈甲之妻，有权代理陈甲提起民事诉讼。在二人没有离婚、且陈甲的其他有监护资格的关系密切的亲属没有提出变更监护人的情况下，胡某艳代陈甲提出的诉讼请求合情合理，很难驳回。建议陈某岳通过申请变更监护人的办法解决争议。只要陈某岳提出这项申请，在变更监护人的必要程序没有完成前，继承诉讼应当中止审理。如果陈某岳最终成为其父亲陈甲的法定监护人，则胡某艳的法定代理人资格就不复存在，胡某艳也就没有权利代理陈甲提起此项诉讼。

第三种观点即为二审法院判决所依据的观点，也是该院经研究形成的倾向性意见。

我们认为，第三种观点更具有合理性。主要理由如下：

首先，陈某风所立遗嘱，充分考虑了其法定继承人中丧失行为能力的小儿子陈甲的利益，已经在遗产分配上为陈甲今后的生活提供了经济保障。陈某风了解陈甲的婚姻状况，特别是在陈甲因车祸丧失行为能力后不久，其妻胡某艳曾经起诉离婚并与陈甲分居，且从不过问陈甲的生活状况的事实，是促使陈某风将本欲留给陈甲的遗产，指定由陈甲之子陈某岳继承的原因。

其次，陈某风给陈某岳35%的公司股份，其数额超过了给自己其他两个儿子陈乙、陈丙的数额，主要目的仍是为了让陈某岳更好地履行照顾其父陈甲的义务。陈某岳作为遗嘱继承人继承陈某风的遗产是附有义务的，只不过继承所附的照顾其父亲陈甲的生活的义务，与陈某岳对父母所应承担的法定赡养义务是一致的。

再次，为了保证陈某岳有赡养其父陈甲的经济实力，陈某风还在遗嘱中对陈某岳转让其通过继承所获得的家族企业股份作出了限制性规定，即在陈甲有生之年，限制陈某岳转让上述股权份额。

最后，陈某风还指定自己的另外两个儿子陈乙、陈丙监督陈某岳是否及时支付了陈甲在疗养院的生活、护理费用，如果没有及时支付，授权陈乙、陈丙从陈某岳所得的股权收益中直接划扣。纵观陈某风遗嘱的全部内容，应该看到陈某风作为父亲，为自己丧失行为能力的儿子所作的周密安排。从法律意义上说，这种安排没有剥夺无劳动能力又没有其他生活来源的法定继承人的继承权，遗嘱因为不违反法律而应当被认定有效；从情理上说，遗嘱所体现的一个父亲对儿子的舐犊深情，亦应得到尊重。那种仅仅根据遗嘱的文字表述，即认为陈某风的遗嘱剥夺了无劳动能力又没有生活来源的法定继承人的继承权，并因此认定陈某风的遗嘱无效的观点是错误的。同时，也应该看到，由于陈甲是无民事行为能力人，其诉讼是由胡某艳作为法定代理人代为提起的，驳回陈甲的诉讼请求本身，并不会损害其合法权益，也不会对其精神上造成伤害。

四、最高人民法院民一庭裁判观点

判断遗嘱人所立遗嘱是否违反《继承法》第十九条的规定，属于没有为缺乏劳动能力又没有生活来源的继承人保留必要的遗产份额，应当对遗嘱的实质内容进行分析。只要遗嘱人在处分遗产时为缺乏劳动能力又没有生活来源的继承人今后的生活作出了特别安排，即使形式上没有指定其继承遗产，亦不应当认定遗嘱人未保留缺乏劳动能力又没有生活来源的继承人的遗产份额。

【新旧法律依据对照】

旧法	新法	旧司法解释	新司法解释
《继承法》 **第十九条** 遗嘱应当对缺乏劳动能力又没有生活来源的继承人保留必要的遗产份额。	**《民法典》** **第一千一百四十一条** 遗嘱应当为缺乏劳动能力又没有生活来源的继承人保留必要的遗产份额。		
《婚姻法》（2001年修正） **第二十一条** 父母对子女有抚养教育的义务；子女对父母有赡养扶助的义务。 父母不履行抚养义务时，未成年的或不能独立生活的子女，有要求父母付给抚养费的权利。 子女不履行赡养义务时，无劳动能力的或生活困难的父母，有要求子女付给赡养费的权利。 禁止溺婴、弃婴和其他残害婴儿的行为。	**《民法典》** **第一千零六十七条** 父母不履行抚养义务的，未成年子女或者不能独立生活的成年子女，有要求父母给付抚养费的权利。 成年子女不履行赡养义务的，缺乏劳动能力或者生活困难的父母，有要求成年子女给付赡养费的权利。	**《婚姻法司法解释（一）》** **第二十条** 婚姻法第二十一条规定的“不能独立生活的子女”，是指尚在校接受高中及其以下学历教育，或者丧失或未完全丧失劳动能力等非因主观原因而无法维持正常生活的成年子女。	**《民法典婚姻家庭编解释（一）》** **第四十一条** 尚在校接受高中及其以下学历教育，或者丧失、部分丧失劳动能力等非因主观原因而无法维持正常生活的成年子女，可以认定为民法典第一千零六十七条规定的“不能独立生活的成年子女”。

【法律适用指引】

法律适用指引一

享有遗嘱为其保留必要份额权利的人应当是遗嘱人的继承人，这里的继承人指的是遗嘱人的法定继承人

《民法典》第一千一百二十七条规定：“遗产按照下列顺序继承：（一）第一顺序：配偶、子女、父母；（二）第二顺序：兄弟姐妹、祖父母、外祖父母。继承开始后，由第一顺序继承人继承，第二顺序继承人不继承；没有第一顺序继承人继承的，由第二顺序继承人继承。”第一千一百二十八条规定：“被继承人的子女先于被继承人死亡的，由被继承人的子女的直系晚辈血亲代位继承。被继承人的兄弟姐妹先于被继承人死亡的，由被继承人的兄弟姐妹的子女代位继承。代位继承人一般只能继承被代位继承人有权继承的遗产份额。”第一千一百二十九条规定：“丧偶儿媳对公婆，丧偶女婿对岳父母，尽了主要赡养义务的，作为第一顺序继承人。”这3条是我国法律关于法定继承人范围的规定。

享有为其保留遗产份额的继承人应按照继承顺序确定，在有第一顺序继承人时，第二顺序继承人不享有这种权利。只有在没有第一顺序继承人的情况下或者第一顺序继承人放弃继承权、丧失继承权的时候，第二顺序继承人才可能享有此权利。

法律适用指引二

从何时开始界定继承人存在既缺乏劳动能力又没有生活来源

《继承法意见》第三十七条第二款规定：“继承人是否缺乏劳动能力又没有生活来源，应按遗嘱生效时该继承人的具体情况确定。”该条规定可供参考适用。那么，应如何理解“遗嘱生效时”？遗嘱是死因行为，在

一般情况下，一份有效的遗嘱在被继承人死亡时即可发生法律效力，被继承人死亡的时间点即为遗嘱生效的时间点。但如果被继承人在遗嘱中附上了条件或期限，并说明遗嘱在条件满足后或期限到达后才生效的，应按照遗嘱的内容确定遗嘱的生效时间点。

法律适用指引三

继承人享有的这种权利相对于被继承人的债权人对被继承人的债权来说具有优先性，同时这种权利也优先于国家对被继承人的税收权

《民法典》第一千一百五十九条规定："分割遗产，应当清偿被继承人依法应当缴纳的税款和债务；但是，应当为缺乏劳动能力又没有生活来源的继承人保留必要的遗产。"《继承法意见》第六十一条也规定："继承人中有缺乏劳动能力又没有生活来源的人，即使遗产不足清偿债务，也应为其保留适当遗产。"这是因为《民法典》第一千一百四十一条保障的是这类继承人的生存权，生存权是人的最基本的权利，相较于其他权利类型而言，生存权应放在第一位。故在实务中遇有其他债权人的债权与该条规定相冲突时，应优先适用该条的规定，为符合条件的继承人留出必要的遗产。

【类案裁判观点】

类案裁判观点

继承人在缺乏劳动能力又没有生活来源时享有的权利

如何判断"缺乏劳动能力"？是否需要对该继承人的劳动能力进行鉴定？如果该继承人是年老体弱或者身患重病，通过一般的日常经验法则就能确定的，无须进行劳动能力鉴定。在特殊情况下，可以通过法院委托鉴定的方式确定其劳动能力。如何确定"没有生活来源"？是不

是毫无收入才能被认定为没有生活来源？对此，应从该继承人是否有较为稳定的收入、是否有社会医疗保险、是否有固定的住处，其配偶和子女的身体及经济状况等多方面综合考虑。在判断没有生活来源的标准时，不能过于拘泥，不能认为其毫无收入时才算没有生活来源，如果其收入水平远远低于当地平均收入水平，也应看作是没有生活来源。

【案例十六】

探求遗嘱人的内心真意是遗嘱解释的首要原则*

一、案情简介

罗某英于2003年9月12日去世，其父母先于罗某英去世。简某权和简某广、简某芳、简某云、简某娟均为第一顺序法定继承人。根据被继承人罗某英户籍和身份资料显示，罗某英于1931年12月出生，文化程度：小学。

2002年8月9日，罗某英写下《遗言》一份："我本人过身后，愿意将现住房屋产权留给四仔简某权，三女简某云有居住权，房屋不能出租或出卖，如有变动需经五儿女签名同意；本人余下现金首饰留给五儿女平分……"

被继承人罗某英生前一直与原告简某权一家共同居住在涉案房屋，现简某权仍在该房屋居住。简某权名下没有其他房屋。其他四被告婚后（简某广：1981年；简某芳：1981年；简某云：1987年；简某娟：1995年）陆续搬出涉案房屋。

原告简某权据《遗言》依法要求继承上述房产全部所有权，遭简某广、简某芳、简某云、简某娟拒绝，遂成诉。四被告辩称：罗某英没有将处分权给简某权，且从罗某英的文化水平及当时的生活环境看，其生活的年代对户籍非常看重，平时"担心简某权一家没有地方挂户口"，故

* 案例来源：最高人民法院民事审判第一庭编：《民事审判指导与参考》2019年第1辑（总第77辑）。

罗某英所说的产权仅仅是给简某权一家挂户口的地方，而不是真正意义上的产权。

二、法院裁判情况

一审法院经审理认为，从《遗言》的表述上分析，该房屋的处分权必须由原、被告五人同意才能够行使，即原告不享有单独的处分权。没有单独的处分权，也就不具备对该房产的完全物权即所有权。因此，对被告主张“罗某英所说的产权仅仅是给简某权一家挂户口的地方，而不是真正意义上的产权”之抗辩意见予以采纳，《遗言》所涉房屋应当按照法定继承处理。据此判决原告与四被告各继承 1/5 的产权。

二审法院经审理认为，罗某英将涉案房屋产权遗留给四儿子简某权的意思表示是清晰明确的，其关于三女简某云有居住权、未经同意不能出租或出售等只是遗嘱附有的义务，系对继承人所有权的限制，而不是对所有权的否定，不足以推断出四被告所抗辩的只是给原告简某权一家挂靠户籍的意思。简某权上诉主张其应享有涉案房屋的全部所有权份额有理，应予支持。需要指出的是，简某权继承涉案房屋的所有权时，需尊重被继承人罗某英生前遗愿，履行《遗言》所确定的简某云有居住权及未经简某广、简某芳、简某云、简某娟同意不得对涉案房屋出租或出售之义务。遂判决：涉案房屋的全部所有权份额由简某权继承。

三、主要观点及理由

第一种观点认为，由于所有权是指所有人对自己的不动产或者动产，依法享有占有、使用、收益和处分的权利，其中处分权是所有权的核心内容。从《遗言》中“愿意将现住房屋产权留给四仔简某权，三女简某云有居住权，房屋不能出租或出卖，如有变动需经五儿女签名同意”的表述上分析，该房屋的处分权必须由简某权、简某广、简某芳、简某云、简某娟五人同意才能够行使，即简某权不享有单独的处分权。没有单独的处分权，也就不具备对该房产的完全物权即所有权。因此，罗某英的《遗言》并非将涉案房屋指定由简某权一人继承，应当按照法定继承处理，由作为第一顺序法定继承人的五个子女平等地继承，即各享有 1/5 的产权。一审法院持这一观点。

第二种观点认为，遗嘱的解释应探寻被继承人的内心真意，力求符合遗嘱愿望，而非仅仅因遗嘱存在个别错误或部分歧义而轻易否定其效力。从《遗言》的文义来看，罗某英将涉案房屋产权遗留给四儿子简某权的意思表示是清晰明确的。《遗言》对继承人继承房屋所有权所附的相关限制性条件，不足以否定被继承人罗某英通过遗嘱方式将涉案房屋的产权给予简某权的意愿。且亦不符合继承法第二十二条关于遗嘱无效的法定情形。四儿子简某权主张其应享有涉案房屋的全部所有权份额有理，应予以支持。二审法院持这一观点。

我们同意第二种观点。

（一）遗嘱解释的目的和规则

继承法对遗嘱的解释规则未作规定，相关的学术研究成果亦如凤毛麟角。[①] 与此形成鲜明对比的是，立法及学界关于合同等双方法律行为的解释规则较为全面，论著亦较为丰富。遗嘱解释是正确理解遗嘱人的意思、执行遗嘱、法院裁判的前提。为避免实践中案件审判的混乱，遗嘱解释急需在理论上予以厘清。我们认为，遗嘱作为一种单方的、无需受领的法律行为，与合同等双方法律行为存在本质区别，因此，遗嘱解释的目的和规则应与合同解释进行区分，避免简单地将合同等双方法律行为的解释规则直接适用于遗嘱解释。探求遗嘱人内心真意应为遗嘱解释的首要原则，并在此前提下适用如下具体规则：文义解释规则、整体解释规则、错误不害真意规则、尽可能使遗嘱有效规则、利益平衡规则。

1. 遗嘱解释目的

在现代民法上，遗嘱是遗嘱人生前在法律允许的范围内，按照法律规定的方式对其遗产或其他事务所作的个人处分，并于遗嘱人死亡时发生效力的单方法律行为。遗嘱行为是一种典型的要式行为、死因行为、

---

① 以“遗嘱解释”为关键词在中国知网上检索，期刊论文仅有三篇文章：郭明瑞、张平华的《遗嘱解释的三个问题》，梁分的《遗嘱解释，应坚持“区别说”》和《关于未来〈民法典继承编〉中应规定遗嘱解释规则的探讨》。著作方面亦不多见，仅有陈棋炎、黄宗乐、郭振恭的《民法继承新论》以及张平华、刘耀东的《继承法原理》。

单方无相对人的行为，系遗嘱人通过自己的意思表示的内容来决定遗嘱的法律效果。因此，首先应对遗嘱解释与合同解释的目的进行区分：合同属于有相对人的意思表示，为顾及相对人了解的可能性、平衡表意人与相对人之间的利益，应以探求表示行为的客观意义为目标。相反，作为没有相对人的意思表示，遗嘱解释应以探求表示行为的主观意义为准，既非取决于某个特定的受领人的理解可能性，也不取决于遗嘱人针对多数人的理解可能性，而原则上以遗嘱自行所指的内容，即遗嘱解释以探求遗嘱人内心意思为准①。尤其是遗嘱出现个别错误或模糊歧义时，对遗嘱的解释应以探寻遗嘱人内心真意为目标，力求确认遗嘱的效力。轻易否认遗嘱的效力，适用法定继承处理被继承人的遗产，无疑是对遗嘱人意思（遗嘱人合法权利）的漠视，亦同遗嘱制度的本质特征以及现代民法的基本原理背道而驰。而且，我国自古就有“死者为大（尊）”以及“人之将死，其言也善”的传统观念。所以，探求遗嘱人内心真意，维护和执行遗嘱人的遗愿，是近亲属们义不容辞的任务，也是人民法院在审理此类案件中应遵循的首要原则。

2. 遗嘱解释规则

借鉴域外相关立法例和理论成果，结合我国民法及继承法的基本原理，我们认为，在以探寻遗嘱人内心真意为目的的前提下，遗嘱解释宜适用如下具体规则：第一，文义解释规则，即对遗嘱的法律文本的字面含义进行解释。这一规则又派生出“扶手椅规则”，即当对遗嘱进行解释的时候，解释者此时应当想象自己就是那个安静地坐在扶手椅中订立遗嘱的人。直接将语言学家给这个词语所作的定义予以解释，常有悖于遗嘱人的遗愿。此即文义解释的主观性，该特点明显区别于合同解释，其目的在于保护遗嘱人，而非保护误认的继承人（或第三人）。第二，整体解释规则，即对遗嘱内容的各部分相互进行解释，从而保持遗嘱逻辑上的一体性，并澄清可能存在的歧义。很多立法例都明确规定了整体解释

① 参见［德］拉仑兹：《德国民法通论》，王晓晔等译，法律出版社 2003 年版，第 471 页；［日］四宫和夫：《日本民法总则》，唐晖等译，我国台湾地区五南图书出版公司 1995 年版，第 32 页。

方法，如《澳门民法典》第2024条第1项规定：对遗嘱之规定作出解释时应根据遗嘱之上下文而采纳最符合遗嘱人意思之解释。第三，尽可能使遗嘱有效规则，即当遗嘱可能面临成立或不成立、有效或无效解释时，尽可能解释为成立、有效。因为，没有人订立遗嘱是希望让该遗嘱归于无效。北京市曾有统计数据显示：60%的遗嘱被判定无效或部分无效①，这显然与长期以来不重视遗嘱人的意思自治，相关的遗嘱解释规则缺如相关。第四，利益平衡规则，即在遗嘱解释出现多个解释结果时，应当结合遗嘱文本，综合考虑实质公平、家庭和谐、养老扶幼、保护弱者的价值取向。司法裁判中对遗嘱的解释也同样如此。只是，这种利益平衡往往在裁判文书中没有明述，但其隐含的价值衡量在最终处理结果中必然有所体现。

（二）本案的处理思路

被继承人罗某英自书《遗言》中对于涉案房屋的处分，有一定的歧义。一方面，其明确将涉案房屋的产权（所有权）遗留给四儿子简某权，另一方面，在遗嘱中又对该所有权中的核心权能——处分权予以限制，即未经其他四位继承人的同意，不得出租或出售。能否据此否认遗嘱的效力，进而适用法定继承，这既是双方当事人诉辩的焦点，也是一、二审法院的分歧所在。我们认为，《遗言》中关于三女简某云有居住权、未经同意不能出租或出售等只是遗嘱附有的义务，系对继承人所有权的限制，而不是对所有权的否定。理由如下：首先，从文义解释来看，罗某英在《遗言》中将涉案房屋产权遗留给四儿子简某权的意思表示是清晰明确的。其次，从整体解释来看，《遗言》中关于涉案房屋的表述，全文并无转折或但书，具有逻辑上的一体性，结合罗某英的年龄及文化程度，因此，法院最后认定《遗言》中“原意”为笔误，实际应系“愿意”之义。再次，从目的解释来看，应坚持以探寻被继承人的内心真意为首要目标，力求符合遗嘱愿望，不能仅因遗嘱存在部分歧义而轻易否定其效力。本案《遗言》中对继承人所有权（主要是处分权）所附之义务，应解释为限制条件而非否定条件。原审法院仅根据《遗言》中有对继承人

① 王志永：《60%的遗嘱被宣告无效》，载《北京日报》2006年11月2日。

所有权附有限制条件而否认被继承人罗某英通过遗嘱方式将涉案房屋的产权给予简某权的意愿，从而不确认《遗言》的效力，并据此对本案适用法定继承处理，显然与罗某英立遗嘱的内心真意不符。最后，从利益平衡角度来看，遗嘱解释应结合遗嘱文本，综合考虑家庭和谐、养老扶幼、保护弱者的价值取向。将涉案房屋判令归简某权所有，体现了对被继承人对条件最差的四儿子简某权舐犊之情的确认。虽然，这种利益平衡在裁判文书中没有明述，但其隐含的价值衡量在案件的处理结果中已然体现。

四、最高人民法院民一庭裁判观点

遗嘱是典型的要式行为、死因行为、无相对人的单方法律行为，与合同等双方法律行为存在本质区别，故遗嘱解释不同于一般的合同解释。被继承人立遗嘱的本意是希望其所立的遗嘱能够生效，并能够按照遗嘱人的真意来处理遗产。因此，遗嘱的解释应探寻被继承人的内心真意，力求符合遗嘱愿望，而非仅仅因遗嘱存在个别错误或部分歧义而轻易否定其效力。

【新旧法律依据对照】

旧法	新法
《继承法》 **第二十条** 遗嘱人可以撤销、变更自己所立的遗嘱。 立有数份遗嘱，内容相抵触的，以最后的遗嘱为准。 自书、代书、录音、口头遗嘱，不得撤销、变更公证遗嘱。	**《民法典》** **第一千一百四十二条** 遗嘱人可以撤回、变更自己所立的遗嘱。 立遗嘱后，遗嘱人实施与遗嘱内容相反的民事法律行为的，视为对遗嘱相关内容的撤回。 立有数份遗嘱，内容相抵触的，以最后的遗嘱为准。

续表

旧法	新法
《继承法》 第二十二条 无行为能力人或者限制行为能力人所立的遗嘱无效。 遗嘱必须表示遗嘱人的真实意思，受胁迫、欺骗所立的遗嘱无效。 伪造的遗嘱无效。 遗嘱被篡改的，篡改的内容无效。	《民法典》 第一千一百四十三条 无民事行为能力人或者限制民事行为能力人所立的遗嘱无效。 遗嘱必须表示遗嘱人的真实意思，受欺诈、胁迫所立的遗嘱无效。 伪造的遗嘱无效。 遗嘱被篡改的，篡改的内容无效。

【法律适用指引】

法律适用指引一

遗嘱人应当具有遗嘱能力

所谓遗嘱能力，是指自然人依法享有的通过遗嘱的方式处分自己合法财产的资格。遗嘱是遗嘱人处分其财产的重大民事法律行为，涉及多方面的利益，并不是所有的人均具有订立遗嘱的资格。按照《民法典》第一千一百四十三条的规定，无民事行为能力人和限制民事行为能力人不得订立遗嘱，即使其订立了遗嘱，该遗嘱的效力也不会得到法律的积极评价，应作为无效遗嘱对待。《民法典》将自然人划分为三类，即无民事行为能力人、限制民事行为能力人和完全民事行为能力人。《民法典》第一千一百四十三条否定了前两类人订立遗嘱的资格，那么就可以确定，只有具有完全民事行为能力的人才享有订立遗嘱的资格，才具有遗嘱能力。根据《民法典》总则编中的第二章关于自然人的相关条文规定，完全民事行为能力人，即能够辨认自己行为的成年人，或年满 16 周岁，能够辨认自己行为、以自己的劳动收入为主要生活来源的未成年人。

法律适用指引二

遗嘱应体现遗嘱人的真实意思

遗嘱是遗嘱人对其死亡后的财产的预先处分，遗嘱的意思表示必须真实。遗嘱应体现遗嘱人的真实意思包含两个方面的要求：一是意思表示自由，二是意思表示真实。即遗嘱意思必须是遗嘱人自愿表达出来，且表达出来的意思应该与其内心的真实想法相一致。

《民法典》第一千一百四十三条规定的欺诈指的是，行为人故意告知遗嘱人虚假情况或者故意隐瞒真实情况，致使遗嘱人陷于错误判断并基于该错误判断而作出相应的遗嘱意思表示。因欺诈而导致遗嘱无效需要满足以下四个条件：（1）行为人在主观上有欺诈的故意，即行为人期望以欺诈的方式致使遗嘱人作出错误的意思表示；（2）行为在客观上实施了欺诈的行为，这里的欺诈行为既包括积极的行为也包括消极的行为，积极行为指的是故意告知遗嘱人虚假情况，消极行为指的是故意向遗嘱人隐瞒真实情况；（3）遗嘱人须因该欺诈行为而陷入错误的判断；（4）遗嘱人基于这种错误的判断而订立了遗嘱。

《民法典》第一千一百四十三条规定的胁迫指的是，行为人故意以非法的手段对遗嘱人进行威胁，导致遗嘱人因此陷入恐惧并因恐惧而作出违背其真实意愿的意思表示。因胁迫而导致遗嘱无效需要满足以下四个条件：（1）行为人在主观上须有胁迫的故意，即行为人希望用胁迫的方式让遗嘱人产生恐惧，从而致使遗嘱人订立特定的遗嘱；（2）行为人在客观上实施了胁迫的行为；（3）遗嘱人因该胁迫的行为陷入了恐惧；（4）遗嘱人因陷入了某种恐惧而作出了违背自己真实意愿的遗嘱。

法律适用指引三

遗嘱的内容应该合法

遗嘱只能处分遗嘱人的个人财产，不能处分他人财产，否则处分他人财产部分的遗嘱内容无效。同时，遗嘱还不得违反法律、行政法规的强制性规定，且不得违背公序良俗，比如，遗嘱人不得处分法律禁止个人持有和流转的财产。

《民法典》第一千一百四十三条还规定："伪造的遗嘱无效。遗嘱被篡改的，篡改的内容无效。"伪造是指假借被继承人的名义订立的遗嘱。篡改是指对遗嘱人已经订立的遗嘱内容，在未经遗嘱人同意的情况下擅自作出改动。伪造的遗嘱以及遗嘱被篡改的部分均不是被继承人的真实意思表示。为了避免遗嘱人合法财产遭受侵犯，保护遗嘱人的私有财产权和意思自治，同时也是为了保护遗嘱人其他继承人的继承权，故《民法典》第一千一百四十三条规定在这两种情况下，遗嘱均无效。若伪造人或篡改人不是继承人之一，在因伪造或篡改而给继承人造成损失的情况下，行为人应当承担侵权责任。若是继承人之一伪造或篡改遗嘱，不但遗嘱无效，而且伪造或篡改遗嘱的继承人还可能因此而丧失继承权。对此，《民法典》第一千一百二十五条明确规定"伪造、篡改、隐匿或者销毁遗嘱，情节严重"，丧失继承权。

法律适用指引四

自然人经特别程序被法院判决宣告为无、限制民事行为能力人，其在疾病痊愈后，未经法院撤销前述行为能力宣告判决的情况下订立遗嘱的效力

《民法典》第一千一百四十三条对遗嘱人的遗嘱能力作出了规定，明确指出无民事行为能力和限制民事行为能力人所订立的遗嘱无效。如果一个自然人经特别程序被人民法院判决宣告为无民事行为能力人或者限制民事行为能力人，其在疾病痊愈后，在未经法院撤销前述行为能力宣告判决的情况下订立了遗嘱，这种遗嘱的效力应如何认定。实务中对此有两种不同的观点。一种观点认为遗嘱人的遗嘱能力应以实际情况为准，如果确有证据证明遗嘱人在订立遗嘱时已经恢复为完全民事行为能力人，则可以认定遗嘱有效，而无须法院另行撤销行为能力判决。另一种观点

则与此完全相反，该观点认为在法院判决撤销宣告之前，遗嘱人所订立的遗嘱应是无效遗嘱，其理由为：自然人的民事行为能力应以有资质的司法鉴定机构的鉴定结论为准，既然其行为能力的缺失是由法院判决宣告的，那么其行为能力的恢复也应以法院的撤销判决为准。应当说，第二种观点更为合理。因为我国法律对公民民事行为能力的宣告和撤销规定了严格的程序，法院的判决具有很强的公信力，如果认定这种遗嘱有效，会有损这种公信力。且遗嘱人是否痊愈也应经过一系列严格的程序来加以确定，确保其完全恢复了民事行为能力，而法院撤销判决的程序性规定能够满足这一要求。综上，在判决被撤销前订立的遗嘱应是无效的遗嘱。

法律适用指引五

不能仅以遗嘱人存在身体上某种缺陷否认其遗嘱效力

《民法典》第一千一百四十三条从遗嘱人的年龄和精神健康状况方面规定了遗嘱人的遗嘱能力。在身体上有一定缺陷的人不一定是非完全民事行为能力人，如盲人、聋哑人，他们在完全民事行为能力的情况下也可以订立有效的遗嘱，只是需要选择与其身体状况相适应的遗嘱形式。在实务中，不能仅以遗嘱人存在身体上的某种缺陷就否认其遗嘱的效力。

法律适用指引六

欺诈、胁迫情形的证明标准

在证明是否存在欺诈、胁迫的情形时，其证明标准与一般情况下的证明标准是不一样的。《民事诉讼法司法解释》规定：当事人对欺诈、胁迫、恶意串通事实的证明，以及对口头遗嘱或者赠与事实的证明，人民法院确信该待证事实存在的可能性能够排除合理怀疑的，应当认定该事实存在。从该规定可以看出，对于是否存在欺诈、胁迫的情况的证明，应该达到“排除合理怀疑”的程度，这一标准要高于一般民事案件证据认定时的证明标准。

【类案裁判观点】

类案裁判观点

财产形态变化后，遗嘱人未就变化后的财产订立新的遗嘱，在遗嘱人死亡后，能否按照遗嘱人订立的遗嘱来处理变化后的财产？

实务中，在遗嘱人不具有再次订立新的遗嘱的客观条件时，应该按照遗嘱人之前订立的遗嘱来执行。如果遗嘱人具备再次订立新的遗嘱的客观条件，则应尊重遗嘱人的选择。如果遗嘱人订立了新的遗嘱，则按照新的遗嘱办理。如果遗嘱人没有订立新的遗嘱，放任这种财产转化情况的发生，则应视为遗嘱人以自己的行为撤回了原有的遗嘱，不能再按照原有遗嘱办理。

【案例十七】

指导案例50号：李某、郭某阳诉郭某和、童某某继承纠纷案

（最高人民法院审判委员会讨论通过　2015年4月15日发布）

关键词

民事　继承　人工授精　婚生子女

裁判要点

1. 夫妻关系存续期间，双方一致同意利用他人的精子进行人工授精并使女方受孕后，男方反悔，而女方坚持生出该子女的，不论该子女是否在夫妻关系存续期间出生，都应视为夫妻双方的婚生子女。

2. 如果夫妻一方所订立的遗嘱中没有为胎儿保留遗产份额，因违反《中华人民共和国继承法》第十九条规定，该部分遗嘱内容无效。分割遗产时，应当依照《中华人民共和国继承法》第二十八条规定，为胎儿保留继承份额。

相关法条

《中华人民共和国民法通则》第五十七条

《中华人民共和国继承法》第十九条、第二十八条

基本案情

原告李某诉称：位于江苏省南京市某住宅小区的306室房屋，是其与被继承人郭某顺的夫妻共同财产。郭某顺因病死亡后，其儿子郭某阳出生。郭某顺的遗产，应当由妻子李某、儿子郭某阳与郭某顺的父母即

被告郭某和、童某某等法定继承人共同继承。请求法院在析产继承时，考虑郭某和、童某某有自己房产和退休工资，而李某无固定收入还要抚养幼子的情况，对李某和郭某阳给予照顾。

被告郭某和、童某某辩称：儿子郭某顺生前留下遗嘱，明确将306室赠予二被告，故对该房产不适用法定继承。李某所生的孩子与郭某顺不存在血缘关系，郭某顺在遗嘱中声明他不要这个人工授精生下的孩子，他在得知自己患癌症后，已向李某表示过不要这个孩子，是李某自己坚持要生下孩子。因此，应该由李某对孩子负责，不能将孩子列为郭某顺的继承人。

法院经审理查明：1998年3月3日，原告李某与郭某顺登记结婚。2002年，郭某顺以自己的名义购买了涉案建筑面积为45.08平方米的306室房屋，并办理了房屋产权登记。2004年1月30日，李某和郭某顺共同与南京军区南京总医院生殖遗传中心签订了人工授精协议书，对李某实施了人工授精，后李某怀孕。2004年4月，郭某顺因病住院，其在得知自己患了癌症后，向李某表示不要这个孩子，但李某不同意人工流产，坚持要生下孩子。5月20日，郭某顺在医院立下自书遗嘱，在遗嘱中声明他不要这个人工授精生下的孩子，并将306室房屋赠与其父母郭某和、童某某。郭某顺于5月23日病故。李某于当年10月22日产下一子，取名郭某阳。原告李某无业，每月领取最低生活保障金，另有不固定的打工收入，并持有夫妻关系存续期间的共同存款18705.4元。被告郭某和、童某某系郭某顺的父母，居住在同一个住宅小区的305室，均有退休工资。2001年3月，郭某顺为开店，曾向童某某借款8500元。

南京大陆房地产估价师事务所有限责任公司受法院委托，于2006年3月对涉案306室房屋进行了评估，经评估房产价值为19.3万元。

裁判结果

江苏省南京市秦淮区人民法院于2006年4月20日作出一审判决：涉案的306室房屋归原告李某所有；李某于本判决生效之日起30日内，给付原告郭某阳33442.4元，该款由郭某阳的法定代理人李某保管；李某于本判决生效之日起30日内，给付被告郭某和33442.4元、给付被告童某某41942.4元。一审宣判后，双方当事人均未提出上诉，判决已发生法律效力。

裁判理由

法院生效裁判认为：本案争议焦点主要有两方面：一是郭某阳是否为郭某顺和李某的婚生子女？二是在郭某顺留有遗嘱的情况下，对306室房屋应如何析产继承？

关于争议焦点一。《最高人民法院关于夫妻离婚后人工授精所生子女的法律地位如何确定的复函》中指出："在夫妻关系存续期间，双方一致同意进行人工授精，所生子女应视为夫妻双方的婚生子女，父母子女之间权利义务关系适用《中华人民共和国婚姻法》的有关规定。"郭某顺因无生育能力，签字同意医院为其妻子即原告李某施行人工授精手术，该行为表明郭某顺具有通过人工授精方法获得其与李某共同子女的意思表示。只要在夫妻关系存续期间，夫妻双方同意通过人工授精生育子女，所生子女均应视为夫妻双方的婚生子女。《民法通则》第五十七条规定："民事法律行为从成立时起具有法律约束力。行为人非依法律规定或者取得对方同意，不得擅自变更或者解除。"因此，郭某顺在遗嘱中否认其与李某所怀胎儿的亲子关系，是无效民事行为，应当认定郭某阳是郭某顺和李某的婚生子女。

关于争议焦点二。《中华人民共和国继承法》（以下简称《继承法》）第五条规定："继承开始后，按照法定继承办理；有遗嘱的，按照遗嘱继承或者遗赠办理；有遗赠扶养协议的，按照协议办理。"被继承人郭某顺死亡后，继承开始。鉴于郭某顺留有遗嘱，本案应当按照遗嘱继承办理。《继承法》第二十六条规定："夫妻在婚姻关系存续期间所得的共同所有的财产，除有约定的以外，如果分割遗产，应当先将共同所有的财产的一半分出为配偶所有，其余的为被继承人的遗产。"《最高人民法院关于贯彻执行〈中华人民共和国继承法〉若干问题的意见》第38条规定："遗嘱人以遗嘱处分了属于国家、集体或他人所有的财产，遗嘱的这部分，应认定无效。"登记在被继承人郭某顺名下的306室房屋，已查明是郭某顺与原告李某夫妻关系存续期间取得的夫妻共同财产。郭某顺死亡后，该房屋的一半应归李某所有，另一半才能作为郭某顺的遗产。

郭某顺在遗嘱中，将 306 室全部房产处分归其父母，侵害了李某的房产权，遗嘱的这部分应属无效。此外，《继承法》第十九条规定："遗嘱应当对缺乏劳动能力又没有生活来源的继承人保留必要的遗产份额。"郭某顺在立遗嘱时，明知其妻子腹中的胎儿而没有在遗嘱中为胎儿保留必要的遗产份额，该部分遗嘱内容无效。《继承法》第二十八条规定："遗产分割时，应当保留胎儿的继承份额。"因此，在分割遗产时，应当为该胎儿保留继承份额。综上，在扣除应当归李某所有的财产和应当为胎儿保留的继承份额之后，郭某顺遗产的剩余部分才可以按遗嘱确定的分配原则处理。

【新旧法律依据对照】

旧法	新法	旧司法解释	新司法解释
《民法通则》（2009年修正） 第五十七条 民事法律行为从成立时起具有法律约束力。行为人非依法律规定或者取得对方同意，不得擅自变更或者解除。	《民法典》 第一百三十六条 民事法律行为自成立时生效，但是法律另有规定或者当事人另有约定的除外。 行为人非依法律规定或者未经对方同意，不得擅自变更或者解除民事法律行为。		
《继承法》 第五条 继承开始后，按照法定继承办理；有遗嘱的，按照遗嘱继承或者遗赠办理；有遗赠扶养协议的，按照协议办理。	《民法典》 第一千一百二十三条 继承开始后，按照法定继承办理；有遗嘱的，按照遗嘱继承或者遗赠办理；有遗赠扶养协议的，按照协议办理。		

旧法	新法	旧司法解释	新司法解释
《继承法》 **第十九条** 遗嘱应当对缺乏劳动能力又没有生活来源的继承人保留必要的遗产份额。	《民法典》 **第一千一百四十一条** 遗嘱应当为缺乏劳动能力又没有生活来源的继承人保留必要的遗产份额。		
《继承法》 **第二十六条** 夫妻在婚姻关系存续期间所得的共同所有的财产，除有约定的以外，如果分割遗产，应当先将共同所有的财产的一半分出为配偶所有，其余的为被继承人的遗产。 遗产在家庭共有财产之中的，遗产分割时，应当先分出他人的财产。	《民法典》 **第一千一百五十三条** 夫妻共同所有的财产，除有约定的外，遗产分割时，应当先将共同所有的财产的一半分出为配偶所有，其余的为被继承人的遗产。 遗产在家庭共有财产之中的，遗产分割时，应当先分出他人的财产。		
《继承法》 **第二十八条** 遗产分割时，应当保留胎儿的继承份额。胎儿出生时是死体的，保留的份额按照法定继承办理。	《民法典》 **第一千一百五十五条** 遗产分割时，应当保留胎儿的继承份额。胎儿娩出时是死体的，保留的份额按照法定继承办理。		

旧法	新法	旧司法解释	新司法解释
		《继承法意见》 第三十八条 遗嘱人以遗嘱处分了属于国家、集体或他人所有的财产，遗嘱的这部分，应认定无效。	《民法典继承编解释（一）》 第二十六条 遗嘱人以遗嘱处分了国家、集体或者他人财产的，应当认定该部分遗嘱无效。

【法律适用指引】

法律适用指引一

民事法律行为自成立时生效，但是法律另有规定或者当事人另有约定的除外

民事法律行为生效后，具有相应的法律拘束力，这一点没有疑义。但民事法律行为在成立后未生效前这一段时间，其有无拘束力的问题，则需要从逻辑上作出合理解释。在这一段时间，仍然有拘束力，其法理依据就是诚信原则。也就是说，具备《民法典》第一百四十三条规定的有效要件，但还不具备法律规定或者当事人约定的生效条件的，根据诚信原则，任何一方当事人也不得擅自变更或者解除民事法律行为。这完全符合当事人从事民事法律行为的预期。特别需要注意的是，不能做这样的理解：既然还没有生效，那就没有法律拘束力，生效了才有拘束力。我们认为，这样理解过于机械，忽略了《民法典》总则编中规定的诚信原则的统领功能。此外，对于附条件的民事法律行为，其只要民事法律行为有效成立，在当事人之间就产生了拘束力，任何一方不得阻止条件

成就。阻止条件成就的，视为条件已成就。不正当地促成条件成就的，视为条件不成就。

值得一提的是，法律、行政法规规定应当办理批准等手续的，在未办理批准等手续前，该合同未生效，但是不影响合同中履行报批等义务条款以及相关条款的效力。也就是说，报批条款以及与其相关的条款已经生效。

法律适用指引二

继承方式的相互关系

1. 继承开始后，遗赠抚养协议、遗嘱或遗赠、法定继承，一般按先后顺序处理遗产，也即遗赠扶养协议优先考虑，遗嘱或遗赠次之，法定继承最后考虑。

2. 继承方式并存的，分不同情况处理。（1）遗赠扶养协议与遗嘱并存的，两种方式所涉遗产没有抵触的，遗产分别按协议和遗嘱处理；有抵触的，优先按遗赠扶养协议处理，与协议相抵触的遗嘱全部或部分无效。（2）遗赠扶养协议与遗赠并存的，同于上述遗赠扶养协议与遗嘱的处理方式。（3）遗嘱和遗赠并存的，两种方式均有效，并无哪种方式优先的问题；一旦发生冲突，如对同一财产既有遗嘱也有遗赠，则要从被继承人所立遗嘱或遗赠的时间、证据的形式判断其真实意思表示，无法判断真实意思表示的，需考虑案件的具体情况和公平性因素，可以认定共有或平均分配所涉财产等。

3. 被继承人无遗赠扶养协议、无遗嘱或遗赠以及出现上述继承方式无效的情形，则应该按照法定继承处理遗产。

一般情况下，按照上述理解的处理方式均能处理，但特殊情况如何处理，确实存在利益的平衡问题，也考验法律适用的水平。如，被继承人有遗嘱继承，但未说明具体继承遗产的范围，此时出现遗赠如何处理。又如，虽有遗嘱继承，但该遗嘱继承在事后看来并不公平或遗嘱继承后继承开始时客观情况发生了较大变化，如有的继承人确需遗产扶养或出现了其他法定应予保留份额的情况，如何处理。上述情况均极其复杂。人民法院在司法中既要重视继承方式的相关顺序，尊重被继承人的真实意思和个人意志，也需要考虑遗产继承的功能性，体现社会的善良风俗和公平性。

法律适用指引三

遗嘱自由是原则，对遗嘱自由加以限制是例外规定

《民法典》第一千一百四十一条规定虽然对遗嘱人的遗嘱自由作了一定程度的限制，但在我国的继承法律制度中，遗嘱自由是一以贯之的。遗嘱自由是原则，对遗嘱自由加以限制是例外规定。在处理涉及必留份纠纷问题时，应按照《民法典》第一千一百四十一条规定的要件进行审查。在实务中，应注意以下问题：

第一，享有遗嘱为其保留必要份额权利的人应当是遗嘱人的继承人，这里的继承人指的是遗嘱人的法定继承人。《民法典》第一千一百二十七条规定："遗产按照下列顺序继承：（一）第一顺序：配偶、子女、父母；（二）第二顺序：兄弟姐妹、祖父母、外祖父母。继承开始后，由第一顺序继承人继承，第二顺序继承人不继承；没有第一顺序继承人继承的，由第二顺序继承人继承。"第一千一百二十八条规定："被继承人的子女先于被继承人死亡的，由被继承人的子女的直系晚辈血亲代位继承。被继承人的兄弟姐妹先于被继承人死亡的，由被继承人的兄弟姐妹的子女代位继承。代位继承人一般只能继承被代位继承人有权继承的遗产份额。"第一千一百二十九条规定："丧偶儿媳对公婆，丧偶女婿对岳父母，尽了主要赡养义务的，作为第一顺序继承人。"这 3 条是我国法律关于法定继承人范围的规定。

有观点认为，只要是被继承人的继承人，无论其是第一顺序继承人还是第二顺序继承人，只要该继承人丧失了劳动能力同时又没有生活来源的，被继承人订立遗嘱时即应为其保留必要的遗产份额。

前述观点是值得商榷的。首先，从继承的顺序上来说，在法定继承

情况下，如果存在第一顺序继承人，那么第二顺序继承人是无权继承遗产的，即使该第二顺序继承人中存在既缺乏劳动能力又没有生活来源的人，这类人员也无法分得遗产。如果按照前述观点，则会出现在法定继承情况下第二顺序继承人无法继承遗产，而在遗嘱继承情况下第二顺序继承人却又能继承遗产的情况，这与立法精神相悖。订立遗嘱是被继承人的自由，在一般情况下，其可以通过遗嘱自由处分个人财产，被继承人订立遗嘱处分其财产，直接影响的是其第一顺序的继承人的权益，故只有在第一顺序继承人中存在缺乏劳动能力又无生活来源的人，遗嘱才应给其保留必要的份额。其次，从《民法典》第一千一百四十一条规定的目的来看，这是为了保护缺乏劳动能力又没有生活来源的继承人的生存权，并不是像特留份制度一样为了保证财产在家族内部的流转。通常情况下，享有这种权利的继承人与遗嘱人之间存在抚养或赡养的义务，该条规定从一定意义上说也是为了避免被继承人通过遗嘱的方式规避自己应尽的抚养或赡养义务，故应该按照法定继承的顺序来确定哪些继承人享有该条规定的权利，因为法定继承人的顺序就是法定继承人与被继承人之间在身份上亲疏远近的体现。最后，在实务中，继承纠纷案件的当事人也是按照法定继承人的顺序确定的，在有第一顺序继承人时，只列第一顺序继承人作为当事人，第二顺序继承人在此时并不是适格的当事人。

综上，享有为其保留遗产份额的继承人应按照继承顺序确定，在有第一顺序继承人时，第二顺序继承人不享有这种权利。只有在没有第一顺序继承人的情况下或者第一顺序继承人放弃继承权、丧失继承权的时候，第二顺序继承人才可能享有此权利。

第二，《民法典》第一千一百四十一条规定继承人在缺乏劳动能力又没有生活来源时享有该条规定的权利。如何判断“缺乏劳动能力”？是否需要对该继承人的劳动能力进行鉴定？如果该继承人是年老体弱或者身患重病，通过一般的日常经验法则就能确定的，无须进行劳动能力鉴定。在特殊情况下，可以通过法院委托鉴定的方式确定其劳动能力。如何确定“没有生活来源”？是不是毫无收入才能被认定为没有生活来源？对此，应从该继承人是否有较为稳定的收入、是否有社会医疗保险、是否有固定的住处，其配偶和子女的身体及经济状况等多方面综合考虑。在判断没有生活来源的标准时，不能过于拘泥，不能认为其毫无收入时才算没有生活来源，如果其收入水平远远低于当地平均收入水平，也应看作是没有生活来源。

第三，从何时开始界定继承人存在既缺乏劳动能力又没有生活来源的问题。遗嘱是死因行为，在一般情况下，一份有效的遗嘱在被继承人死亡时即可发生法律效力，被继承人死亡的时间点即为遗嘱生效的时间点。但如果被继承人在遗嘱中附上了条件或期限，并说明遗嘱在条件满足后或期限到达后才生效的，应按照遗嘱的内容确定遗嘱的生效时间点。

第四，《民法典》第一千一百四十一条规定的继承人享有的这种权利相对于被继承人的债权人对被继承人的债权来说具有优先性，同时这种权利也优先于国家对被继承人的税收权。《民法典》第一千一百五十九条规定："分割遗产，应当清偿被继承人依法应当缴纳的税款和债务；但是，应当为缺乏劳动能力又没有生活来源的继承人保留必要的遗产。"这是因为《民法典》第一千一百四十一条保障的是这类继承人的生存权，生存权是人的最基本的权利，相较于其他权利类型而言，生存权应放在第一位。故在实务中遇有其他债权人的债权与该条规定相冲突时，应优先适用该条的规定，为符合条件的继承人留出必要的遗产。

【类案裁判观点】

类案裁判观点一

夫妻共有财产、家庭共有财产的分割

第一，在将遗产从家庭共有财产中分割时，应根据财产所有权取得的法律事实的不同以及财产所有权人数量等因素的不同，严格地把家庭共同财产与家庭共同生活关系存续期间，家庭成员所取得的个人财产区别开来。在确定家庭共有财产时，应当注意不能将家庭成员的个人财产当作家庭共有财产。家庭成员的个人财产主要包括：（1）家庭成员没有投入家庭共同生活的财产；（2）约定家庭成员个人所有的财产；（3）基于家庭成员的赠与而获得的财产；（4）未成年子女于继承、受赠与、知识产权所获得的财产；等等。这些财产都属于个人财产，当所有人死亡时，可以作为遗产。

第二，财产共有关系，除夫妻共有财产、家庭共有财产之外，还存在其他形式的财产共有，如合伙共有财产等。当合伙人之一死亡时，应当将被继承人在合伙中的财产份额分出，列入其遗产范围。被继承人在合伙财产中的份额，应当按出资比例或者协议约定的比例确定。当然，如果继承人愿意加入合伙，并且其他合伙人亦同意继承人加入的，则不必对合伙财产进行分割，只需确定继承人作为新合伙人的合伙财产的份额即可。

类案裁判观点二

胎儿继承案件的诉讼主体的确定

审判实践中，涉及胎儿继承案件的诉讼主体的确定，胎儿因尚未出生，不可能保护自己的权利，必须由其法定代理人代为完成。在涉及胎儿继承的案件中，胎儿尚未出生的，宜以其法定代理人的名义进行起诉或者应诉。在胎儿出生后，出生后的婴儿可以以当事人的身份出现在诉讼中，其法定代理人可以婴儿的名义代理其起诉或者应诉。

附录　最高人民法院典型案例

1. 离　婚

郑某丽诉倪某斌离婚纠纷案

——威胁作为一种家庭暴力手段的司法认定

《最高人民法院发布十起司法干预家庭暴力典型案例》第2号

2014年2月27日

【基本案情】

原告郑某丽与被告倪某斌于2009年2月11日登记结婚，2010年5月7日生育儿子倪某某。在原、被告共同生活期间，被告经常击打一个用白布包裹的篮球，上面写着“我要打死、打死郑某丽”的字句。2011年2月23日，原、被告因家庭琐事发生争执，后被告将原告殴打致轻微伤。2011年3月14日，原告向法院提起离婚诉讼，请求法院依法判令准予原、被告离婚；婚生男孩倪某某由原告抚养，抚养费由原告自行承担；原、被告夫妻共同财产依法分割；被告赔偿原告精神损失费人民币30000元。

【裁判结果】

法院经审理认为，原告郑某丽与被告倪某斌婚前缺乏了解，草率结婚。婚后被告将一个裹着白布的篮球挂在家中的阳台上，且在白布上写着对原告具有攻击性和威胁性的字句，还经常击打篮球，从视觉上折磨原告，使原告产生恐惧感，该行为构成精神暴力。在夫妻发生矛盾时，被告对原告实施身体暴力致其轻微伤，最终导致了原、被告夫妻感情的完全破裂。因被告存在家庭暴力行为不宜直接抚养子女，且婚生男孩倪某某未满两周岁随母亲生活更有利于其身心健康。被告对原告实施家庭暴力使原告遭受精神损害，被告应承担过错责任，故被告应酌情赔偿原告精神损害抚慰金。据此，依法判决准予原告郑某丽与被告倪某斌离婚；婚生男孩倪某某由原告郑某丽抚养，抚养费由原告承担；被告倪某斌赔偿原告郑某丽精神损害抚慰金人民币五千元。该判决已生效。

陈某转诉张某强离婚纠纷案

——滥施“家规”构成家庭暴力

《最高人民法院发布十起司法干预家庭暴力典型案例》第3号

2014年2月27日

【基本案情】

原告陈某转、被告张某强于1988年8月16日登记结婚，1989年7月9日生育女儿张某某（已成年）。因经常被张某强打骂，陈某转曾于1989年起诉离婚，张某强当庭承认错误保证不再施暴后，陈某转撤诉。此后，张某强未有改变，依然要求陈某转事事服从。稍不顺从，轻则辱骂威胁，重则拳脚相加。2012年5月14日，张某强认为陈某转未将其衣服洗净，辱骂陈某转并命令其重洗。陈某转不肯，张某强即殴打陈某转。女儿张某某在阻拦过程中也被打伤。2012年5月17日，陈某转起诉离婚。被告张某强答辩称双方只是一般夫妻纠纷，保证以后不再殴打陈某转。庭审中，张某强仍态度粗暴，辱骂陈某转，又坚决不同意离婚。

【裁判结果】

法院经审理认为，家庭暴力是婚姻关系中一方控制另一方的手段。法院查明事实说明，张某强给陈某转规定了很多不成文家规，如所洗衣服必须让张某强满意、挨骂不许还嘴、挨打后不许告诉他人等。张某强对陈某转的控制还可见于其诉讼中的表现，如在答辩状中表示道歉并保证不再殴打陈某转，但在庭审中却对陈某转进行威胁、指责、贬损，显见其无诚意和不思悔改。遂判决准许陈某转与张某强离婚。一审宣判后，双方均未上诉。

一审宣判前，法院依陈某转申请发出人身安全保护裁定，禁止张某强殴打、威胁、跟踪、骚扰陈某转及女儿张某某。裁定有效期六个月，经跟踪回访确认，张某强未违反。

李某娥诉罗某超离婚纠纷案

——优先考虑儿童最佳利益

《最高人民法院发布十起司法干预家庭暴力典型案例》第4号

2014年2月27日

【基本案情】

原告李某娥、被告罗某超于1994年1月17日登记结婚，1994年8月7日生育女儿罗某蔚，2002年6月27日生育儿子罗某海。双方婚后感情尚可，自2003年开始因罗某超经常酗酒引起矛盾。2011年起，罗某超酗酒严重，经常酒后施暴。女儿罗某蔚在日记中记录了罗某超多次酒后打骂李某娥母子三人的经过。2012年1月5日，李某娥第一次起诉离婚。因罗某超提出双方登记离婚，李某娥申请撤诉。但之后罗某超反悔，酗酒和施暴更加频繁。2012年7月30日，罗某超酒后扬言要杀死全家。李某娥母子反锁房门在卧室躲避，罗某超踢烂房门后殴打李某娥，子女在劝阻中也被殴打，李某娥当晚两次报警。2012年8月底，为躲避殴打，李某娥带子女在外租房居住，与罗某超分居。2012年9月21日，李某娥再次起诉离婚并请求由自己抚养一双子女。罗某超答辩称双方感情好，不承认自己酗酒及实施家庭暴力，不同意离婚，也不同意由李某娥抚养子女。

【裁判结果】

法院经审理认为，罗某超长期酗酒，多次酒后实施家庭暴力。子女罗某蔚、罗某海数次目睹父亲殴打母亲，也曾直接遭受殴打，这都给他们身心造成严重伤害，同时也可能造成家庭暴力的代际传递。为避免罗某蔚、罗某海继续生活在暴力环境中，应由李某娥抚养两个子女，罗某超依法支付抚养费。遂判决准许李某娥与罗某超离婚，子女罗某蔚、罗某海由李某娥抚养，罗某超每月支付抚养费共计900元。罗某超可于每月第一个星期日探视子女，探视前12小时内及探视期间不得饮酒，否则视为放弃该次探视权利，李某娥及子女可拒绝探视。一审宣判后双方均未提起上诉。

王某诉江某离婚案

《最高人民法院公布10起婚姻家庭纠纷典型案例（北京）》第2号

2015年11月20日

【基本案情】

王某与江某系经人介绍相识并登记结婚，婚后无子女。由于双方相识时间短，相互了解较少，结婚较为仓促，感情基础薄弱。婚后由于江某酗酒，对原告有家庭暴力，经常因为生活琐事对原告拳脚相加。2009年，江某无缘无故将原告毒打一顿并致其离家出走。后王某提起离婚诉讼，要求判决：1. 解除双方的婚姻关系；2. 江某给付精神损失费5万元；3. 依法分割共同财产。该案诉讼费由江某承担。王某提供江某书写的协议书及相关证人证明在婚姻存续期间江某对其施加家庭暴力。

【裁判结果】

北京市通州区人民法院认为：男女一方要求离婚的，可向法院提起诉讼，如感情确已破裂，应当准予离婚。该案中，双方均同意离婚，表明双方感情已彻底破裂，故对王某要求离婚的诉讼请求，法院予以准许。王某要求江某支付精神损害赔偿金的诉讼请求，因江某在婚姻存续期间，确实存在家庭暴力情形，法院予以支持，具体数额由法院依法予以酌定。为此，原审法院判决王某与江某离婚（财产分割略），江某支付王某精神损害赔偿金。

【典型意义】

夫妻应当互敬互爱，和睦相处，但遗憾的是，夫妻之间实施暴力给其中一方造成人身伤害和精神痛苦的现象仍然存在，家庭暴力问题作为离婚案件的重要诱因，仍然在很大程度上影响着家庭的稳定与和谐。家庭暴力是指行为人以殴打、捆绑、残害、强行限制人身自由或者其他手段，给其家庭成员的身体、精神等方面造成一定伤害后果的行为。持续性、经常性的家庭暴力，构成虐待。根据北京法院对2013年度东城法院、丰台法院、通州法院结案的620件离婚案件抽样统计显示，涉家庭暴力类的离婚案件占选取离婚案件总数的9%，数量比例虽不高，但涉家暴案件大多矛盾激烈、调解率低、最终离异率高。我国婚姻法明确禁止家庭暴力，规定配偶一方对另一方实施家庭暴力，经调解无效的应准予离婚，因实施家庭暴力导致离婚的，无过错方在离婚时有权请求损害赔偿。正在全国人大审议中的《反家暴法》也通过规定了一系列制度安排，以期保护家庭中的弱势群体，对家庭暴力行为进行遏制。本案就是典型的因家庭暴力导致离婚的案件，人民法院依法支持无过错方的离婚请求和赔偿请求，对于家庭暴力这样违反法律和社会主义道德的行为，旗帜鲜明地给予否定性评价。

陆某诉陈某离婚案

《最高人民法院公布10起婚姻家庭纠纷典型案例（北京）》第5号

2015年11月20日

【基本案情】

陆某、陈某系自行相识登记结婚，育有一子陈某某。2011年陆某、陈某开始分居并持续至今。陈某某自双方分居后跟随陆某生活。陆某称陈某在此期间认识了其他女性，并已与其一起生活，陈某认可曾有此事。陆某诉至法院要求与陈某离婚；婚生子陈某某由其抚养，陈某每月支付抚育费3500元，至孩子满18周岁；陈某每月给付其帮助费2000元；要求陈某支付精神损害赔偿15000元。

【裁判结果】

法院认为：婚姻关系的存续应以夫妻感情为基础。陆某认为夫妻感情已完全破裂诉至本院要求与陈某离婚，陈某亦同意离婚，且双方持续分居已近三年，应当认为双方夫妻感情无和好可能，对陆某之离婚诉请，本院予以准许。父母对子女的抚育系法定义务。关于陈某某之抚育问题，从孩子生活习惯、利于孩子成长等角度考虑，以陆某继续抚育为宜。关于子女抚育费的数额，本案中，结合双方陈述，参照双方收入情况、北京市实际生活水平等因素，本院酌定陈某每月应支付2000元。关于帮助费问题，双方均无证据证明对方收入状况，本院参考双方所述的收入水平、财产及居住情况，该项不予支持。关于精神损害抚慰金，鉴于陈某在双方婚姻关系存续期间确与其他婚外异性存在不正当关系，应认定在导致双方感情破裂问题上，陈某具有过错，对陆某要求陈某承担精神损害赔偿，本院予以支持，数额由本院酌定。依据《婚姻法》第三十二条、第三十七条、第四十六条之规定，判决如下：一、准予陆某与陈某离婚。

二、双方婚生之子陈某某由陆某自行抚育，陈某于2014年2月起每月10日前支付孩子抚育费2000元，直至陈某某年满18周岁止。三、陈某于本判决生效之日起7日内给付陆某精神损害抚慰金5000元。四、驳回陆某的其他诉讼请求。

【典型意义】

我国《婚姻法》第四条规定了夫妻的互相忠实义务。婚姻应当以感情为基础，夫妻之间应当互相忠实，互相尊重，以维护平等、和睦、文明的婚姻家庭关系。维护夫妻之间的相互忠诚，不仅仅是道德义务，更是法律义务。本案中，陈某与他人存在不正当男女关系，伤害了陆某的个人感情，损害了双方之间的婚姻关系，陈某的行为是不道德的，亦违反了我国婚姻法规定的夫妻之间的忠实义务。陆某作为无过错方，有权提起离婚诉讼并同时请求损害赔偿，人民法院依法予以支持。

杨某与刘某某离婚纠纷案

《最高人民法院公布10起婚姻家庭纠纷典型案例（山东）》第3号

2015年11月20日

【基本案情】

2010年12月，原告杨某与被告刘某某经人介绍登记结婚，结婚时间较短且未生育子女。婚后双方因家务琐事经常发生矛盾，难以共同生活，杨某两次向法院起诉离婚，刘某某表示同意离婚。婚前，刘某某购买了商品房一套，别克凯越轿车一辆。婚后二人签订了一份“保婚”协议，约定上述房子和车辆为夫妻共同财产，并注明若杨某提出离婚，协议无效。协议签订一年后，杨某起诉离婚，要求分割夫妻共同财产。

【裁判结果】

滨州市滨城区人民法院经审理认为，原、被告双方夫妻感情确已破裂，准予双方离婚。诉讼双方约定涉案房产、车辆为共同财产，系双方当事人真实意思表示，不违反法律规定，应予支持。对杨某、刘某某婚后共同财产，法院依法予以分割。最后，法院判决：一、准予杨某与刘某某离婚；二、杨某在刘某某处的婚前个人财产新日电动车一辆归杨某个人所有；杨某、刘某某婚后共同财产中的42寸海信电视一台、电视柜一个归杨某所有，澳柯玛冰箱一台、餐桌一张带四把椅子归刘某某所有；三、杨某、刘某某婚后共同财产中位于滨州市滨城区黄河五路渤海二十二路明日星城小区42号楼1单元××室的住房一套归刘某某所有（剩余贷款16万元左右由刘某某偿还），刘某某给付杨某该项财产分割款60000元；婚后共同财产中的鲁MK××××别克凯越轿车一辆归杨某所有，杨某给付刘某某该项财产分割款22500元；折抵后，刘某某需支付杨某财产分割款37500元；以上过付事项于判决生效后十日内付清；四、驳回杨某、刘某某其他诉讼请求。

【典型意义】

这是一起涉及婚内财产协议效力的案件。当前，许多人在婚前婚内签订一纸“保婚”文书，而“谁提离婚，谁便净身出户”，往往成为婚内财产协议中的恩爱信诺，以使得双方打消离婚念头，一心一意的经营好婚姻。但是，这些协议究竟有没有效力。根据《婚姻法》第十九条“夫妻双方可以约定婚姻关系存续期间所得财产以及婚前财产归各自所有、共同所有或部分各自所有、共同所有。约定应采用书面形式，没有约定或约定不明确的，适用本法第十七条、十八条的规定。夫妻对婚姻关系存续期间所得的财产以及婚前财产的约定，对双方具有约束力”。本案中的《协议书》由当事人双方签字认可，且有见证人签字，协议书签署后双方共同生活一年以上，在刘某某无相反证据证实杨某存在欺诈、胁迫的情形时，《协议书》内容应视为双方真实意思表示，不违反法律规定，法院应予支持。对于《协议书》所附“一方提出离婚，协议无效”的约定，因限制他人离婚自由，违反法律规定和公序良俗而无效，其无效不影响协议书其他条款的效力。

陈某某与吕某某离婚纠纷案

《最高人民法院公布10起婚姻家庭纠纷典型案例（山东）》第4号

2015年11月20日

【基本案情】

原告陈某某与被告吕某某于1980经人介绍相识，双方在未办理结婚登记手续的情况下开始同居生活。1983年6月4日生育长子吕甲，1986年5月30日生育次子吕乙，1988年12月28日生育三子吕丙，现三个孩子均已成年，并已独立生活。原告陈某某系重性精神分裂症患者，患病后无法独立生活，被告吕某某不履行夫妻间的扶养义务。因此，原告陈某某提起诉讼，请求判令与被告吕某某离婚，均分夫妻财产，并要求吕某某返还工资款33000元，并给予其经济帮助金60000元。本案中，陈某系原告陈某某的姐姐，并且是原告的监护人。

【裁判结果】

枣庄市山亭区人民法院经审理认为，原告陈某某系不能辨识自己行为的精神病人，是无民事行为能力人。原告陈某某的监护人陈某作为法定代理人代为诉讼，符合法律规定。原、被告虽未办理结婚登记手续，但1980年即开始同居生活，至1994年2月1日双方已符合结婚的实质要件，属事实婚姻。原告陈某某因患精神疾病生活无法自理，被告吕某某不履行夫妻间的扶养义务，现原告陈某某请求离婚，符合法律规定，应予以准许。原告陈某某要求均分共同财产，但未提供财产清单及相关证据证明，不予支持，待权利人有证据后，可另行主张。原告陈某某要求被告吕某某偿还其2005年至2013年的工资款33000元，证据不足，法院不予支持。原告陈某某要求被告吕某某给予其60000元经济帮助金，根据《婚姻法》第四十二条的规定，结合本案实际，法院认为被告吕某某给予原告陈某某20000元经济帮助金为宜。

【典型意义】

本案中的一个焦点问题是原告陈某某的姐姐陈某，是否能代为提起离婚诉讼。夫妻关系存续期间，夫或妻一方可能会因疾病或外力损伤而出现无民事行为能力或限制民事行为能力状态。一般人的离婚可以通过协商、诉讼等多种方式解决，但对于这一类特殊的人群，他们的离婚只能通过诉讼来解决。无民事行为能力人属于无法表达真实意思的人。在离婚案件中，无民事行为能力人无论是作为原告还是被告，其第一顺序监护人系配偶，如果纠结于《民事诉讼法》的规定，则会出现无民事行为能力人的合法权益受到配偶侵犯时，只要配偶不提出离婚，则其永远也离不了婚。为了保护无民事行为能力人的权益，应由除其配偶外的其他监护人代为提起离婚诉讼。本案中，原告陈某某因患精神疾病生活无法自理，被告吕某某不履行夫妻间的扶养义务，原告陈某某的姐姐作为监护人代为请求离婚，符合法律规定，应予以准许。

岳某诉曹某离婚纠纷案

——公平原则在离婚案件中的彰显

《最高人民法院公布10起婚姻家庭纠纷典型案例（河南）》第7号

2015年11月20日

【基本案情】

岳某与曹某经人介绍于1999年登记结婚。婚后育有二子。婚后双方常因家庭琐事发生争吵，夫妻感情破裂。岳某要求与曹某离婚，曹某认可夫妻感情破裂，同意离婚。双方就子女抚养和部分共同财产的分配达成了一致意见。经调查，曹某系农村家庭主妇，平日里下地干活、照顾一家老小，但没有工作及固定的经济收入。

【裁判结果】

鹤壁市淇滨区法院和中级人民法院经审理认为，岳某与曹某感情破裂，应准许离婚。曹某作为家庭妇女，对家庭付出较多，没有固定收入来源，离婚后将导致生活困难，根据婚姻法有关规定，判决岳某给付曹某经济帮助两万元。

【典型意义】

在婚姻关系中，女方往往处于弱势地位。一方面她们出于照顾家庭的考虑，往往以牺牲自己的工作甚至事业为代价；另一方面，在出现婚姻纠纷时，女方往往由于没有为家庭带来直接经济收入导致其合法权益得不到保障。在审理此类案件时，要充分查明案件事实，对于确实对家庭付出较多义务的女方应判决给予一定的经济帮助，使其合法权益能够得到保障。本案中，考虑到曹某在夫妻共同生活期间，抚育子女、照顾老人，付出较多，对家庭作出了较大的贡献；离婚后没有固定的经济收入，还要抚养孩子，经济压力比较大，因此判决岳某给付曹某经济帮助两万元。

邵某诉薛某离婚纠纷案

——“网恋”时代，更应惜缘

《最高人民法院公布10起婚姻家庭纠纷典型案例（河南）》第9号

2015年11月20日

【基本案情】

2012年，80后青年邵某与薛某在一次网络聊天时结识，二人通过网络进行了长期的交流，逐渐开始约会见面，经过一年多的相知、相爱，终于在2013年9月正式结婚。婚后二人感情尚好，在第二年生育了一个孩子，双方之间的问题从此开始产生。由于生活习惯不同，加上当初网络交流时，彼此对对方家庭成员和性格特点了解并不深入，作为妻子的薛某在婚后与同来家中照顾宝宝的公婆产生了矛盾，邵某与薛某也因此经常吵架拌嘴。在一次争吵过程中，薛某终于无法忍受，与公婆动了手。无奈之下，丈夫邵某在2015年4月以夫妻感情已破裂为由起诉离婚。

【裁判结果】

郑州市惠济区人民法院经审理认为：双方因产生一些家庭琐事就轻易提起离婚，着实不太严肃。家庭内部有摩擦在所难免，加上原被告是网恋而成的婚事，因此，彼此仍有进一步了解缓和的希望。成就一次完美的婚姻需要男女双方共同理解忍让，本案原被告仍有希望将婚姻关系修复重好，双方感情实际上并未完全破裂，因此判决驳回诉讼请求。原被告经法官判后释法，均未上诉。

【典型意义】

近年来，随着信息技术和交通事业的飞速发展，“网恋”“闪婚”已不再罕见，“千里之外”的异地恋也逐渐盛行，但随之而来的大量离婚纠纷，尤其是子女出生后产生家庭矛盾而引发婚姻矛盾的案件呈上升趋势。年轻人本身感情经历少，心气过重，对待婚姻关系不太严肃，稍有矛盾就诉诸离婚并不是明智之举，法院在审理时亦应当以引导当事人互相谅解、共同维护婚姻关系，不应轻易判决年轻夫妻离婚，而更应注意给闹矛盾的双方留下缓冲和解的空间。法院判决不离婚时亦在强调夫妻双方在婚姻中要注重多沟通和磨合，增强责任意识，在面临冲突时多相互体谅和宽容。同时，也要引导上一辈老人注意不可过多干涉子女的婚姻生活，应摆正自己的位置，多放手让子女自行处理婚姻中的问题，为维护子女小家庭的和谐努力。

王某诉江某离婚案

《最高人民法院公布49起婚姻家庭纠纷典型案例》第2号

2015年12月4日

【基本案情】

王某与江某系经人介绍相识并登记结婚，婚后无子女。由于双方相识时间短，相互了解较少，结婚较为仓促，感情基础薄弱。婚后由于江某酗酒，对原告有家庭暴力，经常因为生活琐事对原告拳脚相加。2009年，江某无缘无故将原告毒打一顿并致其离家出走。后王某提起离婚诉讼，要求判决：1. 解除双方的婚姻关系；2. 江某给付精神损失费5万元；3. 依法分割共同财产。该案诉讼费由江某承担。王某提供江某书写的协议书及相关证人证明在婚姻存续期间江某对其施加家庭暴力。

【裁判结果】

北京市通州区人民法院认为：男女一方要求离婚的，可向法院提起诉讼，如感情确已破裂，应当准予离婚。该案中，双方均同意离婚，表明双方感情已彻底破裂，故对王某要求离婚的诉讼请求，法院予以准许。王某要求江某支付精神损害赔偿金的诉讼请求，因江某在婚姻存续期间，确实存在家庭暴力情形，法院予以支持，具体数额由法院依法予以酌定。为此，法院判决王某与江某离婚（财产分割略），并由江某支付王某精神损害赔偿金。

【典型意义】

夫妻应当互敬互爱，和睦相处，但遗憾的是，夫妻之间实施暴力给其中一方造成人身伤害和精神痛苦的现象仍然存在，家庭暴力问题作为离婚案件的重要诱因，仍然在很大程度上影响着家庭的稳定与和谐。家庭暴力是指行为人以殴打、捆绑、残害、强行限制人身自由或者其他手段，给其家庭成员的身体、精神等方面造成一定伤害后果的行为。持续性、经常性的家庭暴力，构成虐待。根据北京法院对2013年度东城法院、丰台法院、通州法院结案的620件离婚案件抽样统计显示，涉家庭暴力类的离婚案件占选取离婚案件总数的9%，数量比例虽不高，但涉家暴案件大多矛盾激烈、调解率低、最终离异率高。我国婚姻法明确禁止家庭暴力，规定配偶一方对另一方实施家庭暴力，经调解无效的应准予离婚，因实施家庭暴力导致离婚的，无过错方在离婚时有权请求损害赔偿。正在全国人大审议中的《反家暴法》也通过规定了一系列制度安排，以期保护家庭中的弱势群体，对家庭暴力行为进行遏制。本案就是典型的因家庭暴力导致离婚的案件，人民法院依法支持无过错方的离婚请求和赔偿请求，对于家庭暴力这样违反法律和社会主义道德的行为，旗帜鲜明地给予否定性评价。

郭某起诉与吕某离婚案

《最高人民法院公布49起婚姻家庭纠纷典型案例》第13号

2015年12月4日

【基本案情】

原告郭某起诉与被告吕某离婚，并以双方没有共同生活过为由请求返还彩礼21200元，被告吕某承认原告郭某所述是事实，同意离婚，但以自己是原告郭某明媒正娶的妻子为由不同意返还彩礼，河南省嵩县人民法院经过开庭审理判决双方离婚、被告返还原告彩礼14840元。

原告诉称：自己与被告吕某于2009年8月份经人介绍相识，因双方都到了结婚年龄，在双方父母和媒人的操持下，二人便匆匆订立婚约。两人凑合了一年多后于2011年3月7日登记结婚，于2011年3月12日举行结婚仪式。在此时间段内，男方郭某共计给付女方吕某彩礼金21200元。因双方没有夫妻感情，并且从相识到现在没有共同生活过，现起诉离婚，同时要求被告返还彩礼金 21200 元。

被告辩称：自己与原告郭某没有共同生活是事实，但是自己是原告郭某明媒正娶的妻子，因此同意离婚不同意返还彩礼。

法院经审理查明：原告郭某与被告吕某于 2009 年 8 月份经人介绍相识，于 2011 年 3 月 7 日登记结婚，于 2011 年 3 月 12 日举行结婚仪式。从双方相识到结婚这段时间内，被告吕某共接收原告郭某彩礼金 21200 元。另查明：双方相识四年来，确实未共同生活过。

【裁判结果】

嵩县人民法院于 2014 年 6 月 9 日作出（2014）嵩民五初字第 22 号民事判决书，判决如下：一、准予原告郭某与被告吕某离婚；二、被告吕某于本判决书生效后十日内返还原告郭某彩礼 14840 元；三、被告吕某的个人财产三组合皮革沙发 1 套（单人沙发 1 个、双人沙发 1 个、长沙发 1 个）、26 英寸海信牌液晶彩色电视机 1 台、茶几 1 个、棉被 4 床、毛毯 3 条、太空被 1 床、单子 16 条归被告吕某所有；四、驳回原告郭某的其他诉讼请求。判决作出后，双方当事人均没有上诉。

【典型意义】

有关彩礼与嫁妆如何返还的案件，在我国广大地区特别是农村男女离婚案件中具有一定的普遍意义。依习俗通称，彩礼是婚前男方家庭送给女方的一份礼金或财产，嫁妆是女方带给婆家的物品或钱财的总和。在传统习俗看来，没有彩礼与嫁妆，婚姻难以成立、难讲合法。有人从经济关系分析说彩礼和嫁妆是亲家之间为了建立长久的婚姻关系而采取的物质相互交换，又有人说彩礼是买卖婚姻的筹码，并使神圣的婚姻变得铜臭。彩礼与嫁妆极易导致畸形“金钱婚姻”观，败坏社会风气。彩礼飙升，嫁妆攀比，这已不仅是一个重大的社会问题，而且也是一个值得研究的法律问题。

关于彩礼返还问题，《最高人民法院关于适用〈中华人民共和国婚姻法〉若干问题的解释（二）》中有明确规定：“当事人请求返还按照风俗给付的彩礼的，如果查明属于以下情形，人民法院应予支持：（一）双方未办理结婚登记手续的；（二）双方办理结婚登记手续但却未共同生活的；（三）婚前给付导致给付人生活困难的。”

本案适用前款第二项的规定，即“双方办理结婚登记手续但确未共同生活”，返还彩礼应当以双方离婚为条件，本案的审理结果也依照上述规定。另外，男方只拿回了一万四千多元钱，是因为彩礼应返还多少尚没有明确法律条文进行详细规定，一般是根据双方婚姻维持时间长短，还有双方的过错确定。

刘某森诉李某梅离婚纠纷案

《最高人民法院公布49起婚姻家庭纠纷典型案例》第15号

2015年12月4日

【基本案情】

原告刘某森与被告李某梅的父亲原在一个单位工作，二人关系很好。1976年原、被告经人介绍相识，并于1980年登记结婚，于1981年12月生有一子（现已成年成家）。原、被告在三十多年的共同生活期间，曾为家庭生活琐事吵架生气，因双方沟通不畅，处理矛盾不当，为此影响了原告对被告的感情，特别是被告对原告及原告父母的冷淡，促使矛盾更加激化，原告为此曾于2012年7月2日向河南省焦作市解放区人民法院提起离婚诉讼，法院于2013年8月8日作出判决，不准原、被告离婚。2014年6月12日原告第二次向法院提起离婚诉讼。

【裁判结果】

焦作市解放区人民法院认为，30余年相识、相守实属不易，双方感情基础良好，应珍惜多年来建立起来的感情和家庭，在今后的生活中，各自克服和改正自身存在的问题，互相体谅和关心对方，多做有利于夫妻和好的事，少说不利于家庭和睦的话。尤其是被告如能克服待人冷淡、不善沟通、脾气冲动的问题，在生活上对原告多些关心和照顾、多些体贴和理解，原告如能念及与被告多年的夫妻情分，念及对已故老人们的承诺，念及对子孙后代的影响，共同努力，克服当前婚姻家庭中出现的困难，双方还是具有重归于好的可能的。据此，法院裁判不准原告刘某森与被告李某梅离婚。一审宣判后，双方当事人均未上诉。

【典型意义】

本案是老年离婚的典型案件。近年来，老年离婚案件数量逐渐增多，若夫妻感情确已破裂、符合《婚姻法》第三十二条的相关规定，可判离婚，但“少时夫妻老来伴”，在年轻的感情逐渐淡去之时，老年夫妻之间所谓的感情更多的是对一份承诺的信守和由此演变而来的符合公序良俗的家庭责任和社会担当。老年婚姻关系的解除，不能简单等同于一般离婚案件，其产生的影响牵涉至其子女、甚至于孙子女在内的多个家庭，人民法院依法裁判，具有积极的导向异议，在审理老年离婚案件时，应认识到老年夫妻之间已经过数十年的磨合，实属不易，双方如能念及多年的夫妻情分，念及对自身对家庭应有的责任，共同努力，双方还是具有重归于好的可能的，从而更加慎重的审核老年夫妻离婚案件，如此才能更好地维护社会稳定、提高社会幸福指数。

2. 离婚后财产

于某某诉高某某离婚后财产纠纷案

《最高人民法院公布10起婚姻家庭纠纷典型案例（北京）》第1号

2015年11月20日

【基本案情】

于某某与高某某于2001年11月11日登记结婚，婚后于2003年9月生育一子高某。因感情不和，双方于2009年9月2日在法院调解离婚。双方离婚时对于共同共有的位于北京市某小区59号房屋未予以分割，而是通过协议约定该房屋所有权在高某某付清贷款后归双方之子高某所有。2013年1月，于某某起诉至北京市东城区人民法院称：59号房屋贷款尚未还清，房屋产权亦未变更至高某名下，即还未实际赠与给高某，目前还处于于某某、高某某共有财产状态，故不计划再将该房屋属于自己的部分赠给高某，主张撤销之前的赠与行为，由法院依法分割59号房屋。

高某某则认为：离婚时双方已经将房屋协议赠与高某，正是因为于某某同意将房屋赠与高某，我才同意离婚协议中其他加重我义务的条款，例如在离婚后单独偿还夫妻共同债务4.5万元。我认为离婚已经对孩子造成巨大伤害，出于对未成年人的考虑，不应该支持于某某的诉讼请求。

【裁判结果】

北京市东城区人民法院生效裁判认为：双方在婚姻关系存续期间均知悉59号房屋系夫妻共同财产，对于诉争房屋的处理，于某某与高某某早已达成约定，且该约定系双方在离婚时达成，即双方约定将59号房屋赠与其子是建立在双方夫妻身份关系解除的基础之上。在于某某与高某某离婚后，于某某不同意履行对诉争房屋的处理约定，并要求分割诉争房屋，其诉讼请求法律依据不足，亦有违诚信。故对于某某的诉讼请求，法院不予支持。

法院于2013年4月24日作出（2013）东民初字第02551号民事判决：驳回于某某的诉讼请求。宣判后，于某某向北京市第二中级人民法院提起上诉，北京市第二中级人民法院于2013年7月11日作出（2013）二中民终字第09734号判决：驳回上诉，维持原判。

【典型意义】

本案中双方争议的焦点是在离婚协议中约定将夫妻共同共有的房产赠与未成年子女，离婚后一方在赠与房产变更登记之前是否有权予以撤销。在离婚协议中双方将共同财产赠与未成年子女的约定与解除婚姻关系、子女抚养、共同财产分割、共同债务清偿、离婚损害赔偿等内容互为前提、互为结果，构成了一个整体，是“一揽子”的解决方案。如果允许一方反悔，那么男女双方离婚协议的“整体性”将被破坏。在婚姻关系已经解除且不可逆的情况下如果允许当事人对于财产部分反悔将助长先离婚再恶意占有财产之有违诚实信用的行为，也不利于保护未成年子女的权益。因此，在离婚后一方欲根据《合同法》第一百八十六条第一款之规定单方撤销赠与时亦应取得双方合意，在未征得作为共同共有人的另一方同意的情况下，无权单方撤销赠与。

李某诉孙某离婚后财产纠纷案

《最高人民法院公布10起婚姻家庭纠纷典型案例（北京）》第8号

2015年11月20日

【基本案情】

孙某和李某原本是夫妻，两人于2004年因感情不和协议离婚，双方在协议中约定：婚生子孙小某离婚后由女方抚养，孙某定期给付李某抚养费和教育费；现住公房及房屋内所有物品归女方所有；现金、存款上双方不存在共同财产，离婚时互不干涉，不需再分割；男方经营的公司、所有的汽车等财产，离婚后属男方。2014年，李某在作为孙小某的法定代理人依据“离婚协议”要求孙某付抚养费时，发现孙某现住房是其与李某婚姻关系存续期间购买，孙某在离婚时对该房屋进行了隐瞒。故李某以此为由起诉到法院要求判决涉案房屋全部归自己所有。

被告孙某辩称，李某的起诉期早已超过两年的诉讼时效，而且当时双方因为感情不和，从2001年便已经开始分居。涉案的房屋是其在分居期间完全用个人的财产购买的，应属于个人财产。同时，离婚协议中的公房在离婚时已经取得完全产权，与公房相比，现住房在离婚时价值较小，而且购买此房也告诉过李某，故对于该房屋完全没有隐藏的动机和必要。况且，双方在离婚协议中明确约定“所有的汽车等财产，离婚后属男方”，自己的现住房理应属于个人财产，因此不同意李某的诉讼请求。

【裁判结果】

北京市昌平区人民法院经过审理认为，涉案房屋系在双方婚姻关系期间购买，为夫妻共同财产，应当予以分割，判决房屋归孙某所有，孙某给付李某房屋折价款140万。判决后，孙某、李某均不服，向北京市第一中人民法院提起上诉。

北京市第一中人民法院经过审理认为，虽然双方在离婚协议中有“男方经营的公司，所有的汽车等财产，离婚后属男方”的约定，但在房产价值远大于汽车的常识背景下，以“等”字涵盖房屋，违背常理，故该房为双方婚姻关系存续期间购买，应属于双方共同财产。对于孙某所提的李某诉讼已过诉讼时效的上诉理由，因孙某未能提供证据证明李某在诉讼时效结束之前已经知道该套房屋的存在，故李某表示其作为孙小某的法定代理人在 2014 年起诉孙某给付抚养费的案件中才知道有该套房屋的解释较为合理。对于房屋的分割问题，原审法院参照李某提出的市场价格及周边地区房屋的市场价格酌情确定房屋的市场价格并无不妥，同时原审法院结合孙某隐匿财产存在过错、涉案房屋登记在孙某名下等因素，判决房屋归孙某所有，孙某给付李某折价款 140 万，并无不当。综上，北京市第一中人民法院最终驳回了两人的上诉，维持了原判。

【典型意义】

随着社会的发展，传统从一而终的婚姻观念已经悄然发生改变，在法院最直接的体现便是受理离婚相关的案件越来越多。曾经如胶似漆的两人，若在分道扬镳的岔路口，也能不因感情的逝去而坦诚相待，无疑也算得上是美事一件。但是现实生活往往不同于童话小说，离婚中的双方似乎总要将感情失利的不快转移到对共同财产的锱铢必较。因此，法院在审理涉及财产分割的离婚案件中，对双方共同财产予以公平分割，无疑能更好平息双方因离婚带来的不快，促进双方好合好散。在调处涉嫌隐瞒夫妻共同财产案件时明察秋毫，既是对失信一方的惩罚，亦是对另一方合法权益的维护，无疑也对社会的安定和谐有莫大的促进。

《婚姻法》第四十七条明确规定，离婚时，一方隐藏、转移、变卖、毁损夫妻共同财产，或伪造债务企图侵占另一方财产的，分割夫妻共同财产时，对隐藏、转移、变卖、毁损夫妻共同财产或伪造债务的一方，可以少分或不分。离婚后，另一方发现有上述行为的，可以向人民法院提起诉讼，请求再次分割夫妻共同财产。本案中，在案证据能够证明孙某的现住房是其在与李某婚姻存续期间用夫妻共同财产购买的，而且其主张购买该房屋已经告知李某缺乏证据支持，因此法院将涉案房屋认定为夫妻共同财产，并依法进行了分割。同时，对于隐瞒财产的分割比例问题，需要法院依据过错大小、具体案情等综合认定，故本案中李某以孙某隐瞒夫妻共同财产存在错误为由，要求涉案房屋全部归自己所有的诉讼请求亦未得到支持。天下没有不透风的墙，在夫妻缘分走到尽头之时，双方还应坦诚相待，避免日后对簿公堂，为自己的不当行为买单，既得不偿失，也失了风度。

张某某与赵某婚约财产纠纷案

《最高人民法院公布10起婚姻家庭纠纷典型案例（山东）》第1号

2015年11月20日

【基本案情】

2013年5月，原告张某某与被告赵某经邵某介绍相识。2013年7月13日，通过证人邵某，原告给付被告现金40000元及首饰四件作为订婚的彩礼。后原告又向被告送了两箱酒、两条烟、两盒茶叶、几袋糖。后原、被告未能登记结婚，被告也未将上述彩礼退还。为此，原告诉至法院。法院在审理过程中，被告当庭将首饰四件退还原告。

【裁判结果】

济宁市高新区人民法院一审认为，原、被告经人介绍相识，后双方未能登记结婚，原告给付被告的彩礼，被告应当予以退还。证人邵某是原、被告双方的介绍人，给付彩礼的过程证人也实际参与，且证人与原、被告双方均无利害关系，其证言可信度较高，并且证人陈述的情况也符合本地的风俗习惯，因此对其证言法院予以采信。证人高某的证言与证人邵某的证言，并不矛盾，也印证了原告存在订婚给付彩礼的事实，因此对其证言法院亦予以确认。法院认为，证人邵某出庭作证只证明原告给付被告现金40000元，该40000元被告应当予以退还原告。原告主张后来又给付被告2000元用于购买衣服，但没有向法院提交相应的证据，因此其要求退还该2000元，法院不予支持。被告已将首饰退还原告，原告也已经接受，因此原告主张的首饰钱12000元，被告不需再返还。原告要求退还购买物品的价款3000元，没有提供购买物品的发票，所购物品价值不能确定，因此对原告的该项请求，法院不予支持。最后，法院判决被告赵某于判决生效之日起五日内退还原告张某某彩礼款40000元，驳回原告张某某的其他诉讼请求。

【典型意义】

本案是一起典型的婚约财产纠纷案件。原告与被告经人介绍认识，原告按照当地风俗习惯给予被告彩礼，但原告与被告之后未能登记结婚。关于此种情况如何处理，《最高人民法院关于适用〈中华人民共和国婚姻法〉若干问题的解释（二）》中作了明确规定，即双方未办理结婚登记手续的，法院应支持当事人要求返还彩礼的诉讼请求。彩礼虽具有赠与的外观，但法律后果与普通的赠与却大相径庭。被告关于原告给予其彩礼的行为为赠与行为的抗辩，法院不应支持。

刘某与冯某婚姻财产纠纷案

《最高人民法院公布10起婚姻家庭纠纷典型案例（山东）》第2号

2015年11月20日

【基本案情】

原告刘某与被告冯某经人介绍相识，于2012年1月30日登记结婚，婚后无子女。2012年2月2日，刘某因病住院22天，出院后双方一直分居。因感情破裂，原告刘某向法院提起离婚诉讼，冯某同意离婚，但要求对方适当返还聘礼及看病花费。双方共同生活期间，未购置共同财产，无共同债权债务，有存款20000元在刘某手中。刘某的陪嫁财产包括家电、被子在冯某处。

【裁判结果】

聊城市茌平县人民法院一审认为，根据刘某与冯某两人长期分居的实际情况和双方均不愿维持该婚姻的意愿，应视为夫妻感情确已破裂。关于存款，刘某认可有共同存款 20000 元。关于刘某的陪嫁财产，属于其婚前个人财产。关于冯某所述婚前的聘礼，属于以结婚为目的的有条件赠与，双方已结婚，条件已成就，应按赠与处理。关于刘某婚后住院的花费，冯某要求刘某返还，因当时处于共同生活期间，冯某有义务给作为其妻子的刘某看病。最后，法院判决准予原告刘某与被告冯某离婚，原告刘某于判决生效之日起十日内支付给被告冯某共同存款折款 10000 元，被告冯某于判决生效之日起十日内将原告刘某的陪嫁财产返回给原告刘某。

【典型意义】

本案争议的一个主要焦点是离婚后婚前彩礼是否返还的问题，这在广大农村是比较典型的。相当多的当事人认为彩礼是为结婚而给付的，离婚了就应返还。其实，这是个误解。最高人民法院在《关于适用〈中华人民共和国婚姻法〉若干问题的解释（二）》中规定，只有符合以下情况，人民法院才支持返还彩礼：一是双方未办理结婚登记手续的；二是双方办理结婚登记手续但确未共同生活的；三是婚前给付并导致给付人生活困难的。如果不符合这三种情况，法院不支持返还彩礼。像本案这种情况，尽管双方共同生活时间不长，但毕竟已经结婚并共同生活，被告非因给付彩礼而导致非常困难，所以其要求返还彩礼的主张，法院没有支持。这一点，希望广大家庭特别是农村家庭予以特别关注，离婚时要审慎对待这个问题，应依法去行使权利，履行义务。

张某诉陈某离婚后财产纠纷案

——莫把婚姻当作获利工具

《最高人民法院公布10起婚姻家庭纠纷典型案例（河南）》第8号

2015年11月20日

【基本案情】

2011年农历六月，张某和陈某经人介绍订婚，因张某所在生产组要分土地补偿款，张家为使家庭迅速“添丁进口”多得补偿，张某和陈某在交往不到一个月的情况下即登记结婚。婚后不到三天，张某继续到外地上学，陈某在张家仅住了几个月就回其娘家居住。其后，陈某因向张某索要生产组每人发放的土地补偿58700元而多次发生争执。2013年，张某以夫妻相处时间较短，双方无感情基础为由两次到法院起诉离婚。在和好无望的情况下，襄城县人民法院于2014年6月以夫妻感情确已破裂为由判决二人离婚。离婚后，陈某要求张某父母返还自己的土地补偿款58700元，张某父母以办理结婚、待客、买家具钱已经花完的理由拒不交出。多次索要无果后，陈某以不当得利为由将张某父母再次诉讼至法院。

【裁判结果】

襄城县人民法院和许昌市中级人民法院经审理认为，土地补偿款是陈某基于合法婚姻关系而取得的按份共有财产，陈某对其份额享有所有权。对于张某父母辩称的该款全部用于办理结婚、待客、买家具的理由不予认可，支持了陈某的诉讼请求，判决张某父母偿还陈某的土地补偿款58700元。

【典型意义】

伴随着城镇化飞速发展的步伐，围绕农村土地的各种纠纷也出现上升趋势。如本案中的情况，张某一家把获取土地补偿款等利益作为结婚的主要考量因素和目的，这样的仓促婚姻往往因缺乏感情基础而极不稳固，对个人、家庭和社会也都是极度不负责的做法，更存在着法律和财产上的风险。金钱买不来爱情，也锁不住婚姻，终身大事还是谨慎为好。

于某某诉高某某离婚后财产纠纷案

《最高人民法院公布49起婚姻家庭纠纷典型案例》第1号

2015年12月4日

【基本案情】

于某某与高某某于2001年11月11日登记结婚，婚后于2003年9月生育一子高某。因感情不和，双方于2009年9月2日在法院调解离婚。双方离婚时对于共同共有的位于北京市某小区59号房屋未予以分割，而是通过协议约定该房屋所有权在高某某付清贷款后归双方之子高某所有。2013年1月，于某某起诉至北京市东城区人民法院称：59号房屋贷款尚未还清，房屋产权亦未变更至高某名下，即还未实际赠与给高某，目前还处于于某某、高某某共有财产状态，故不计划再将该房屋属于自己的部分赠给高某，主张撤销之前的赠与行为，由法院依法分割59号房屋。

高某某则认为：离婚时双方已经将房屋协议赠与高某，正是因为于某某同意将房屋赠与高某，我才同意离婚协议中其他加重我义务的条款，例如在离婚后单独偿还夫妻共同债务4.5万元。我认为离婚已经对孩子造成巨大伤害，出于对未成年人的考虑，不应该支持于某某的诉讼请求。

【裁判结果】

北京市东城区人民法院生效裁判认为：双方在婚姻关系存续期间均知悉59号房屋系夫妻共同财产，对于诉争房屋的处理，于某某与高某某早已达成约定，且该约定系双方在离婚时达成，即双方约定将59号房屋赠与其子是建立在双方夫妻身份关系解除的基础之上。在于某某与高某某离婚后，于某某不同意履行对诉争房屋的处理约定，并要求分割诉争房屋，其诉讼请求法律依据不足，亦有违诚信。故对于某某的诉讼请求，法院不予支持。

北京市东城区人民法院于 2013 年 4 月 24 日作出（2013）东民初字第 02551 号民事判决：驳回于某某的诉讼请求。宣判后，于某某向北京市第二中级人民法院提起上诉，北京市第二中级人民法院于 2013 年 7 月 11 日作出（2013）二中民终字第 09734 号判决：驳回上诉，维持原判。

【典型意义】

本案中双方争议的焦点是在离婚协议中约定将夫妻共同共有的房产赠与未成年子女，离婚后一方在赠与房产变更登记之前是否有权予以撤销。在离婚协议中双方将共同财产赠与未成年子女的约定与解除婚姻关系、子女抚养、共同财产分割、共同债务清偿、离婚损害赔偿等内容互为前提、互为结果，构成了一个整体，是“一揽子”的解决方案。如果允许一方反悔，那么男女双方离婚协议的“整体性”将被破坏。在婚姻关系已经解除且不可逆的情况下如果允许当事人对于财产部分反悔将助长先离婚再恶意占有财产之有违诚实信用的行为，也不利于保护未成年子女的权益。因此，在离婚后一方欲根据《合同法》第一百八十六条第一款之规定单方撤销赠与时亦应取得双方合意，在未征得作为共同共有人的另一方同意的情况下，无权单方撤销赠与。

李某诉孙某离婚后财产纠纷案

《最高人民法院公布49起婚姻家庭纠纷典型案例》第7号

2015年12月4日

【基本案情】

孙某和李某原本是夫妻，两人于2004年因感情不和协议离婚，双方在协议中约定：婚生子孙小某离婚后由女方抚养，孙某定期给付李某抚养费和教育费；现住公房及房屋内所有物品归女方所有；现金、存款上双方不存在共同财产，离婚时互不干涉，不需再分割；男方经营的公司、所有的汽车等财产，离婚后属男方。2014年，李某在作为孙小某的法定代理人依据“离婚协议”要求孙某付抚养费时，发现孙某现住房是其与李某婚姻关系存续期间购买，孙某在离婚时对该房屋进行了隐瞒。故李某以此为由起诉到法院要求判决涉案房屋全部归自己所有。

被告孙某辩称，李某的起诉期早已超过两年的诉讼时效，而且当时双方因为感情不和，从2001年便已经开始分居。涉案的房屋是其在分居期间完全用个人的财产购买的，应属于个人财产。同时，离婚协议中的公房在离婚时已经取得完全产权，与公房相比，现住房在离婚时价值较小，而且购买此房也告诉过李某，故对于该房屋完全没有隐藏的动机和必要。况且，双方在离婚协议中明确约定“所有的汽车等财产，离婚后属男方”，自己的现住房理应属于个人财产，因此不同意李某的诉讼请求。

【裁判结果】

北京市昌平区人民法院经过审理认为，涉案房屋系在双方婚姻关系存续期间购买，为夫妻共同财产，应当予以分割，判决房屋归孙某所有，孙某给付李某房屋折价款一百余万。判决后，孙某、李某均不服，向北京市第一中人民法院提起上诉。

北京市第一中人民法院经过审理认为，虽然双方在离婚协议中有“男方经营的公司，所有的汽车等财产，离婚后属男方”的约定，但在房产价值远大于汽车的常识背景下，以“等”字涵盖房屋，违背常理，故该房为双方婚姻关系存续期间购买，应属于双方共同财产。对于孙某所提的李某诉讼已过诉讼时效的上诉理由，因孙某未能提供证据证明李某在诉讼时效结束之前已经知道该套房屋的存在，故李某表示其作为孙小某的法定代理人在 2014 年起诉孙某给付抚养费的案件中才知道有该套房屋的解释较为合理。对于房屋的分割问题，原审法院参照李某提出的市场价格及周边地区房屋的市场价格酌情确定房屋的市场价格并无不妥，同时原审法院结合孙某隐匿财产存在过错、涉案房屋登记在孙某名下等因素，判决房屋归孙某所有，孙某给付李某折价款一百余万，并无不当。综上，北京市第一中人民法院最终驳回了两人的上诉，维持了原判。

【典型意义】

随着社会的发展，传统从一而终的婚姻观念已经悄然发生改变，在法院最直接的体现便是受理离婚相关的案件越来越多。曾经如胶似漆的两人，若在分道扬镳的岔路口，也能不因感情的逝去而坦诚相待，无疑也算得上是美事一件。但是现实生活往往不同于童话小说，离婚中的双方似乎总要将感情失利的不快转移到对共同财产的锱铢必较。因此，法院在审理涉及财产分割的离婚案件中，对双方共同财产予以公平分割，无疑能更好平息双方因离婚带来的不快，促进双方好合好散。在调处涉嫌隐瞒夫妻共同财产案件时明察秋毫，既是对失信一方的惩罚，亦是对另一方合法权益的维护，无疑也对社会的安定和谐有莫大的促进。

《婚姻法》第四十七条明确规定，离婚时，一方隐藏、转移、变卖、毁损夫妻共同财产，或伪造债务企图侵占另一方财产的，分割夫妻共同财产时，对隐藏、转移、变卖、毁损夫妻共同财产或伪造债务的一方，可以少分或不分。离婚后，另一方发现有上述行为的，可以向人民法院提起诉讼，请求再次分割夫妻共同财产。本案中，在案证据能够证明孙某的现住房是其在与李某婚姻存续期间用夫妻共同财产购买的，而且其主张购买该房屋已经告知李某缺乏证据支持，因此法院将涉案房屋认定为夫妻共同财产，并依法进行了分割。同时，对于隐瞒财产的分割比例问题，需要法院依据过错大小、具体案情等综合认定，故本案中李某以孙某隐瞒夫妻共同财产存在错误为由，要求涉案房屋全部归自己所有的诉讼请求亦未得到支持。天下没有不透风的墙，在夫妻缘分走到尽头之时，双方还应坦诚相待，避免日后对簿公堂，为自己的不当行为买单，既得不偿失，也失了风度。

王鹏与徐丽丽彩礼返还案

《最高人民法院公布49起婚姻家庭纠纷典型案例》第27号

2015年12月4日

【基本案情】

原告王鹏和被告徐丽丽经人介绍于2010年农历十一月十九日订婚，订婚时被告向原告索要彩礼款10万元。订婚当天被告收到彩礼款1万元，小相钱2000.00元，装烟钱2000.00元。2011年3月16日原、被告办理了结婚登记手续，同年农历二月十六日原、被告举行婚礼后在原告父亲住房的西屋居住生活。结婚前10天左右被告又收到彩礼款9万元。在原、被告结婚前原告父亲又购买豪爵银豹牌二轮摩托车一台（现在被告父母家保管，价值为2000.00元），其他家电、家具等由原告父母购买（现在原告家保管）。原、被告结婚后先期夫妻感情尚可。尔后因琐事原、被告曾经口角打架。2012年10月原、被告用被告收到的彩礼款购买了五菱荣光牌微型面包车一台（现由原告保管）。2013年10月双方发生口角后，被告回娘家与原告分居至今。原告为结婚向他人借款11万元至今未偿还。

【裁判结果】

辽宁省西丰县人民法院经审理认为：原告王鹏和被告徐丽丽经人介绍相处仅两个月有余便登记结婚。由于婚前双方相互了解不够，婚后在日常生活中又未建立起真挚的夫妻感情，在共同生活期间曾因琐事而口角打架，于2013年10月双方分居至今。分居后经原、被告亲属和法庭做调解和好工作，已无和好可能，其夫妻感情确已破裂。原告的离婚请求应予支持。对在原、被告订婚时被告向原告索要彩礼的行为，已违反了我国婚姻法关于借婚姻索取财物的规定，且造成了原告家庭生活困难。因此对被告索要的彩礼款10万元应酌情予以返还。但考虑原、被告已用彩礼款购买了面包车，并由原告使用和管理的实际情况可判决该车归原告所有。对原告父亲在原、被告结婚前购买的摩托车应认定为原告婚前财产，被告也应返还给原告。故判决如下：准予原告王鹏和被告徐丽丽离婚；原、被告用彩礼款所购买的五菱荣光牌微型面包车一台归原告所有；被告自判决生效后10日内返给原告豪爵银豹牌二轮摩托车一台（现值2000.00元）。

【典型意义】

近年来，离婚时索要婚前给付彩礼的案件频见报端，甚至有索要不成而故意杀人的悲剧发生。处理好此类案件，对于创造良好的人际关系，维护和谐稳定的社会秩序有着重要的意义。对此最高人民法院的司法解释有明确规定。

《最高人民法院关于适用〈中华人民共和国婚姻法〉若干问题的解释（二）》第十条规定："当事人请求返还按照习俗给付的彩礼的，如果查明属于以下情形，人民法院应当予以支持：（一）双方未办理结婚登记手续的；（二）双方办理结婚登记手续但确未共同生活的；（三）婚前给付并导致给付人生活困难的。适用前款第（二）、（三）项的规定，应当以双方离婚为条件。"那么如何理解"生活困难"呢？《最高人民法院关于适用〈中华人民共和国婚姻法〉若干问题的解释（二）》第二十七条对"生活困难"的含义作出了这样的解释："婚姻法第四十二条所称'生活困难'，是指依靠个人财产和离婚时分得的财产无法维持当地基本生活水平。"

3. 离婚后损害责任

周某诉张某离婚后损害责任纠纷案

——是否可请求出轨者支付精神赔偿?

《最高人民法院公布10起婚姻家庭纠纷典型案例(河南)》第10号

2015年11月20日

【基本案情】

2003年原告周某与被告张某登记结婚,婚后生育一女一子。2013年7月,张某提起与周某离婚之诉,经法院主持调解离婚,调解书,主要内容为,双方自愿离婚,张某一次性给付周某某人民币38000元,双方互不再追究。而2013年5月,张某与案外某女生育一女。周某诉称离婚后才发现此事,现起诉要求张某赔偿精神损害赔偿金3万元。

【裁判结果】

河南省滑县人民法院经审理认为,依据《婚姻法》第四条规定:"夫妻应当互相忠实,互相尊重;家庭成员间应当敬老爱幼,互相帮助,维护平等、和睦、文明的婚姻家庭关系"、第四十六条规定,导致离婚的,无过错方有权请求损害赔偿;《最高人民法院关于适用〈中华人民共和国婚姻法若干问题的解释(一)〉》第二十八条规定婚姻法第四十六条规定的"损害赔偿",包括物质损害赔偿和精神损害赔偿。被告张某在与原告婚姻关系存续期间,与他人有不正当男女关系的行为,并生育一女,导致离婚,应该承担相应的民事赔偿责任,应当支持原告提出损害赔偿请求,即判令被告张某给付原告周某精神损害赔偿人民币15000元。宣判后，双方均未提出上诉。

【典型意义】

夫妻互相忠实，不背叛爱情，不仅是传统美德，也是法定义务。对婚姻不忠实，是难以容忍的不诚信，它不仅破坏了夫妻关系，拆散了家庭，也伤及无辜的子女，而且败坏了社会风气，是法律所禁止的行为。因此，在离婚后发现被告的婚姻存续期间的出轨行为，请求精神损害赔偿，人民法院依法予以支持，以彰显法律的公正和道德力量。

周某诉张某离婚后损害责任纠纷案

《最高人民法院公布49起婚姻家庭纠纷典型案例》第12号

2015年12月4日

【基本案情】

2003年原告周某与被告张某登记结婚，婚后生育一女一子。2013年7月，张某提起与周某离婚之诉，经法院主持调解离婚，调解书主要内容为，双方自愿离婚，张某一次性给付周某某人民币38000元，双方互不再追究。而2013年5月，张某与案外某女生育一女。周某诉称离婚后才发现此事，现起诉要求张某赔偿精神损害赔偿金3万元。

【裁判结果】

河南省滑县人民法院经审理认为，依据《婚姻法》第四条规定："夫妻应当互相忠实，互相尊重；家庭成员间应当敬老爱幼，互相帮助，维护平等、和睦、文明的婚姻家庭关系"；第四十六条规定，导致离婚的，无过错方有权请求损害赔偿；《最高人民法院关于适用〈中华人民共和国婚姻法〉若干问题的解释（一）》第二十八条规定婚姻法第四十六条规定的"损害赔偿"，包括物质损害赔偿和精神损害赔偿。被告张某在与原告婚姻关系存续期间，与他人有不正当男女关系的行为，并生育一女，导致离婚，应该承担相应的民事赔偿责任，应当支持原告提出损害赔偿请求，即判令被告张某给付原告周某精神损害赔偿人民币 15000 元。宣判后，双方均未提出上诉。

【典型意义】

夫妻互相忠实，不仅是传统美德，也是法定义务。对婚姻不忠实，是难以容忍的不诚信，它不仅破坏了夫妻关系，拆散了家庭，也伤及无辜的子女，而且败坏了社会风气，是法律所禁止的行为。因此，在离婚后发现被告的婚姻存续期间的出轨行为，请求精神损害赔偿，人民法院依法予以支持，以彰显法律的公正和道德力量。

4. 同　居

王丽诉张伟同居析产案

《最高人民法院公布49起婚姻家庭纠纷典型案例》第26号

2015年12月4日

【基本案情】

原告王丽与被告张伟于2001年起以夫妻名义同居生活，无子女。2002年1月24日，被告张伟以个人名义用3万元的价格购得弓长岭区安平街某小区10#楼3单元6层1号住宅楼1处。原、被告为购置该房屋在耿某处借款13000.00元，上述借款已由原、被告偿还完毕。另查，原、被告用于同居生活在耿某处借款2000.00元、在赵某处借款8000.00元。

【裁判结果】

辽宁省辽阳市弓长岭区人民法院经审理认为，同居关系是指男女双方未经结婚登记而具有较稳定的长期共同生活关系。原、被告未办理结婚登记而以夫妻名义同居生活，同居期间双方共同所得的收入和购置的财产，按一般共有财产处理；解除同居关系时，同居期间为共同生产生活而形成的债权、债务，可按共同债权、债务处理。

依照《最高人民法院关于适用〈中华人民共和国婚姻法〉若干问题的解释（二）》第一条第二款、《最高人民法院关于人民法院审理未办结婚登记而以夫妻名义同居生活的若干意见》第十条、第十一条之规定，判决如下：

一、坐落于弓长岭区安平街某小区住宅楼10#楼3单元6层1号房屋归被告张伟所有，被告张伟于本判决生效后十五日内给付原告王丽所占房屋份额折价款 51069.20 元；

二、原、被告同居期间的债务 10000.00 元（赵某 8000.00 元、耿某 2000.00 元），原、被告各负担 5000.00 元，双方互负连带清偿责任；

三、驳回原告其他诉讼请求。

案件受理费 300.00 元、评估费 6000.00 元，由原、被告各负担 3150.00 元。

【典型意义】

近年来，涉及解除同居关系以及分割财产的案件越趋复杂，在很多情况下，同居关系与婚姻关系非常接近，除了两张纸（结婚证），几乎没有区别。然而，在起诉同居析产的情况下，同居关系的处理与婚姻关系有着不小的区别。经过结婚登记的夫妻在婚姻关系存续期间，一方或双方所得的财产，除《婚姻法》第十八条列举的财产以外，均为夫妻共有财产，夫或妻对共有财产享有平等的处分权。同居关系析产则是以财产取得方式确定产权，共同财产未经共有人同意不得处分。其行为模式不同，后果模式也不相同。同居关系和家庭关系都是整个社会的小细胞，处理好同居关系对和谐社会的建设有着十分重要的意义。

5. 抚　养

女童罗某某诉罗某抚养权纠纷案

——人身安全保护裁定制止儿童虐待

《最高人民法院发布十起司法干预家庭暴力典型案例》第1号

2014年2月27日

【基本案情】

2007年，原告余某某与被告罗某离婚，婚生女孩罗某某（2001年12月26日出生）由被告罗某抚养。2011年12月28日，原告向法院诉称，被告长期在外打工，女儿罗某某与祖母和大伯共同生活期间，罗某某经常遭受殴打和辱骂，且罗某某与离异的大伯同住一室，随时可能遭受性侵犯。原告向法院提供了女儿的伤情鉴定书及其要求与母亲共同生活的书信等证据，并请求法院判令变更女儿罗某某由原告抚养。诉讼过程中，罗某某向法院申请人身安全保护。

【裁判结果】

法院经审理认为，申请人罗某某在与被申请人余某金、罗某衡共同生活期间多次无故遭受殴打，且有法医学人体损伤程度鉴定书为证。申请人罗某某的申请符合法律规定。据此，依法裁定禁止被申请人余某金、罗某衡殴打、威胁、辱骂、骚扰、跟踪申请人罗某某，裁定有效期为六个月。之后，经法院调解，双方变更了抚养权，此案在一周内结案，未成年人罗某某在最短的时间摆脱了家庭暴力。

小丽诉张某抚养费纠纷案

《最高人民法院发布98起未成年人审判工作典型案例》第63号

2014年11月24日

【基本案情】

王某、张某于2010年9月相识，2012年2月3日，王某生育一女小丽。王某主张其与张某相识后便同居，小丽系二人所生之女，张某不予认可，并拒不给付抚养费。小丽及其法定代理人诉至法院，要求确认小丽由王某抚养；张某一次性给付小丽抚养费和王某生育小丽的费用共计人民币200万元。

【裁判结果】

一审中，双方当事人就小丽与张某之间是否具有亲子关系发生争议，小丽申请亲子鉴定，法院委托北京某司法鉴定所进行。该所出具鉴定意见书，载明“支持张某、王某是小丽的生物学父、母亲。”一审法院判决张某自判决生效之月起每月支付抚育费人民币一千元至小丽年满十八周岁时止；张某于判决生效后十日内给付小丽2011年10月至2012年11月抚育费人民币13000元；张某于判决生效后十日内给付小丽医疗费人民币304.7元。

判决作出后，小丽、张某均不服，提起上诉。二审审理中，张某以身患不育症、一审鉴定程序违法为由，申请重新进行亲子关系鉴定。北京市第二中级人民法院审查认为，原审司法鉴定程序存在瑕疵，故准许另行委托鉴定机构进行鉴定。由于双方均对司法鉴定程序极不信任，北京市第二中级人民法院决定组织双方前往鉴定机构见证鉴定过程。2013年10月，张某、王某和小丽在法官带领下前往鉴定机构，全程见证了各个环节，并当场拿到DNA分型图谱和基本鉴定意见。鉴定人还向当事人详细讲解了鉴定过程，并就DNA图谱分析比对等专业问题进行详细解答。经过科学实验，再次证明小丽是张某的亲生女儿。

为彻底解开当事人心结，北京市第二中级人民法院在鉴定后再次组织开庭，为从未谋面的父女安排了“法庭亲情探望”。探望中，法官因势利导开展调解。最终，双方达成和解协议：一、自2013年12月起，张某每月给付小丽抚养费人民币1000元，至小丽年满十八周岁时止；二、张某给付小丽2011年10月至2013年11月间的抚养费人民币26000元。签发调解书时，法官一并向双方送达了精心制作的“法官寄语”。

案件审结后，二审法官仍跟进案件督促执行，第二年春节前夕，安排“法庭探望”，使涉案父女团圆。张某专程送来锦旗，盛赞法官“执法为民一生正气　维护正义两袖清风”。

【案例评析】

司法鉴定被誉为“科学法官”，对查明案件事实具有重要意义。但近年来司法鉴定的权威性不断受到挑战，当事人不服鉴定意见的情形时有发生。本案中，北京市第二中级人民法院首次尝试在涉未成年人案件中组织当事人现场见证亲子鉴定试验过程，并由鉴定人当场解答当事人疑惑，消除其对鉴定意见的怀疑，保护未成年人的合法权益。《京华时报》《法制晚报》《新京报》等媒体对本案进行了广泛报道，新华网、人民网等多家网站也予以转载。本案最终以调解方式审结，取得了“胜败皆服”的良好效果。

李某诉孙某变更抚养关系纠纷案

《最高人民法院发布98起未成年人审判工作典型案例》第65号

2014年11月24日

【基本案情】

孙某与李某因感情不和协议离婚，离婚时确定孩子小明由父亲孙某自行抚养，但离婚后不久，小明就被其母李某接走，与李某共同生活。

此后，孙某认为孩子年龄大了，应该与自己共同生活，遂找李某接回孩子，但双方协商未果，李某诉至法院要求变更小明的抚养权。

【裁判结果】

北京市门头沟区人民法院受理此案后，法官询问孙某的意见，孙某认为自己的抚养条件比李某好，且离婚协议明确约定小明由其抚养，故不同意李某的诉讼请求。小明已年满 11 岁，法官单独与小明进行了谈话，小明表示与李某其共同生活更好。为全面了解父母双方的情况，作出对小明最有利的裁判，法官向双方当事人详细释明了法院关于社会观护制度的内容及具体做法，在征得双方同意后，对本案开展了社会观护工作。

社会观护员与小明及其父母见面 5 次，电话联系 10 余次，分别到双方家中、单位、居住地的居委会、派出所进行调查和走访，并引导小明父母从孩子健康成长出发，理性对待抚养权问题。社会观护员还到小明所在学校，了解小明得知父母争夺抚养权后发生的变化，向法院提交了 4000 余字的观护调查报告，详细阐述了相关情况，客观评估了父母双方的抚养条件。法官在征求当事人意见后，与社会观护员共同开展调解工作，最终，孙某同意尊重孩子的意愿，将小明的抚养权变更给李某。

案件审结后，社会观护员再次到小明所在学校对小明进行跟踪观护，小明见到社会观护员非常高兴，表示自己再也不用担心父母为争他吵架了，要好好学习，成为父母的骄傲。学校也反映小明的情绪稳定了，成绩不再下滑，整个精神状态发生了积极向上的变化。

【案例评析】

变更抚养关系纠纷涉及家庭矛盾，未成年人及其父母往往出现负面心理状态。为呵护未成年人身心健康成长，北京市门头沟区人民法院尝试在此类案件中开展社会观护工作，聘任观护员进行社会调查，参与庭审调解，开展心理疏导，跟踪生效裁判文书执行，及时干预侵害涉案未成年人权益行为。本案中，观护员发挥了重要的作用，内容翔实的调查报告为法官裁判提供了参考依据，对当事人进行心理疏导，参与调解，促成了纠纷的彻底化解，小明也在观护员帮助下，有了良好的成长环境，个性更加健康向上。社会观护工作受到了新华社、北京日报、北京电视台等30余家媒体广泛关注，《人民法院报》《人民政协报》《北京日报》等媒体也撰文高度评价它在审判中的重要作用。

谢某某诉赵某变更抚养关系纠纷案

《最高人民法院发布98起未成年人审判工作典型案例》第66号

2014年11月24日

【基本案情】

原告谢某某、被告赵某原系夫妻关系，1999年7月生育大儿子赵某杨，2002年6月生育小儿子赵某远。2006年7月，原、被告协商离婚，约定大儿子随原告共同生活，小儿子随被告共同生活。2008年9月，原告请求法院判决赵某远随原告共同生活。

【裁判结果】

上海市长宁区人民法院（以下简称“长宁法院”）经审理认为，父母与子女间的关系，不因父母离婚而消除。离婚后，子女无论由父或母直接抚养，仍是父母双方的子女。根据社会观护员反映，赵某远在其祖父母处生活无忧，但其与原告及其家人更为亲近，赵某远现已满十周岁，表示愿意随原告共同生活，且原告亦有经济能力抚养赵某远。故法院判决赵某远于2012年10月起随原告谢某某共同生活，被告赵某从2012年10月起按月给付赵某远抚养费人民币1200元，至赵某远18周岁时止。

审理期间，长宁法院委托市阳光社区青少年事务中心长宁工作站对本案进行社会观护，并出具了社会观护报告。本案在开庭审理中，社会观护员出庭接受了原被告双方的质询，在案件判决以后，原被告双方均无异议，并自觉履行判决。结案之后，社会观护员进行了回访观护，认为赵某远跟随原告生活以后，身心健康，并有出国留学的准备。

【案例评析】

社会观护工作是近年来长宁法院未成年人民事审判工作中的一项创新，具有积极的意义。本案中，社会观护员对未成年人的个人情况、家庭情况、学习情况以及权益保护现状等进行社会调查；协助法院对案件进行调解，对未成年当事人进行疏导；在案件审理时出庭宣读社会调查报告，并接受原、被告双方的质询；案件审结后，对未成年当事人进行回访观护，了解裁判的履行情况，考察未成年人的权益保护情况，并及时向法院书面报告回访观护情况，实现了对未成年人民事案件的全程参与。本案是未成年人民事案件开展社会观护工作的典型案例。

张某等诉高某某等变更抚养关系纠纷案

《最高人民法院发布98起未成年人审判工作典型案例》第71号

2014年11月24日

【基本案情】

高乙与李某某系夫妻，育有一子高丙，于1998年7月30日出生。2010年1月12日高乙死亡，同年12月21日李某某死亡。高甲、计某某系高乙的父母，李某、张某系李某某的父母。2011年2月7日，上海市虹口区三门居委会依据高丙母亲生前遗嘱指定两被告为高丙的监护人。后经高丙本人要求，2011年6月21日经原、被告协商，高丙的监护人变更为两原告。现两原告身体状况欠佳，对高丙的生活、教育照顾有限，起诉要求高丙随两被告共同生活。

【裁判结果】

高丙出生于1998年7月，正处在个人成长和学业发展的重要阶段，是法律上需要给予专门权益保障的未成年人。父母的死亡对其正常的生活秩序、物质条件和身心健康都会造成极大的冲击。

本案高丙曾在遭受父母双亡的打击后沉迷网游，法官在与其多次沟通、谈心的同时，通过社工、社会观护员等对其家庭开展结构式治疗，对双方老人的抚养能力进行调查评估，也适时疏导高丙心理。调解是家庭内部事务解决最好的方式，也能让高丙感到被重视，能让其感受到父母双亡后其并未被遗弃，适时的开导更让其重拾信心，走向正确的道路。

最终本案经调解，双方达成协议：高丙随被告高甲、计某某共同生活。

【案例评析】

未成年人抚养权的确定，应从有利于未成年人身心健康，保障未成年人合法的权益，并结合抚养人的抚养能力和抚养条件等因素综合考虑。

本案中，高丙年满十四周岁，属于限制民事行为能力人，对事物有自己独立的认知能力和辨认能力，当其表示不愿意与抚养人一起生活时，就有了变更抚养权的必要，且当时原告有抚养高丙的意愿与身体、物质条件，因此其抚养人由被告变更为原告。但是，变更抚养权仅有未成年人的意愿是不够的，还必须有一定的条件符合抚养的基本条件，本案张某、李某曾有抚养高丙的能力，但在其身体状况发生恶化的情况下，变更抚养关系至被告处就成了对高丙次优的选择。这也是考虑到对未成年人负责，更有利于其身心发展。

丁某瑶诉丁某抚养费纠纷案

《最高人民法院发布98起未成年人审判工作典型案例》第72号

2014年11月24日

【基本案情】

丁某瑶出生于2007年6月，与丁某系父女关系。2008年11月，丁某瑶的父母协议离婚。离婚协议约定：丁某瑶随同母亲生活，丁某瑶所有费用由父母共同承担。丁某每月支付生活费人民币（以下币种均为人民币）1000元，丁某瑶的教育费、医疗费等其他费用由双方各承担50%（含无发票的费用），每月按实结算一次，男方应在给付生活费的同时将此款一起给付女方等。

2012年5月，丁某瑶曾就抚养费纠纷向法院提起诉讼，法院作出判决：丁某补付丁某瑶2009年1月至2011年12月的生活费3600元（每月按1100元计算）；丁某给付丁某瑶医疗费5622.30元、教育费1730元。2013年12月，丁某瑶再次诉至法院，要求丁某自2012年1月起将每月生活费标准调整为1200元，并支付2012年2月至2013年9月期间的医疗费450.65元及2012年2月至2013年12月期间的教育费9416.50元。

另查明，自上述判决后至本案起诉时，丁某已每月给付生活费1100元。2012年2月至2013年9月期间产生医疗费901.30元。2012年4月至2013年12月期间产生教育、培训费用17461元。

【裁判结果】

一审判决：一、丁某补付丁某瑶2013年1月至2013年12月的生活费1200元（每月按1200元计算）；二、自2014年1月起，丁某每月给付丁某瑶生活费1200元，至丁某瑶十八周岁止；三、丁某给付丁某瑶医疗费450.65元、教育费8730.50元；四、丁某瑶的其他诉讼请求，不予支持。一审判决之后，丁某瑶上诉。

上海市第二中级人民法院少年庭经审理，认为不能仅仅因为双方存在教育费各半负担的协议，教育费已经客观发生，而应从据实结算教育费的绝对数额与当事人意思自治平衡出发来考虑。故补充指出，据实结算教育费并不能绝对化，应当兼顾当事人的实际负担能力及未成年子女的身心健康、实际教育需求对涉及丁某瑶以后的教育费用，丁某瑶的父母应当事先沟通，以求达到一致意见，为丁某瑶今后的生活和学习提供一个良好的环境。最终二审判决：一、准许上诉人丁某瑶撤回上诉；二、驳回上诉人丁某的上诉，维持原判。

【案例评析】

随着知识经济的发展，父母都不想让孩子输在“起跑线”上，对子女的教育越来越重视。婚姻法及相关司法解释对于教育费的增加虽设置了“合理要求”的弹性规则，然而如何运用法官理解差异较大。

本案丁某瑶父母在离婚时约定“据实结算”丁某瑶的教育费，然而丁某瑶之母在一年多时间内，让学龄前儿童丁某瑶参加了数种教育培训班，产生了17000余元的教育费，是否应据实结算教育费成为丁某瑶父母双方争议的主要焦点。因此，法院从据实结算教育费的绝对数额与当事人意思自治平衡出发作出判决。

本案的典型意义在于，当法律规定为“合理要求”这种不确定概念时，法官应用类型化的方法区分出教育费增加司法裁量可能面临的两种困境，通过平衡未成年子女实际教育需要与父母负担能力、合理解释当事人意思表示及强化法官说理论证义务等，最终实现未成年人合法权益保护最大化。

庄建玉诉吴建光变更抚养关系案

《最高人民法院发布98起未成年人审判工作典型案例》第73号

2014年11月24日

【基本案情】

原告庄建玉与被告吴建光于2002年12月16日结婚，2003年7月17日生育一女吴某。吴某随原、被告及祖母居住在吴江区某小区，就读于吴江区某小学，平时由原告送其上学，祖母接其放学。后原、被告于2012年11月26日协议离婚，约定女儿吴某随吴建光生活，庄建玉每月给付抚养费，并详细约定探望权。原、被告离婚后，吴某随被告吴建光及祖母在吴江区某小区居住，平时由被告或祖母接送上学、放学。2013年6月底暑假期间，吴某按离婚约定随原告在其租住的吴江区某国际小区居住、生活，一个月后吴某未返回被告处，继续与原告共同居住、生活，并在2013年8月底、9月初随原告至某社区的男友家居住、生活，开学后，由原告送其上学、外婆接其放学。

庄建玉于2013年8月1日诉至法院，提出虽然离婚协议约定吴某由被告吴建光抚养，但与原告感情极好，离婚后，吴某多次表示希望和原告共同生活，吴某现已满10周岁，对于抚养权人有选择的权利，请求法院变更抚养权。

被告吴建光认为，离婚协议已经约定吴某的抚养权，且吴某从小由祖母带大并接送上下学，离婚未给吴某造成太大影响，原告现在无法确认有无固定住所，不利吴某的学习、生活。

【裁判结果】

江苏省苏州市吴江区人民法院前往吴某就读的吴江区某小学，在其班主任在场的情况下，征询吴某意见，吴某表示更愿意随原告生活，但又不排斥随被告生活。吴江区人民法院认为原告与被告协议离婚仅8个月，被告的抚养能力、抚养条件并未降低；吴某表达愿意与原告共同生活愿望的同时，不排斥与被告共同生活；事实上吴某自幼即随原、被告及祖母在某小区居住生活，平时主要由其祖母照料生活起居，并就近在吴江区某小学就读，吴某之前的生活环境具有稳定性、便利性。原告现借住在某社区男友家，距吴某学校较远，且生活环境发生变化，可能会对吴某健康成长产生不利影响。故判决驳回原告诉讼请求。苏州市中级人民法院二审维持原判。

【案例评析】

父母离婚对未成年子女会造成或多或少的伤害，抚养权之争可能会再次造成伤害。关于未成年子女的抚养问题，应从有利于子女身心健康、保障子女合法权益出发。虽然相关司法解释规定准予变更抚养关系的情形之一包括十周岁以上未成年子女的意愿且该方有抚养能力，但是，该规定中未成年子女的意愿是衡量是否有利于子女健康成长的重要参考因素，而非决定因素。

本案中虽然原、被告的女儿已年满10周岁，且在跟随父或者母共同生活作出选择。但法院从保障未成年子女权益出发，一方面至学校了解情况，征询其意见，另一方面围绕未成年子女开展调查，了解未成年子女的成长轨迹、成长环境、生活和学习现状。在充分调查后，综合考虑各方因素及未成年子女的辨识和责任能力，认为改变生活环境对子女健康成长明显不利，故判决驳回原告诉讼请求。

秦鑫洋诉秦文权抚养费纠纷案

《最高人民法院发布98起未成年人审判工作典型案例》第76号

2014年11月24日

【基本案情】

原告秦鑫洋诉称：原、被告系父子关系。2008年1月，原告之母与被告协议离婚，当时约定原告随母亲生活，教育费、医疗费由原告的母亲承担，对生活费没有约定。因原告的母亲无固定工作，而且其母亲又长期患病，全家生活非常困难。原告的母亲无力独立承担原告的抚养费。故原告诉至法院，要求被告支付原告每月生活费300元，并承担原告教育费、医疗费的一半，该费用自2012年3月起算至原告独立生活为止；支付原告近两年的生活费7200元；本案诉讼费用由被告承担。

被告秦文权辩称：其在与原告母亲离婚时有离婚协议，在离婚协议上没有生活费的约定，而且医疗费、教育费都应当由原告的母亲承担，故认为其不应当承担抚养费。

【裁判结果】

江苏省常州市钟楼区人民法院经审理查明，原、被告系父子关系。2008年1月，原告之母与被告协议离婚，当时约定原告随母亲生活，教育费、医疗费由原告的母亲承担，对生活费没有约定。因原告的母亲无固定工作，而且其母亲又长期患病，全家生活非常困难。原告的母亲无力独立承担原告的抚养费。经钟楼区人民法院主持调解，双方当事人达成协议如下：

被告秦文权自2012年8月起每月支付原告秦鑫洋生活费150元至原告秦鑫洋独立生活止，该款由被告于每月15日前支付原告，其间，原告秦鑫洋的教育费、医疗费凭合法票据由被告秦文权承担50%。

【案例评析】

对于协议离婚的案件，由于当事双方自身因素的限制，对于一些法律问题不可能完全明白，所签订的协议或许会存在各种各样的漏洞。特别是对子女的抚养这方面，存在很大的误区。本案中，原告的父母在离婚时约定原告随母亲生活，教育费、医疗费由原告的母亲承担，但是对生活费没有约定。双方当时都认为抚养费就只限于教育费及医疗费，对其他费用不了解，对此存在法律认识的偏差。后因生活变迁，原告及其母亲生活变得非常困难，已无独立抚养原告的能力。同时，虽然原告父母双方在离婚时对于一些费用进行了约定，但是根据我国婚姻法规定，不妨碍子女在必要时向父母任何一方提出超过协议的合理要求。故原告的诉讼请求应当予以支持。同时，由于被告也处于低保状态，如果过多支持原告的诉求，则会对被告的生活带来压力，所以对原告的诉求在考虑被告的实际情况下予以适当支持。

6. 扶　养

黄某某与张某某婚内扶养纠纷案

《最高人民法院公布49起婚姻家庭纠纷典型案例》第37号

2015年12月4日

【基本案情】

黄某某与张某某于1987年12月31日登记结婚，婚后生育一子（已成人）。黄某某、张某某婚后共同在岳池县九龙镇购置了住房两套、门市一个，其中一套住房用于一家人自住，另一套住房及门市出租。2009年4月，黄某某被诊断患有“脊髓空洞症、抑郁症”，至今未愈，每月需要较多的医药费，除住院可报销部分医疗费外，其余药费需黄某某自己负担。黄某某现为四川省岳池某公司职工，因长期病休，每月领取工资1188元，住房及门市租金24000元/年均由黄某某收取。张某某系某银行下岗职工，每月领取下岗失业军转干部生活困难补助费1476元，患有“脂肪肝、前列腺囊肿”，有母亲需赡养。张某某下岗后常年在外务工当监理，收入较高。近年来，黄某某、张某某因性格不合及黄某某患病，双方时常发生矛盾，张某某多次起诉要求离婚，因黄某某坚决不同意离婚，张某某的离婚诉讼请求均被驳回，张某某便离家外出租房生活。2014年6月5日，黄某某诉至岳池法院称她身患多病，每月需万元以上药费，张某某不尽丈夫义务，致使她债台高筑，请求法院判决张某某尽扶养义务，按月承担医疗费、生活补助费、护理费6000元。张某某辩称，黄某某每月有固定收入，有租房租金，有医保报销医疗费，其家里的多年积蓄全在黄某某处，他也身患多病，又下岗，工资低，还要赡养90多岁的母亲，不同意支付黄某某扶养费。

【裁判结果】

岳池法院经审理认为，夫妻有互相扶养的义务。黄某某与张某某系合法夫妻，本应相互关心，彼此扶助。现黄某某身患严重疾病，需要人照顾，而张某某离家出走，使黄某某陷入生活困难，并且现在黄某某病休期间工资收入微薄，虽尚有房屋租金收入，但治病除医保报销之外，自己需负担一部分医药费，其费用相对黄某某的收入，难以承担。故黄某某生活很困难，而张某某除了固定每月领取军转干部生活困难补助费1476元/月外，一直在外务工，因此，张某某应当付给黄某某扶养费以尽扶养义务。根据双方的情况，考虑到黄某某另外有儿子应当依法尽赡养义务等因素，酌定张某某支付黄某某1000元/月扶养费较适宜。遂判决：张某某每月付给黄某某医疗、生活补助、护理等扶养费1000元。

黄某某、张某某均不服一审判决，向本院提起上诉。黄某某上诉称，一审判决张某某给付的扶养费过低，要求二审改判张某某给付扶养费6000元/月。张某某上诉称一审判决他每月支付黄某某1000元扶养费错误，要求二审改判他不予支付。

本院认为，《婚姻法》规定，夫妻有互相扶养的义务，一方不履行扶养义务时，需要扶养的一方，有要求对方付给扶养费的权利。黄某某与张某某系夫妻，本应相互关心，彼此扶助，而张某某在黄某某身患严重疾病、特别需要丈夫照顾时，却不履行丈夫义务、离家出走。现黄某某虽有工资收入、房屋租金收入，但因其每天需服多种药，每月需负担不少的医药费，致使黄某某生活陷入困难，作为丈夫的张某某依法应对黄某某尽扶养义务。虽然张某某也患病，但张某某未提供证据证明其所患之病需大量的医药费，加之张某某除了每月固定领取军转干部生活困难补助费1476元/月外，一直在外务工，有一定的收入。黄某某也未提供充分证据证明张某某有每月支付6000元的经济能力。一审根据双方的实际情况，结合黄某某还有儿子应当依法尽赡养义务及张某某有一定的经济能力等因素，酌定张某某每月支付黄某某1000元扶养费是恰当的。遂判决驳回双方的上诉，维持原判。

【典型意义】

近年来，因夫妻一方患病导致夫妻感情淡化，因意外事故导致婚姻难以维系时，一方离家不离婚以及一方坚决离婚、不尽扶养义务，另一方坚决不离婚的情况时有发生，婚内扶养案件在婚姻家庭纠纷案件中越来越多。我国《婚姻法》第二十条规定：夫妻有互相扶养的义务。一方不履行扶养义务时，需要扶养的一方，有要求对方给付扶养费的权利。婚内扶养义务不仅仅是一个道德问题，更是夫妻之间的法定义务，有扶养能力的一方必须自觉履行这一义务，特别是在对方患病，或是丧失劳动能力的情况下更应该做到这一点。如果一方不履行这一法定义务，另一方可通过法律途径实现自己的合法权益。扶养责任的承担，既是婚姻关系得以维持和存续的前提，也是夫妻共同生活的保障。本案中，黄某某、张某某系合法夫妻，现黄某某身患疾病，需大量医疗费，而张某某撒手不管，多次提出离婚，一、二审鉴于黄某某确实需要扶养，张某某又有一定的经济能力，酌定张某某婚内每月给付黄某某1000元扶养费，充分保护了需要扶养一方的权利，也对那些不尽夫妻扶养义务的具有一定的警示作用。

7. 赡　养

郝某某诉郝某华赡养纠纷案

——人身安全保护裁定制止子女虐待老人

《最高人民法院发布十起司法干预家庭暴力典型案例》第5号

2014年2月27日

【基本案情】

申请人郝某某与其妻王某某（已故）育有五个子女。现郝某某已丧失劳动能力，除每月的低保金320元外，无其他经济来源，其日常生活需要子女照顾。申请人郝某某轮流在除被告郝某华之外的其他子女处居住生活。因其他子女经济情况一般，住房较为紧张，申请人郝某某遂要求被告郝某华支付赡养费，并解决其居住问题。被申请人郝某华对原告郝某某提出的要求不满，经常用激烈言辞对郝某某进行言语威胁、谩骂，致使郝某某产生精神恐惧，情绪紧张。郝某某诉至法院，要求被告郝某华支付赡养费，并解决其居住问题。经法院多次通知，被告郝某华仍不到庭应诉，反而对原告恫吓威胁，致使原告终日处在恐惧之中。原告遂在诉讼期间向本院申请人身安全保护裁定，要求法院采取措施，制止被告郝某华对郝某某威胁、谩骂侮辱行为。

【裁判结果】

针对申请人提出的人身安全保护裁定申请，法院经审理认为，被申请人郝某华对申请人郝某某经常进行言语威胁、谩骂等行为，导致申请人终日生活在恐惧之中，故其申请符合法律规定，应予支持。法院裁定：

禁止被申请人郝某华对申请人郝某某采取言语威胁、谩骂、侮辱以及可能导致申请人产生心理恐惧、担心、害怕的其他行为。同时，法院对被申请人进行了训诫，告知其在有效期内，若发生上述行为，则视情节轻重对被申请人采取拘留、罚款等强制措施。经跟踪回访，被申请人对申请人再无威胁行为。对原告请求被告履行赡养义务的请求，法院判决被告郝某华每月向原告郝某某支付赡养费600元。

张某诉郭甲、郭乙、郭丙赡养纠纷案

《最高人民法院公布10起婚姻家庭纠纷典型案例（北京）》第3号
2015年11月20日

【基本案情】

张某与其丈夫郭某共育有三个子女，即：长子郭甲，次子郭乙，小女儿郭丙。1985年4月25日，郭某与长子郭甲、次子郭乙签订了分家协议，就赡养问题做了如下约定："1. 长子郭甲扶养母亲，次子郭乙扶养父亲。2. 父母在60岁以前，哥俩每人每月给零花钱5元，60岁以后每人每月给10元。"郭某于2010年8月去世后，次子郭乙对郭某进行了安葬，此后母亲张某独自生活。2014年10月14日，张某将三名子女起诉至北京市怀柔区人民法院，要求随次子郭乙生活，长子郭甲给付赡养费1000元，其他二子女给付赡养费各500元。医药费由三子女共同承担。

法庭审理过程中，长子郭甲称自己一直以来赡养母亲，并承担过高赡养费；次子郭乙称分家时约定母亲由长子郭甲扶养，父亲由自己扶养，自己已经按照约定赡养了父亲，并对父亲进行了安葬，无法接受再与长子郭甲承担同样的责任；小女儿郭丙称自己并未在赡养协议里载明有责任。

【裁判结果】

法院经审理认为，张某的长子郭甲和次子郭乙虽然于1985年签订了分家协议，两人也按照分家协议履行着各自的义务，但是并不能完全免除次子郭乙、小女儿郭丙对母亲的赡养义务。原告张某自己每月有1200元收入，并愿意由次子郭乙照顾，故判决原告张某随次子郭乙生活，长子郭甲每月给付赡养费300元，长子郭甲承担原告张某医药费的二分之一，次子郭乙、小女儿郭丙各负担医药费的四分之一。

【典型意义】

我国《婚姻法》第二十一条第三款规定："子女不履行赡养义务时，无劳动能力的或生活困难的父母，有要求子女给付赡养费的权利。"原告现已年迈，且体弱多病，丧失了劳动能力，确实需要子女赡养，其子女均有赡养原告的义务。

诚然，在多子女的家庭，在父母不反对的情况下，签订赡养协议分工赡养父母是合理合法的，法律上也是允许的。我国《老年人权益保障法》第二十条规定："经老年人同意，赡养人之间可以就履行赡养义务签订协议。赡养协议的内容不得违反法律的规定和老年人的意愿。"但是，如果客观情况发生变化，比如某位子女明显没有能力赡养好父或母，如果父或母提出赡养要求，其他子女无法免除。这也是《婚姻法》第二十一条第三款规定的题中之义，因为赡养义务是强制性的法定义务。

现实中，很多子女之间签订赡养协议时，仍然有封建思想，尤其是农村地区，如"嫁出去的女，泼出去的水""出嫁女无赡养父母的义务"，女儿对父母的赡养义务被人为地免除。但从法律上讲，子女对父母均有赡养义务，女儿不论出嫁与否都与父母存在法律上的赡养关系，不因任何原因而免除。而对于赡养协议中免除次子郭乙对母亲的赡养义务，属于约定免除了次子郭乙对母亲的法定义务，应属无效约定。故对原告要求三子女均需履行赡养义务的诉讼请求应当支持。

就张某的居住和日常照料问题，张某表示愿意随次子郭乙生活，而次子郭乙也表示同意，尊重当事人的意见。就赡养费的数额和医药费负担比例问题，考虑到次子郭乙已经履行了对父亲全部的赡养义务，长子郭甲应当多承担赡养费，体现法律与人情兼顾，也能更好促进家庭关系的和谐。

刘某诉刘甲、刘乙赡养费纠纷案

《最高人民法院公布10起婚姻家庭纠纷典型案例（北京）》第9号

2015年11月20日

【基本案情】

2014年6月23日，77岁的刘某以自己身患多种疾病，经济困难，两名子女不履行赡养义务为由，诉至北京市西城区人民法院要求法院判令两名子女每人每月向其支付赡养费900元。在诉讼中，刘某的两名子女认可刘某医疗费支出的事实，但认为刘某有医疗保险，且其退休金足够支付医疗及生活费用，不同意刘某的诉讼请求。刘某自认其每月收入4000余元，刘某长子刘甲自认其每月税后工资收入为6500元，刘某长女刘乙主张自己无收入。

【裁判结果】

北京市西城区人民法院经审理认为，赡养父母是子女应尽的义务，在父母年老时，子女应当履行对老年人经济上供养、生活上照料和精神上慰藉的义务，子女不履行赡养义务时，无劳动能力的或生活困难的父母，有要求子女付给赡养费的权利。原告刘某起诉要求二子女负担赡养费的诉讼请求并无不当，但同时，刘某的赡养费用应与其日常生活水平相适应并应考虑子女的收入情况。

根据庭审中查明的事实，刘某长子刘甲有收入来源，刘某长女刘乙虽主张自己没有工作，但结合其年龄适合工作的事实，其没有工作并不能成为其拒绝履行赡养义务的抗辩理由，最终判决两名子女每人每月分别支付刘某赡养费800元、500元。

【典型意义】

不少子女面对老人赡养诉讼请求提出各种各样的理由，但多数拒绝理由没有法律依据，如有的子女以父母有足够的收入、享受有医疗保险为理由不支付赡养费；有的子女以父母离异后长期未与一方父母共同生活为由不愿意履行赡养义务；有的多子女家庭中子女之间因经济条件差异或老年人在处分财产时偏心相互推诿。这些理由都将难以被法院认可。此外，法院在审理赡养纠纷时将酌情考量被赡养人的身体情况、日常生活水平、当地消费水平、赡养人是否可以正常工作等情况对赡养费数额予以酌定。尤其在存在多名赡养人的情况，因为经济条件不同，将可能承担不同金额的赡养费。

陈某与陈甲、徐乙、徐丙赡养纠纷案

《最高人民法院公布10起婚姻家庭纠纷典型案例（山东）》第5号

2015年11月20日

【基本案情】

原告陈某与朱某于1986年登记结婚，朱某系再婚。1987年，朱某带徐乙（1975年6月8日出生）、徐丙（1978年2月10日出生）到临沂市莒南县文疃镇大草岭后村与原告陈某共同生活。1990年5月13日，陈某、朱某生育一子陈甲。1991年被告徐乙离家外出打工，1993年被告徐丙离家外出打工。2012年2月，朱某去世。原告陈某由于年事已高，且没有生活来源，基本生活困难。因三被告拒不履行赡养义务，原告陈某诉至法院，请求处理。

【裁判结果】

临沂市莒南县人民法院经审理认为，根据我国法律规定，子女对父母有赡养扶助的义务，继父母和受其抚养教育的继子女之间的权利义务与亲生父母子女关系一致。被告徐乙、徐丙随其母朱某与原告陈某长期共同生活，接受原告的抚养教育，与原告之间形成继父母子女关系，对原告陈某负有赡养义务。现原告身患疾病、生活困难，且三被告均已成年，具有赡养能力，原告的诉讼请求事实清楚，证据充分，法院予以支持。本案原告的赡养费标准应以统计部门发布的上年度当地农民年均生活消费支出为基准，考虑被告徐乙、徐丙与原告陈某的共同生活时间、感情因素及二被告目前的经济状况，法院酌定被告徐乙、徐丙负担的赡养费数额以每人每年1500元为宜。被告陈甲系原告陈某的亲生儿子，其对原告陈某负有当然的赡养义务，其自愿按照原告的请求以每年3600元的标准负担赡养费，法院予以确认。最后，法院判决被告陈甲自2014年起，于每年的6月1日前支付给原告陈某当年度赡养费3600元。被告徐乙、徐丙自2014年起，于每年的6月1日前分别支付给原告陈某当年度赡养费1500元。

【典型意义】

赡养老人是中华民族的传统美德，做好农村老人赡养工作是长期而艰巨的任务，而继父母的赡养问题更加复杂。当前农村存在很多继父母与继子女之间的关系，而这种关系问题是一个较为敏感的社会问题。正确认识继父母子女的关系性质，适用有关法律对继父母子女关系进行全面调整，具有重要的社会意义。法律规定，继父母与继子女之间有抚养关系的，继子女必须对继父母承担赡养义务。针对赡养继父母这一特殊群体，需在农村加大宣传力度，引导社会形成正确认识，及时维护农村老人合法权益，确保老人安度晚年，真正做到案结事了人和。

周某与肖某、倪甲等赡养纠纷案

《最高人民法院公布10起婚姻家庭纠纷典型案例（山东）》第6号

2015年11月20日

【基本案情】

原告周某（女）于1960年携其子被告肖某与倪某（2013年去世）

再婚，婚后与其生育二男一女，即被告倪甲、倪乙、倪丙。周某年迈体弱、无劳动能力、生活困难，于2007年起诉肖某要求其支付赡养费，后经法院调解商定被告肖某每年付给原告及倪某生活费350元、小麦100公斤、花生油7.5公斤；被告倪乙及倪丙通过庭外调解确定每年付给原告及倪某生活费500元，小麦250斤、花生油20斤。倪某去世后，随着原告年龄增大，疾病缠身，物价水平的不断提高，上述赡养费根本不足以维持原告的日常所需。原告周某与肖某等四被告协商未果，诉至法院，要求判令四被告自2015年起每人每年支付赡养费2192元。

【裁判结果】

威海荣成市人民法院经审理认为，尊重和赡养老人是中华民族的传统美德，依照我国相关法律规定，赡养父母亦是每个子女应尽的义务。子女不履行赡养义务时，无劳动能力或生活困难的父母，有要求子女付给赡养费的权利。子女应当尊重、关心和照料老年人，履行对老年人经济上供养、生活上照料和精神上慰藉的义务。赡养人还应当使患病的老年人及时得到治疗和护理，对经济困难的老年人，应当提供医疗费用。本案中，原告已年满78周岁，年老多病，没有劳动能力，生活困难，要求其四名亲生子女支付赡养费，并负担日后住院所需费用，符合法律规定，法院予以支持。对于赡养费的金额，根据2014年山东省农民家庭人均生活消费支出7962元、赡养人为四人计算，原告要求每人每年2192元数额略高，应以每人每年1990元为宜（7962元/4人）。原告要求其日后因病住院所产生费用由四被告平均承担，于法有据，法院予以支持。被告肖某辩称，相对于其他三被告而言，其还需赡养亲生父亲，赡养人数较多，不应当与其余三人平摊原告赡养费用，要求按照原来调解的方案，只负担17.5%。对于被告肖某的上述要求，现原告不予认可，且原告主张的赡养费是根据原告一人生活需求计算的，被告肖某需赡养其亲生父亲，但不能以此来影响对其母亲的赡养，其辩解无法律依据，法院不予支持。遂判决：一是四被告自判决生效之日起十日内，分别支付原告2015年赡养费1990元；二是自2016年起，四被告于每年12月30日前分别支付原告赡养费1990元；三是原告日后如因病住院所支出费用，由四被告凭单据各承担四分之一。

【典型意义】

赡养扶助义务是子女对父母应尽的法律义务，这里所指的“子女”包括亲生子女和养子女以及形成抚养关系的继子女。婚生子女和非婚生子女在法律地位上是相同的，子女不能以自己对父母的亲疏好恶等看法来选择是否赡养父母，也不能以要赡养亲生父母为由而拒绝赡养养父母。随着城市化的发展，因拆迁引起的赡养纠纷也逐渐增多，有不少再婚的老人，各自的子女为获得拆迁款，不仅不赡养老人，而且把老人拒之门外，这种行为既会受到道德的谴责，也要受到法律的制裁。当子女与继父母形成抚养关系后，无论是不是亲生子女，都具有赡养义务。《婚姻法》第二十一条也明确规定“父母对子女有抚养教育的义务；子女对父母有赡养扶助的义务。”因此，当子女不履行赡养义务时，无劳动能力的或生活困难的父母，有要求子女付给赡养费的权利。

丁某与蒋甲、蒋乙等赡养纠纷案

《最高人民法院公布10起婚姻家庭纠纷典型案例（山东）》第7号

2015年11月20日

【基本案情】

原告丁某生育被告蒋甲、蒋乙、蒋丙三人。现丁某已年迈力衰，身患疾病，长期卧床，生活不能自理，丧失了劳动能力，又无经济来源，生活窘迫。2014年8月至2015年1月，丁某因患疾病住院治疗，住院期间共计花费医疗费7042.35元。现丁某跟随被告蒋甲生活，被告蒋乙以未耕种原告土地为由，未对丁某履行赡养义务。2015年1月27日，原告诉至法院，要求三被告履行赡养义务，按月支付赡养费，对于已支付的医疗费及以后的医疗费由三被告均摊。

【裁判结果】

济宁市泗水县人民法院一审认为，赡养老人不仅是成年子女应尽的法律义务，也是中华民族的传统美德。现原告丁某已年迈力衰，身患疾病，长期卧床，生活不能自理，丧失了劳动能力，无经济来源，生活窘迫。三被告对原告负有最基本的赡养义务。被告蒋甲、蒋丙对原告履行了部分的赡养义务，值得肯定，但三被告还未完全尽到对其母亲的赡养、照顾义务。三被告理应照顾好原告的晚年生活，在物质上提供保障，精神上给予安慰，故三被告履行赡养义务，按月支付赡养费，对于已支付的医疗费及以后医疗费由三被告均摊的诉讼请求，于法有据，法院予以支持。遂判决被告蒋甲、蒋乙、蒋丙自 2015 年于每年 4 月 30 日前分别向原告丁某支付当年的赡养费 2464. 33 元；被告蒋乙、蒋丙于 2015 年 4 月 30 日前分别向原告支付其已实际花费的医疗费 2347. 45 元；原告丁某自 2015 年 3 月起产生的医疗费，凭正式票据由被告蒋甲、蒋乙、蒋丙各承担三分之一，该项费用由被告蒋甲、蒋乙、蒋丙于每年 6 月 30 日前支付。一审宣判后，双方当事人均未上诉。

【典型意义】

本案系赡养纠纷案件。当前农村地区的赡养纠纷案件时有发生，如何更好地维护老年人权益，增进社会对老年人的关爱，给予老年人更好的物质与精神照顾，已成为全社会的责任，也是法院审理赡养类案件的出发点和落脚点。《婚姻法》规定：子女不履行赡养义务时，无劳动能力的或生活困难的父母，有要求子女给付赡养费的权利。《老年人权益保障法》规定：赡养人应当履行对老年人经济上供养、生活上照料和精神上慰藉的义务，照顾老年人的特殊需要；赡养人应当使患病的老年人及时得到治疗和护理；对经济困难的老年人，应当提供医疗费用。对生活不能自理的老年人，赡养人应当承担照料责任；不能亲自照料的，可以按照老年人的意愿委托他人或者养老机构等照料。赡养老人不仅是成年子女应尽的法律义务，也是中华民族的传统美德。随着社会法治的不断进步，老年人依法运用法律手段维护自身合法权益，显得尤为重要和迫切。

耿某、赵某与耿甲、耿乙、耿丙赡养纠纷案

《最高人民法院公布10起婚姻家庭纠纷典型案例（山东）》第8号

2015年11月20日

【基本案情】

原告耿某、赵某生育三个儿子，分别是长子耿甲、次子耿乙、三子耿丙。现在原告二人年龄已大，无劳动能力，需要赡养。为此，二原告诉至法院，要求三被告每人每月支付赡养费200元。

【裁判结果】

聊城市阳谷县人民法院经审理认为，子女赡养父母是中华民族的传统美德，也是法律规定的义务。子女不能以任何理由拒绝承担赡养义务，子女不履行赡养义务时，无劳动能力的或生活困难的父母，有权要求子女履行赡养义务。二原告均年事已高，丧失劳动能力。被告耿甲、耿乙、耿丙系二原告的儿子，二原告现在被告耿乙家居住。被告耿甲在二原告年事已高并丧失劳动能力的情况下，不履行赡养义务，显系无理。二原告要求三被告每人每月支付赡养费200元，符合当地农村居民的生活水平，也符合法律规定，法院予以支持。遂判决被告耿甲、耿乙、耿丙于2014年10月起每人每月给付原告耿某、赵某赡养费200元，限每年的12月31日前付清当年的赡养费。

【典型意义】

本案是一起典型的赡养纠纷案件。之所以发生，究其原因，在于人们法律意识的淡薄。我们不仅要提倡道德规范对人们行为的约束，更要注重法律的最终保障力。当道德约束失效时，应当有完善的法律规定予以保护。同时，法律也需要有人去维护，否则只是白纸一张。特别是面对弱势群体权益被侵害时，法院发挥公正审判职能显得尤为重要。该案告诉我们，赡养老人是中华民族的传统美德，做好农村老人赡养工作是个长期而艰巨的任务。

贾某诉刘某赡养纠纷案

——用法律来纠偏“久病床前无孝子”

《最高人民法院公布10起婚姻家庭纠纷典型案例（河南）》第5号

2015年11月20日

【基本案情】

原告贾某76岁，年事已高，体弱多病，且生活不能自理。2012年至2013年间，贾某因病住院仅治疗费就花了30多万元。贾某一生生育四子三女，其中三个儿子和三个女儿都比较孝顺，但三子刘某多年来未尽任何赡养义务。贾某某住医院期间，三个儿子和三个女儿都积极筹钱，一起分担医疗费。而三子刘某不仅对母亲病情不管不问，还不愿分担任何医疗费用。虽经村干部多次调解，但刘某均躲避不见。贾某无奈之下，走上法庭提起诉讼，请求判令其子刘某支付赡养费、承担已花去的医疗费，并分摊以后每年的医疗和护理费用。

【裁判结果】

商丘市虞城县人民法院公开开庭审理了本案，并依照《婚姻法》第二十一条第三款“子女不履行赡养义务时，无劳动能力的或生活困难的父母，有要求子女付给赡养费的权利。”、《老年人权益保障法》第十四条“赡养人应当履行对老年人经济上供养、生活上照料和精神上慰藉的义务，照顾老年人的特殊需要。赡养人是指老年人的子女以及其他依法负有赡养义务的人。赡养人的配偶应当协助赡养人履行赡养义务。”、第十五条第一款“赡养人应当使患病的老年人及时得到治疗和护理；对经济困难的老年人，应当提供医疗费用。”、第十九条第二款“赡养人不履行赡养义务，老年人有要求赡养人付给赡养费等权利。”的规定，判决支持贾某的诉讼请求。

【典型意义】

赡养老人是回报养育之恩是中华民族的传统美德，更是子女对父母应尽的法定义务。子女不仅要赡养父母，而且要尊敬父母，关心父母，在家庭生活中的各方面给予积极扶助。不得以放弃继承权或者其他理由，拒绝履行赡养义务。子女不履行赡养义务，父母有要求子女付给赡养费、医疗费的权利。当父母年老、体弱、病残时，子女更应妥善加以照顾，使他们在感情上、精神上得到慰藉，安度晚年。本案的被告刘某作为原告七个子女中的赡养义务人之一，无论从道义上、伦理上还是从法律上都应对母亲履行赡养义务，在老母亲年老体弱且患有疾病的情况下，被告应当与其他兄弟姊妹一起共同承担赡养义务，使老母亲能够安度晚年、幸福生活，而被告有能力履行赡养义务却三番五次推诿履行，并公开放言不管不顾老母亲，在当地造成恶劣影响，引起民愤。法院在确认双方关系和事实前提下，依法判令被告履行赡养义务，彰显了法治权威，同时也维护了道德风尚。

陈某真诉陈某领、陈某霞赡养纠纷案

——用巡回审判铸造“孝道红黑榜”

《最高人民法院公布10起婚姻家庭纠纷典型案例（河南）》第6号

2015年11月20日

【基本案情】

2015年5月14日，原告陈某真将儿子陈某领、女儿陈某霞告上法庭，诉称女儿陈某霞对其尽了赡养义务，但儿子陈某领不但不尽赡养义务，而且还将其拆迁补偿款和2.9亩承包地据为己有，更经常无故殴打原告。为此，原告陈某真将儿子陈某领、女儿陈某霞诉至法院，请求判令被告陈某领每月支付赡养费1000元，并归还原告的2.9亩承包地和1.8万元现金。

【裁判结果】

商丘市睢阳区人民法院认为，被告作为原告儿子，对原告有法定的赡养义务，对该纠纷的产生应负全部责任。原告要求被告返还其房屋的拆迁补偿款18000元和对被告陈某领给付赡养费的诉讼请求应予以部分支持；综合考虑被告陈某真家庭生活状况和2015年河南省城镇居民人均消费支出标准，被告陈某领给付原告赡养费每月360元为宜因。原告已丧失劳动能力，原告名下的2.9亩承包地，被告陈某领有义务耕种，但收益应有原告的份额。因原告现在女儿陈某霞处居住，被告陈某霞已尽赡养义务，且原告已明确表示对女儿陈某霞撤回起诉。据此，依据《老年人权益保障法》第十三条、十四条、十五条、十七条、十八条、二十二条第一款，《婚姻法》第二十一条第三款、《民事诉讼法》第六十四条的规定，判决被告陈某领于判决生效后十日内支付原告陈某真自2015年5月份（含5月份）开始以后的每月的赡养费360元，该款于每月的第1日支付；被告陈某领于判决生效后十日内返还原告陈某真的房屋拆迁款补偿款18000元。该案经在陈某领所在村巡回审判，陈某领当庭向父亲陈某真忏悔道歉，并跪求父亲原谅。该判决现已生效履行。

【典型意义】

乌鸦有反哺之义，羊羔有跪乳之恩。百善孝为先，子女赡养父母是中华民族的传统美德，也是法律的明确规定。家庭是社会的细胞，家庭不和谐，社会和谐便成了无本之木。本案被告陈某领不但不赡养年迈的父亲，而且还抢钱霸地，施以暴力，其不孝行为与中华民族良好的道德传统背道而驰，格格不入。

商丘市睢阳区人民法院受案后，认为这是一件“审理一案、教育一片”的典型案例，遂在原被告所在村提前张贴开庭公告，以巡回审判的方式审理此案。庭审中，法官的教育、旁听群众的议论、父亲的控诉指责，形成了一股不可辩驳的正能量，迫使被告陈某领当庭承认自己的错误做法，跪求父亲原谅，并保证认真履行法院判决义务。人民法院通过巡回审判的方式，公开对维护老年人合法权益进行审理，结合社会舆论打造“孝道红黑榜”，不失为审判机关在培树社会主义核心价值道路上的一种探索形式。

8. 收　养

冯某刚、周某诉冯某伟解除收养关系案

——《收养法》实施前的收养行为如何认定？

《最高人民法院公布10起婚姻家庭纠纷典型案例（河南）》第4号

2015年11月20日

【基本案情】

1987年11月份，原告冯某刚骑三轮车出门卖菜，在村北河沟边捡到一名刚出生的弃婴，遂将其抱回家中抚养，原告冯某刚与妻子张某在1987年11月27日为该弃婴申报了户口，登记在二人户籍名下，关系为“长子”，取名冯某伟。一晃20年过去了，被告冯某伟在二原告抚育下长大成人，并在原告夫妇帮助下结婚育孩。然而，被告婚后一改往态，不仅不对年老体衰的原告夫妇尽赡养扶助义务，更纵容妻子打骂原告，引起了乡里乡亲的公愤，致使二原告身心受损，长期生活在外，不敢回家。无奈之下，老两口到法院起诉，要求解除与被告的收养关系，并支付生活费、教育费补偿金。

【裁判结果】

郑州市惠济区人民法院认为，本案的两位原告收养被告发生在1987年，即在1992年4月1日《收养法》施行之前，虽然原告事后并未办理合法手续，但鉴于原告已抚养被告长达20多年，且有村委会出具的证明

和邻居、亲友公认二原告与被告系养父母子女关系的证言，理应按照收养关系来对待。被告冯某伟在成年成家后，未能正确处理家庭关系，纵容其妻打骂原告夫妇，经过当地村委会及家族长辈调解仍然未果，导致二原告与被告关系恶化，无法共同生活。原告夫妇含辛茹苦把作为养子的被告抚育长大，而被告却不善待已经年迈的二原告，更给他们的身心造成伤害，法院本着尊重原告诉求、维护老人合法权益的考虑，对原告提出的诉讼请求予以支持，依据《收养法》第二十七条、第三十条，《最高人民法院关于贯彻民事政策法律若干问题的意见》第28条、第31条之规定，判决解除原告冯某刚、张某与被告冯某伟的收养关系；被告冯某伟于判决生效后一个月内支付原告冯某刚、张某生活费和教育费补偿金20万元。

【典型意义】

赡养老人是中华民族的传统美德，更是子女对父母应尽的义务，无论是亲生子女，还是养子女，均不得以任何理由推脱责任。本案原告夫妇收养被告的时间在1987年，虽然未按法律规定办理任何收养手续，但法院裁判时应充分考虑到原告夫妇的文化水平和邻里乡亲的证言，如果仅因原告未能办理收养手续便否定收养关系，不但会让群众不信服，也不利于保护作出善行的原告夫妇。被告冯某伟作为原告夫妇在河边捡回的弃婴，能够健康成长并结婚育子，完全受原告夫妇养育恩赐，原告夫妇含辛茹苦供养子上学接受教育，为其操办婚姻，帮其照顾孩子，但被告及其妻子的种种行为，不仅伤害了原告夫妇的感情与合法权益，更在社会上造成了不良影响，法院的公正裁判不仅是对忘恩负义行为的惩戒，更是民意所向。

冯某诉蔡某解除收养关系纠纷案

《最高人民法院公布49起婚姻家庭纠纷典型案例》第42号

2015年12月4日

【基本案情】

2001年12月21日，云南省师宗县的冯某夫妻生育女儿蔡琼。2002年开始，冯某同意蔡琼由被告蔡某抚养，并将蔡琼的户口落在蔡某的户口本上，但蔡某未到相关部门办理收养手续。后蔡琼与蔡某关系恶化，蔡某打骂蔡琼，蔡琼与蔡某的矛盾日愈加深。现冯某因蔡琼的抚养问题诉至法院，请求判决解除蔡某与蔡琼的收养关系。

【裁判结果】

云南省师宗县法院审理认为：1998年11月4日修订的《收养法》第十五条第一款规定：收养应当向县级以上人民政府民政部门登记。收养关系自登记之日起成立。本案中，蔡某对蔡琼的抚养从2002年开始，且未到民政部门办理过收养登记手续，故蔡某与蔡琼之间并未形成收养关系，原告冯某对蔡琼的抚养权依然存在，故原告提出解除蔡某与蔡琼的收养关系的诉讼请求，法院依法不予以支持。遂判决驳回冯某诉讼请求。

【典型意义】

我国有不少收养关系并非签订书面收养协议，也不办理收养登记手续，而是事实收养关系，如果收养事实发生在《收养法》颁布之后，这样的收养关系是否有效

1999年实行的新修改《收养法》时已经将收养关系的成立限定在收养应当向县级以上人民政府民政部门登记。合法有效的收养关系应当是经过民政部门的登记。同样，对于《收养法》施行前成立的收养关系也予以默认，《收养法》颁布后没有经过登记的收养是不受到法律保护的。

9. 监　护

林丽某被撤销监护权案

《最高人民法院发布八起典型案例》第3号

2014年7月23日

【基本案情】

福建省仙游县榜头镇梧店村村民林丽某（女）多次用菜刀割伤其年仅9岁的亲生儿子林某的后背、双臂，用火钳鞭打林某的双腿，还经常让林某挨饿。自2013年8月开始，榜头镇人民政府、梧店村民委员会的干部及榜头派出所的民警，多次对林丽某进行批评教育，但林丽某拒不悔改。2014年1月，福建省莆田市共青团市委、市妇联以及榜头镇人民政府、榜头派出所等部门联合对林丽某进行教育。林丽某写下了不再殴打林某的书面保证，但仍不思悔改。5月29日凌晨，林丽某再次用菜刀割伤林某的后背、双臂。为此，仙游县公安局对林丽某作出行政拘留十五日，并处罚款人民币一千元的行政处罚决定。莆田市共青团市委、市妇联等有关部门采取应急措施，将林某送入市救助站予以临时安置。6月13日，申请人梧店村民委员会以被申请人林丽某长期对林某实施虐待行为，严重影响林某的身心健康为由，向仙游县人民法院请求依法撤销林丽某对林某的监护人资格，指定梧店村民委员会作为林某的监护人。仙游县人民法院在审理期间，征求林某的意见。林某表示不愿意随其母林丽某共同生活，也不愿意追究林丽某的刑事责任。

【裁判结果】

仙游县人民法院经审理认为，监护人应当履行监护职责，保护被监护人的身体健康，照顾被监护人的生活，对被监护人进行管理和教育。被申请人林丽某作为林某的监护人，未采取正确的方法对林某进行教育引导，因认为林某不听话，即采取打骂等手段对林某长期虐待，经有关单位教育后仍拒不悔改，再次用菜刀割伤林某，其行为已经严重损害了林某的身心健康，故其不宜再担任林某的监护人。依照民法有关规定，判决撤销被申请人林丽某对林某的监护人资格；指定申请人梧店村民委员会担任林某的监护人。

【典型意义】

本案是福建省首例因母亲长期对未成年子女进行虐待而被撤销监护人资格的案件，对于依法保护未成年人合法权益具有重要意义。

撤销父母监护权是国家保护未成年人合法权益的一项重要制度。通常情况下，父母是未成年子女当然的监护人，但若父母不履行监护职责，甚至对子女实施虐待、伤害或者其他侵害行为，再让其担任监护人将严重危害子女的成长。在这种情况下，依照民法、未成年人保护法等规定，未成年子女的祖父母、外祖父母、兄、姐、关系密切的其他亲属、朋友，以及未成年父母所在单位、未成年人住所地的村（居）民委员会或者民政部门，均有权向人民法院申请撤销实施侵害行为的监护人的监护权。本案被申请人林丽某对其年仅9岁的儿子林某长期进行虐待，经多次劝阻教育仍拒不悔改，严重侵害了林某的身心健康。仙游县人民法院根据当地村民委员会的申请，依法撤销了林丽某对林某的监护人资格。因林某的生父不明，也没有其他近亲属和朋友可以担任监护人，在法律规定的可以担任监护人的范围之内，按照最有利于被监护人的原则，仙游县人民法院指定当地村民委员会担任林某的监护人。宣判后，仙游县人民法院对林某的安置情况进行了持续跟踪、回访。考虑到村民委员会直接履行对林某的监护职责确实存在一些具体困难，莆田市共青团市委、市妇联与当地民政部门积极研究、协调，由民政部门对林某安排代养，确保林某有一个安全、健康、快乐的成长环境。

当前，父母虐待未成年子女、侵害未成年子女合法权益的案件还屡有发生。人民法院应当将对未成年人实行“特殊、优先保护”的理念贯彻到审判工作当中，按照未成年人利益最大化的原则，保护未成年人的合法权益。对长期侵害未成年子女、严重影响未成年人身心成长的监护人，可以依照法律规定，撤销其监护权，另行指定监护人；对于情节恶劣、后果严重的，还可以以虐待、遗弃、故意伤害等罪名追究监护人的刑事责任。就本案而言，如果林某或其他有权代为告诉的个人或单位，向人民法院提起林丽某犯虐待罪的告诉（即刑事自诉），人民法院也应当受理并依法作出刑事判决。

在保护未成年人的合法权益方面，人民法院应当充分发挥司法能动性，注意与公安、民政、共青团、妇联、学校、医院、社工组织等机关单位、社会团体形成联动，分工协作，对缺乏父母监护、缺少家庭关爱的未成年人的生活、学习、心理辅导等作出妥善安置，使其安全健康成长。在本案审理过程中，仙游县人民法院积极探索变更监护权审判来保护未成年人的合法权益，负责审理本案的法官多次到救助站看望林某，为其庆祝生日，使林某感受到司法的人性关怀和温暖。案件宣判后，法官还主动与市、县两级共青团委、妇联沟通协调，研究解决林某的救助、安置、学习等问题，为林某创造良好的生活、成长条件。本案的审理，一方面显示了人民法院在司法为民上完全可以有所作为，另一方面也说明保护未成年人工作需要全社会的共同关注，需要政府及各部门的协作联动，才能取得切实效果。

林丽某被撤销监护权案

《最高人民法院发布98起未成年人审判工作典型案例》第82号

2014年11月24日

【基本案情】

仙游县榜头镇梧店村村民林丽某多次使用菜刀割伤年仅9岁的亲生儿子林某的后背、双臂，用火钳鞭打林某的双腿，并经常让林某挨饿。自2013年8月始，当地镇政府、村委会干部及派出所民警多次对林丽某进行批评教育，但林丽某拒不悔改。

2014年1月，共青团莆田市委、市妇联等部门联合对林丽某进行劝解教育，林丽某书面保证不再殴打林某，但林丽某依然我行我素。5月29日凌晨，林丽某再次用菜刀割伤林某的后背、双臂。为此，仙游县公安局对林丽某处以行政拘留十五日并处罚款人民币一千元。6月13日，申请人仙游县榜头镇梧店村民委员会以被申请人林丽某长期对林某的虐待行为已严重影响林某的身心健康为由，向法院请求依法撤销林丽某对林某的监护人资格，指定梧店村民委员会作为林某的监护人。在法院审理期间，法院征求林某的意见，其表示不愿意随其母林丽某共同生活。

【裁判结果】

仙游县人民法院经审理认为，监护人应当履行监护职责，保护被监护人的身体健康、照顾被监护人的生活，对被监护人进行管理和教育，履行相应的监护职责。被申请人林丽某作为林某的监护人，未采取正确的方法对林某进行教育引导，而是采取打骂等手段对林某长期虐待，经有关单位教育后仍拒不悔改，再次用菜刀割伤林某，其行为已经严重损害林某的身心健康，故其不宜再担任林某的监护人。依照民法及未成年人保护法的有关规定，撤销被申请人林丽某对林某的监护人资格；指定申请人仙游县榜头镇梧店村民委员会担任林某的监护人。

【案例评析】

撤销父母监护权是国家保护未成年人合法权益的一项重要制度。父母作为未成年子女的法定监护人，若不履行监护职责，甚至对子女实施虐待、伤害或者其他侵害行为，再让其担任监护人将严重危害子女的成长。结合本案情况，仙游县人民法院受理本案后，根据法律的有关规定，在没有其他近亲属和朋友可以担任监护人的情况下，按照最有利于被监护人成长的原则，指定当地村民委员会担任林某的监护人，通过司法干预向社会表达一种新的视角，即未成年人不仅是家庭成员还是国家一员，如果未成年人受到侵害，司法机关应当有效干预。本案宣判后，法院还主动与市、县两级团委、妇联沟通，研究解决林某的救助、安置等问题。考虑到由村民委员会直接履行监护职责着实存在一些具体困难，后在团委、民政部门及社会各级多方共同努力之下，最终将林某妥善安置在SOS儿童村，切实维护林某合法权益。本案的审理，不仅显示了人民法院在司法为民上完全可以有所作为，也说明保护未成年人工作需要全社会的共同关注，需要政府及各部门的协作联动，才能取得切实效果。同时，本案社会广泛关注，影响重大，对统一法律适用和树立良好的社会导向具有示范意义。

王传伟、王志红诉王斌、夏荣叶监护人责任纠纷案

《最高人民法院发布98起未成年人审判工作典型案例》第88号

2014年11月24日

【基本案情】

原告王传伟、王志红之女王某与被告王斌、夏荣叶之子王某某系恋爱关系。2013年8月19日17时许，王某某来到济南市二环西路附近的家家悦超市找在此打工的被害人王某，两人在交谈过程中发生争执，被害人王某欲回超市被王某某阻止，王某某用随身携带的匕首刺伤王某导致其大出血死亡。后王某某亦用匕首刺伤自己颈部致大出血死亡。两原告以两被告之子王某某未满18周岁造成被害人王某死亡的严重后果，应由其监护人即本案两被告承担侵权责任为由提起诉讼，要求两被告赔偿其死亡赔偿金515100元、丧葬费12877.50元、精神损害抚慰金10000元。两被告当庭辩称，他们对其子王某某尽到了监护责任，对于以上辩称其没有提供相应的证据予以证实。两被告还辩称王某某本人无个人财产。

【裁判结果】

济南市槐荫区人民法院审理认为，涉诉侵权行为发生时，两被告之子王某某尚不满18周岁，系限制民事行为能力人，王某某持匕首将被害人王某杀害，依法应由其监护人即两被告王斌、夏荣叶承担侵权责任。两被告虽辩称已经尽到监护责任，却未提供任何证据证实其已谨慎、合理地注意到了未成年人王某某的情感动向及困扰，并积极履行了监护职责以尽可能防止损害发生，其要求减轻其侵权责任依据不足，法院不予

支持。两被告之子王某某将两原告之女王某杀害，致使两原告中年丧女，精神上受到严重损害，王某某将被害人王某杀害后当场自杀，已无法依照刑事法律追究其刑事责任，两原告精神上亦不能因王某某受到刑事追究而得到慰藉，因此，两原告提起的各项民事赔偿要求并无不妥。据此，依法判决被告王斌、夏荣叶赔偿原告王传伟、王志红死亡赔偿金 515100 元、丧葬费 12877.50 元和精神损害抚慰金 10000 元。济南市中级人民法院二审维持原判。

【案例评析】

本案的裁判结果意在警醒身负监护责任的父母谨慎监管、教育未成年子女，即便他们已经具有一定的社会交往和认知能力，但仍不能疏于监护。尤其对十周岁以上的未成年人，他们身处青春期，虽对个人及社会有一定认知，但行为自控和解决问题的能力尚不成熟，父母疏于监护轻则影响学业，重则毁人毁己。致害人父母看似为之所累，却是疏于监护所致。

林某某被撤销监护人资格案

《最高人民法院发布 12 起侵害未成年人权益被撤销监护人资格典型案例》第 1 号

2016 年 5 月 31 日

【基本案情】

福建省仙游县榜头镇梧店村村民林某某（女）多次使用菜刀割伤年仅 9 岁的亲生儿子小龙（化名）的后背、双臂，用火钳鞭打小龙的双腿，并经常让小龙挨饿。自 2013 年 8 月始，当地镇政府、村委会干部及派出所民警多次对林某某进行批评教育，但林某某拒不悔改。2014 年 1 月，共青团莆田市委、市妇联等部门联合对林某某进行劝解教育，林某某书面保证不再殴打小龙，但其后林某某依然我行我素。同年 5 月 29 日凌晨，林某某再次用菜刀割伤小龙的后背、双臂。为此，仙游县公安局对林某某处以行政拘留十五日并处罚款人民币一千元。6月13日，申请人仙游县榜头镇梧店村民委员会以被申请人林某某长期对小龙的虐待行为已严重影响小龙的身心健康为由，向法院请求依法撤销林某某对小龙的监护人资格，指定梧店村民委员会作为小龙的监护人。在法院审理期间，法院征求小龙的意见，其表示不愿意随林某某共同生活。

【裁判结果】

福建省仙游县人民法院经审理认为，监护人应当履行监护职责，保护被监护人的身体健康、照顾被监护人的生活，对被监护人进行管理和教育，履行相应的监护职责。被申请人林某某作为小龙的监护人，未采取正确的方法对小龙进行教育引导，而是采取打骂等手段对小龙长期虐待，经有关单位教育后仍拒不悔改，再次用菜刀割伤小龙，其行为已经严重损害小龙的身心健康，故其不宜再担任小龙的监护人。依照民法及未成年人保护法的有关规定，撤销被申请人林某某对小龙的监护人资格；指定申请人仙游县榜头镇梧店村民委员会担任小龙的监护人。

【典型意义】

撤销父母监护权是国家保护未成年人合法权益的一项重要制度。父母作为未成年子女的法定监护人，若不履行监护职责，甚至对子女实施虐待、伤害或者其他侵害行为，再让其担任监护人将严重危害子女的身心健康。结合本案情况，仙游县人民法院受理后，根据法律的有关规定，在没有其他近亲属和朋友可以担任监护人的情况下，按照最有利于被监护人成长的原则，指定当地村民委员会担任小龙的监护人。本案宣判后，该院还主动与市、县两级团委、妇联沟通，研究解决小龙的救助、安置等问题。考虑到由村民委员会直接履行监护职责存在一些具体困难，后在团委、民政部门及社会各方共同努力之下，最终将小龙妥善安置在SOS儿童村，切实维护小龙合法权益。本案为2015年1月1日开始施行的《最高人民法院、最高人民检察院、公安部、民政部关于依法处理监护人侵害未成年人权益行为若干问题的意见》中有关有权申请撤销监护人资格的主体及撤销后的安置问题等规定的出台，提供了实践经验，并对类似情况发生时，如何具体保护未成年人权益，提供了示范样本。

邵某某、王某某被撤销监护人资格案

《最高人民法院发布12起侵害未成年人权益被撤销监护人资格典型案例》第2号

2016年5月31日

【基本案情】

邵某某和王某某2004年生育一女，取名邵某。在邵某未满两周岁时，二人因家庭琐事发生矛盾，邵某某独自带女儿回到原籍江苏省徐州市铜山区大许镇生活。在之后的生活中，邵某某长期殴打、虐待女儿邵某，致其头部、脸部、四肢等多处严重创伤。2013年又因强奸、猥亵女儿邵某，于2014年10月10日被法院判处有期徒刑十一年，剥夺政治权利一年。王某某自2006年后从未看望过邵某，亦未支付抚养费用。邵某某被采取刑事强制措施后，王某某及家人仍对女儿邵某不闻不问致其流离失所、生活无着。邵某因饥饿离家，被好心人士张某某收留。邵某某的父母早年去世，无兄弟姐妹。王某某肢体三级残疾，其父母、弟、妹均明确表示不愿意抚养邵某。2015年1月铜山区民政局收到铜山区检察院的检察建议，于1月7日作为申请人向铜山区人民法院提起特别程序请求撤销邵某某和王某某的监护人资格。

【裁判结果】

江苏省徐州市铜山区人民法院判决：1. 撤销被申请人邵某某对邵某的监护权。2. 撤销被申请人王某某对邵某的监护权。3. 指定徐州市铜山区民政局作为邵某的监护人。

【典型意义】

通过对该案的审判，确定了当父母拒不履行监护责任或者侵害被监护人合法权益时，民政局作为社会保障机构，有权申请撤销父母的监护权，打破

“虐童是家事”的陈旧观念，使受到家庭成员伤害的未成年人也能够得到司法救济。在未成年人其他近亲属无力监护、不愿监护和不宜监护，临时照料人监护能力又有限的情形下，判决民政局履行带有国家义务性质的监护责任，指定其作为未成年人的监护人，对探索确立国家监护制度作出大胆尝试。该案件审理中的创新做法：一、激活监护权撤销制度使之具有可诉性，明确了民政部门等单位在“有关单位”之列，使撤销监护权之诉具备了实际的可操作性；二、引入指定临时照料人制度，案件受理后，为未成年人指定临时照料人，既确保未成年人在案件审理过程中的生活稳定，也有利于作为受害人的未成年人表达意愿、参加庭审；三、引入社会观护制度，案件审理中，法院委托妇联、团委、青少年维权机构对受害未成年人进行观护，了解未成年人受到侵害的程度、现在的生活状态、亲属情况及另行指定监护人的人选等内容，给法院裁判提供参考；四、加强未成年人隐私保护，庭审中采用远程视频、背对镜头的方式让邵某出庭，寻求受害女童隐私保护和充分表达意愿的平衡。对裁判文书进行编号，向当事人送达裁判文书时送达《未成年人隐私保护告知书》，告知不得擅自复印、传播该文书。在审理终结后，对全部卷宗材料进行封存，最大限度保护受害人的隐私，确保其在另行指定监护人后能健康成长。

岳某某被撤销监护人资格案

《最高人民法院发布12起侵害未成年人权益被撤销监护人资格典型案例》第3号

2016年5月31日

【基本案情】

申请人屈某某、张某某系屈某一之父母。屈某一与被申请人岳某某（女）婚后生育子女岳某一（姐）、岳某二（弟）。2007年，屈某一意外死亡，岳某某独自离家未归。多年来岳某一、岳某二与两申请人（祖父母）一起生活。被申请人岳某某现已再婚。申请人屈某某、张某某申请撤销岳某某对岳某一、岳某二的监护权，同时指定申请人屈某某、张某某为岳某一、岳某二的监护人，被申请人岳某某表示同意。

【裁判结果】

陕西省兴平市人民法院经审理认为，监护人应当履行监护职责，保护被监护人的人身、财产及其他合法权益。被申请人岳某某在其丈夫去世后，未履行对其子女岳某一、岳某二的抚养、照顾、教育、管理义务。现被申请人岳某某对申请人屈某某、张某某的申请表示同意，且岳某一、岳某二一直与申请人屈某某、张某某（祖父母）共同生活，由申请人抚养至今，故对两申请人的主张予以支持。

【典型意义】

父母作为未成年人的法定监护人，应当履行法定监护职责。本案中，被申请人作为未成年人的母亲，长期不履行对于子女的监护职责，而由未成年人的祖父母实际进行抚养、照顾等监护义务。将监护人变更为未成年人的祖父母，不但符合实际的监护情况，也符合包括被申请人在内的各方利害关系人的意愿，符合未成年人保护的立法意旨。实践中，祖父母抚养孙子女等留守儿童的现象日益普遍，在作为法定监护人的父母不履行或者不能履行监护职责的情况下，赋予祖父母监护人身份，有利于稳定家庭关系及社会秩序，促进未成年人权益保障，这也是本案的典型意义所在。

徐某被撤销监护人资格案

《最高人民法院发布12起侵害未成年人权益被撤销监护人资格典型案例》第4号

2016年5月31日

【基本案情】

徐某某出生于2010年2月21日，出生后被遗弃在江苏省常州市武进区某寺庙门外，由该寺庙出家人释某抱回寺内。因徐某某需落户口，释某年纪较大，不符合收养要求。2011 年 12 月 29 日，徐某某由寺庙出家人徐某收养，并办理了收养登记手续。徐某某先由徐某的妹妹、妹夫代养，后又送回该寺庙抚养，由徐某及寺内其他人员共同照顾。2014 年 9 月 25 日，徐某某被送至常州市儿童福利院，寺庙支付了保育教育费、寄养儿童伙食费等费用共计 19480 元。徐某某被送至常州市儿童福利院后，徐某未探望过徐某某，亦未支付过徐某某的相关费用。徐某某患有脑裂畸形，至今未治愈。

【裁判结果】

江苏省常州市天宁区人民法院认为，监护人不履行监护职责或者侵害被监护人的合法权益的，应当承担责任，人民法院可以根据有关人员或者有关单位的申请，撤销监护人的资格。徐某某生父母不详，且患有脑裂畸形疾病。2014 年 9 月 25 日，徐某某由某寺庙送至常州市儿童福利院抚养至今，其间，徐某长期不履行监护职责，庭审中亦明确表示其不具备抚养、监护徐某某的能力。申请人常州市儿童福利院愿意担任徐某某的监护人，并已自 2014 年 9 月 25 日起实际履行了监护职责。故申请人常州市儿童福利院申请撤销被申请人徐某的监护资格，由申请人担任徐某某的监护人，符合法律规定，应当予以支持。判决：一、撤销被申请人徐某对徐某某的监护人资格。二、指定常州市儿童福利院为徐某某的监护人。该判决为终审判决，现已生效。

【典型意义】

本案是一起撤销因收养关系形成的监护权案件。不履行监护职责的消极不作为行为，导致未成年人身心健康受到侵害的行为，亦应认定为监护侵害行为。徐某与徐某某通过收养关系成为其监护人，但实际上徐某某一直由多人轮流抚养，徐某某患有脑裂畸形，因徐某怠于行使监护职责，无法进行手术医治，已严重影响了徐某某的健康成长，在徐某某被送至常州市儿童福利院后，徐某未探望过徐某某，亦未支付过相关费用，其不履行监护职责的行为构成对徐某某的侵害。徐某某年仅五岁，且患有脑裂畸形疾病，无法主动维护其自身权益，其是一名弃婴，无法查明其亲生父母及近亲属的情况。常州市儿童福利院作为民政部门设立的未成年人救助保护机构，对徐某某进行了抚养、照顾，实际承担了监护职责，由其作为申请人提出申请符合法律规定，体现了国家监护制度对于未成年人监护权益的补充和保障，指定其作为徐某某的监护人，也符合未成年人利益最大化的原则和本案的实际情况。

耿某某、马某被撤销监护人资格案

《最高人民法院发布12起侵害未成年人权益被撤销监护人资格典型案例》第5号

2016年5月31日

【基本案情】

被申请人耿某某、马某系同居关系，双方于2007年4月生育儿子耿某一。马某有智力残疾，耿某某经常因为家庭琐事殴打耿某一，给耿某一造成了严重的身体和精神上的伤害。耿某某也经常殴打马某，致使马某离家出走，下落不明。公安机关在调查耿某一被殴打时，耿某某也离家出走，下落不明。耿某一的祖父、祖母均已去世，耿某一的外祖父、外祖母已经离婚，与其外祖母已无联系，其外祖父无正式工作，体弱多病无力作为监护人承担监护责任。由于父母均出走，耿某一独自一人在家，社区居委会、兴山区团委及鹤岗市团委为了保护未成年人的合法权益，将耿某一送至鹤岗市流浪乞讨人员救助站即鹤岗市未成年人社会保护中心。为了保护耿某一的人身安全，鹤岗市流浪乞讨人员救助站作为申请人，向鹤岗市兴山区人民法院起诉要求撤销耿某某、马某的监护权。

【裁判结果】

黑龙江省鹤岗市兴山区人民法院经审理认为，耿某某经常殴打耿某一，给其造成了严重的身体及精神伤害，其已经不能继续承担监护责任。马某虽是耿某一的母亲，但是其作为限制民事行为能力人，无独立生活能力，也无力继续承担监护责任。耿某一的其他近亲属均无力作为耿某一的监护人。鹤岗市兴山区人民法院依照法律规定，对此案进行了缺席审理，判决撤销了被申请人耿某某、马某的监护人资格。指定鹤岗市民政局作为耿某一的监护人，由鹤岗市民政局所属的鹤岗市儿童福利院承担对耿某一的监护职责。

【典型意义】

本案是一起撤销监护权的典型案例。虽然我国法律对撤销监护权作了规定，但是在现实生活中撤销监护权的案件却非常少。本案在审理中的最大亮点就是为了让未成年人的利益最大化，在依法指定民政局担任监护人的同时，由民政局所属的儿童福利院承担了监护职责。现阶段我国的儿童福利院受到了国家的高度重视，其居住、教育设施、人员配备较为完善，这样的生活、教育环境更有利于未成年人的健康成长，同时也解决了剥夺监护权后未成年人的生活和教育问题。

10. 探　望

黄某诉刘某探望权纠纷案

《最高人民法院发布98起未成年人审判工作典型案例》第69号

2014年11月24日

【基本案情】

原告黄某与被告刘某原系夫妻，儿子黄小某出生六个月即送至扬州外祖父母处。后双方因感情不和离婚，黄小某继续由外祖父母抚养并在扬州读幼儿园。作为父亲的黄某，自从离婚后就再也没有见到儿子黄小某。2011年12月，他向法院提起了诉讼，以上海的经济、生活条件、就学条件等更有利于孩子成长为由，坚持要在上海以每周一次的频率探望黄小某。法庭上，刘某拒绝了黄某的要求。原来，因为黄小某的探视问题，夫妻双方早就产生矛盾。为看望孩子，黄某还曾带着几个家人去扬州刘某老家，与刘某父母发生了肢体冲突。刘某认为，黄某探望孩子是假，抢孩子是真，黄小某六个月起就一直由外祖父母抚养，早已适应了扬州的生活；自己因为工作繁忙只是暂时不能将黄小某带在身边，等到黄小某要上小学时，肯定会把儿子接回上海读书。案件审理过程中，双方分歧较大，离婚时双方的对立情绪重新出现。

【裁判结果】

上海市闸北区人民法院（以下简称“闸北法院”）少年庭的法官经审理案件，认为黄某作为父亲享有探望儿子的权利，但具体的探望方式应最大程度的保障黄小某的合法权益，不应伤害孩子的身心健康。

案件审理过程中，少年庭的法官安排了具有心理学背景的社会观护员共同至扬州进行实地调查。社会观护员出具了内容翔实客观的调查报告，通过评估分析认为黄小某现今成长环境稳定、有较好的生活和教育条件，身心发展状况良好。“自我认同感初步形成，具有一定得成就感，生理上具有安全感和归属感。”同时认为，黄小某“长期与外祖父母一同生活，缺乏父爱关怀，建议有针对性地让父亲参与孩子的抚养活动”。

结合社会观护员出具的调查报告，准确考量黄小某的生活状况，闸北法院认为，黄小某现仅四周岁多，频繁往返上海与扬州打破了他原本稳定与平静的生活，黄某要求每周一次在上海探望孩子的诉求并不现实。以保障未成年人的合法权益为首要原则，闸北法院最终判决在黄小某学龄前由黄某每月一次前往扬州探望。在判决书的结尾，法官善意地提醒这对昔日夫妻：“原、被告虽已离婚，但作为孩子的父母对儿子的爱是永恒的。希望双方及其家人在探视问题上多考虑、多关注孩子的感受和身心健康，在家庭方面为了孩子的成长营造良好的环境。”

【案例评析】

社会观护工作是近年来上海法院未成年人民事审判工作中积极推进的一项创新工作，具有积极的意义。

本案中，法院所聘请的社会观护员具有心理学背景，其出具的社会调查报告反映出黄小某现今的成长环境稳定、有较好的生活和教育条件，身心发展状况良好。参考社会调查报告，法院从未成年人利益最大化角度出发，判决原告赴扬州进行探望，保障了未成年人利益。

本案是上海市闸北区人民法院少年庭异地开展社会观护的典型案件。

张某诉郭某某探望权纠纷案

《最高人民法院发布98起未成年人审判工作典型案例》第70号

2014年11月24日

【基本案情】

原告张某与被告郭某某原系夫妻。张某在妊娠期间发现郭某某与其他异性有暧昧关系，因而产生矛盾。张某与郭某某婚生之女小郭1岁时被诊断患有运动发育迟缓，一级伤残，两人矛盾加剧。此后，张、郭二人先后向法院起诉离婚，因张某处于哺乳期等原因均未获支持。2012年，郭某某再次向法院起诉离婚，张某同意，法院判决女儿小郭由父亲郭某某抚养，考虑到张、郭之间矛盾严重激化，未支持张某的探望权请求。一审判决后，张某以探望女儿是母亲的法定权利等为由提出上诉，二审法院驳回上诉，维持原判。半年后，张某再次起诉要求探望。

【裁判结果】

审理期间，在上海市普陀区人民法院（以下简称“普陀法院”）少年庭法官的主持下，原、被告达成协议，原告每月第二周周日至女儿小郭住处进行探望，具体探望次数可随着原、被告关系的改善逐步增加。为更好地解决矛盾纠纷，普陀法院向当事人建议，可以设置社会探望监督人及亲属探望监督人。经过原、被告一致认可，上海市普陀区石泉街道阳光青少年社工薛某某、被告阿姨葛某某担任探望监督人，后续探望中若发生争议，由探望监督人协助解决。原告遂主动申请撤诉，普陀法院裁定准许。

案件审结后，法官与探望监督人一起至被告郭某某住处走访，在与被告及家属深入沟通交流后，他们对法院的配合度、认可度大幅提升。对于探望中可能产生新的矛盾的顾虑，法官当即请被告阿姨葛某某表态，其承诺每次探望时都到场监督，及时化解矛盾争议，消除双方矛盾隐患，并与法官一起对被告及家属进行了有效的劝解。社工薛某某也告知被告家属，若结案后出现新的矛盾争议，可第一时间寻求她的帮助，她会利用植根社区，贴近群众的优势，确保矛盾争议第一时间化解。社会、亲属探望监督人的双重设置，彻底打消了原、被告及各自家属的顾虑并达成探望协议。法官与社工一起上门回访时，双方均表示探望权履行情况良好，双方关系大为改善。

【案例评析】

在探望权纠纷案件审理中普遍存在的“调查难”“调解难”和“执行难”的“三难”问题，如何有效的执行探望权案件的判决，是少年庭法官长期思考的问题。

该案在审理探望权纠纷案件中引入探望监督人制度，解决了有利于查明案件的当事人本人和家庭的真实情况，有利于化解矛盾纠纷，有利于体现司法公正公开，确保探望权人依法、合理履行探望权，从而依法保护了未成年人的合法权益，使他们能够更加健康的成长。

根据后续的跟踪，该案的执行情况正常，两家的关系缓和。本案是全国首例运用探望监督人制度的案件，是人民法院参与社会管理创新，整合各方资源，借助社会力量，化解案件矛盾纠纷，维护和保障未成年人合法权益的有益尝试，为进一步完善少年审判制度注入了新鲜的经验。

孙志勇诉贾玉洁探望权纠纷案

《最高人民法院发布98起未成年人审判工作典型案例》第89号

2014年11月24日

【基本案情】

原告孙志勇与被告贾玉洁于2007年11月结婚，2008年8月27日协议离婚。2008年9月3日，被告贾玉洁生一女孙某，后该女由孙志勇抚养。2009年4月20日，因孩子的探望权问题，贾玉洁诉至法院，该院作出调解书，对贾玉洁探望女儿的时间、方式作出约定。2009年8月、2010年，原告孙志勇两次诉至法院，要求变更贾玉洁对孙某的探望方式和时间，法院均判决驳回孙志勇的诉讼请求。2012年9月5日孙志勇以“孙某已入学，调解书的执行不利于孩子的身心健康”为由，向法院要求变更被告贾玉洁对孙某的探望方式和探望时间。经审查，孙志勇、贾玉洁均在济南居住生活。孙志勇称其平时上班没有时间照看孙某，故孙某在寿光市第一中学幼儿园入托，由孙志勇的父母代为照看。对于探望方式、时间的变更，孙志勇认为，希望考虑孩子的学习情况，变更成一种长期可执行的方式，每月一到两次，寒暑假可灵活处理。

【裁判结果】

济南市市中区人民法院认为，原告再次要求变更探视时间和方式的诉讼请求不当，为此驳回孙志勇的诉讼请求。宣判后，原告孙志勇不服，提出上诉。济南市中级人民法院二审认为，孙志勇、贾玉洁和孙某分处两地，探望时间、空间均受客观限制，原定探望方式的实现存在实际困难；对于符合现状的探望方式、时间，因贾玉洁未到庭参加诉讼，无法征求其意见，法院将依据实际情况合理酌定。依照相关法律规定，撤销一审民事判决，判决自2013年9月起，被上诉人贾玉洁每月探视孙某两次，孙志勇负有协助义务。

【案例评析】

本案较好地体现了探望权裁判应遵儿童利益优先原则并兼顾履行及执行。探望权的履行因父母感情破裂而存在障碍，确定合理的探望方式非常重要。法官应全面考查双方当事人的居住、工作情况的基础上，以子女利益（生活、学习、身心健康）优先为首要原则，同时充分兼顾今后探望权的履行及执行，寻找到各方利益平衡点并确定最佳探望方式，最大程度上实现探望权的立法初衷，保障子女及父母双方的合法权益。

王某辉诉柴某探望权纠纷案

——莫让孩子受到再一次的伤害

《最高人民法院公布10起婚姻家庭纠纷典型案例（河南）》第1号

2015年11月20日

【基本案情】

原告王某辉与被告柴某经人介绍相识后于2012年10月6日按照农村习俗举行典礼仪式后开始同居生活，2013年9月12日生育女儿王某瑶，后双方解除同居关系。王某辉与柴某曾因非婚生女王某瑶的抚养权纠纷诉至法院，2015年6月2日，鹤壁市浚县人民法院判决非婚生女王某瑶暂随原告柴某生活，待其成年后随父随母由其自择。2015年7月20日，原告王某辉因探望权纠纷到法院起诉。

【裁判结果】

浚县人民法院认为，本案中原被告的非婚生女儿王某瑶与被告共同生活，原告作为父亲，有权探望王某瑶。现双方对原告探望权的具体时间和方式有不同意见，法院本着既要考虑不影响子女的正常生活，又要增加女儿同父亲的沟通交流、减轻子女因父母解除同居关系而带来的家庭破碎感以及既有利于子女今后身心健康成长，又能维护原告合法权利的原则，依照《婚姻法》第三十八条第一款、第二款的规定，判决原告王某辉自判决生效之日起，可于每月第一周周日9时至17时探望女儿王某瑶一次，被告柴某应予以协助。

【典型意义】

探望权是基于父母子女身份关系不直接抚养方享有的与未成年子女探望、联系、会面、交往、短期共同生活的法定权利。离婚后不直接抚养子女方探视子女产生纠纷的原因较多，问题很复杂，其产生的根源往往是由于双方“草率”离婚时对处理子女抚养及对方探望子女考虑不周，以至于产生矛盾隔阂。我国婚姻法对探望权的规定比较原则，仅有一条“离婚后，不直接抚养子女的父或母，有探望子女的权利，另一方有协助的义务。行使探望权利的方式、时间由当事人协议；协议不成时，由人民法院判决。”此类案件在审理时，法院在确定探望的时间和方式上，应从有利于子女的身心健康、且不影响子女的正常生活和学习的角度考虑，探望的方式亦应灵活多样，简便易行，具有可操作性，便于当事人行使权利和法院的有效执行。

何某某与蒋某某探望权纠纷案

《最高人民法院公布49起婚姻家庭纠纷典型案例》第21号

2015年12月4日

【基本案情】

2010年8月24日，原告何某某、被告蒋某某经法院判决离婚，婚生小孩何某珈由被告蒋某某抚养，原告何某某每月给付小孩抚养费450元，直至小孩十八周岁止。判决生效后，原告每月现金支付小孩抚养费。后来因为原告未给付小孩抚养费被告申请法院强制执行，华容县人民法院执行局作出裁定要求原告每月打款进被告账户给付抚养费，从2010年11月份至起诉时止共计47张银行存款凭证。2013年10月2日被告把小孩住院医药发票给原告，要求给付相应费用而没有给付后，被告就没有让原告探望小孩至今。另外，原告于2012年2月29日和2013年3月30日分别支付900元和310元小孩医疗费用。另查明，何某珈于2010年3月9日生，现在校读书。

【裁判结果】

湖南省华容县人民法院依法判决原告何某某每月最后一个周末探望婚生儿子何某珈一次直至成年，被告蒋某某应予协助。

【典型意义】

夫妻离婚后，不直接抚养子女的一方，有探望子女的权利，另一方应予协助配合。本案中被告因小孩住院期间原告父亲去医院探望小孩没有买东西，以及原告没有马上给付小孩医疗费用而不给原告探望小孩，是不利于小孩身心健康成长的。原、被告虽已离婚，但是无法隔断父母双方与子女之间的血缘关系和情感纽带，父亲在儿子的成长过程中有着无可替代的重要地位和作用，被告不能因为原、被告双方家庭之间的矛盾影响到原告的合法权益和小孩的健康成长。法院希望双方在今后探望小孩问题上本着互谅互让、有利于小孩身心健康成长为准则，遇事多克制、协商。法院考虑从既不影响小孩现有正常生活和学习，又增加儿子与父亲的沟通交流，既维护原告的合法权益又有利于小孩身心健康成长的目的出发，酌情作出上述判决。

韩理诉杨延铭探望权纠纷案

《最高人民法院公布49起婚姻家庭纠纷典型案例》第29号

2015年12月4日

【基本案情】

韩理与杨延铭于2014年12月1日离婚，婚生女孩杨某涵（2011年12月1日出生）归杨延铭抚养，韩理每月支付抚养费1000元。现韩理以杨延铭不让看望孩子为由，于2015年3月11日起诉来院。

【裁判结果】

原审法院判决韩理每周探视婚生女儿杨某涵一次。每次探视的时间限于周五17时韩理亲自将孩子从杨延铭处接走，次日晚17时前韩理将孩子送回，杨延铭应予以协助。杨延铭诉要求改判每个月探视两次，且不能过夜。沈阳市中级人民法院经审理认为：韩理作为杨某涵的母亲，有探望孩子的权利，杨延铭具有协助的义务，原审确认的韩理探望子女时间，符合法律规定，予以维持。关于杨延铭提出因民族信仰不适宜被接走、韩理不能保证孩子安全、韩理工作性质不能保证陪孩子时间等上诉理由，因未能提供证据加以证明，缺乏事实及法律依据，不予支持。杨延铭提出必须按时给付抚养费才能探望孩子的上诉理由，因抚养费已经生效判决认定，与本案并非同一法律关系，本案不予处理。杨延铭的该项上诉理由，不能得到支持。判决驳回上诉，维持原判。

【典型意义】

《婚姻法》第三十八条规定，离婚后，不直接抚养子女的父或母，有探望子女的权利，另一方有协助的义务。行使探望权利的方式、时间由当事人协议；协议不成时，由人民法院判决。父或母探望子女，不利于子女身心健康的，由人民法院依法中止探望的权利；中止的事由消失后，应当恢复探望的权利。离婚后不直接抚养孩子的一方具有探望孩子的法定的权利，另一方不应以先行给付抚养费等理由加以干涉、阻挠。离婚后的双方应当本着有利于孩子身心健康的原则，对子女探望、教育等事项进行协商解决，为孩子营造和谐的成长环境。

11. 继　承

赵某诉王某丁、张某等人法定继承纠纷案

《最高人民法院发布98起未成年人审判工作典型案例》第64号

2014年11月24日

【基本案情】

武某系王某甲之母。赵某与王某甲系夫妻关系，二人育有一子王某乙，一女王某丙，王某甲于2009年7月2日死亡。张某与王某乙系夫妻关系，于2004年共同生育一女王某丁，王某乙于2013年11月25日死亡。赵某与王某甲在北京市通州区共有房屋十二间，现王某甲、王某乙均已去世，赵某、张某及王某丁等人对上述房屋继承事宜发生争议，故诉至北京市通州区人民法院，请求依法分割房屋十二间。本案审理过程中，赵某、王某丙、王某丁、张某、武某均同意法院主持调解。

【裁判结果】

经北京市通州区人民法院调解，双方当事人自愿达成如下协议：一、坐落于北京市通州区正房八间归原告赵某所有；二、坐落于北京市通州区正房四间中，西数第一间和西数第二间的半间归被告王某丁所有，西数第二间的半间归被告张某所有，西数第三间归被告武某所有，西数第四间归被告王某丙所有，为便于被告武某、王某丙通行使用，被告王某丁、张某应予以协助；三、双方就被继承人王某甲的所有遗产均分割完毕，再无其他争议。

【案例评析】

法定继承纠纷在农村地区属常见民事案件。本案中，王某丁和其母张某系智力残疾，生活能力严重不足，如果严格依照法律规定判决，将对二人十分不利。为促成双方和解，承办法官尝试将心理学咨询理论引入民事调解工作，引导双方换位思考，启发情感共鸣。最终，双方冰释前嫌，握手言和。结案后，法官注意到王某丁因经济压力无法到特殊教育学校就读。为呵护未成年人健康成长，法官通过北京高院向中国人权发展基金会申请了救助基金，并多次与培智学校联系沟通，最终促成王某丁成功入学。王某丁的亲属专程送来锦旗表达谢意，北京电视台、《北京晚报》《北京青年报》《法制晚报》《新京报》等多家媒体也纷纷进行了报道，收到了良好的社会效果。

张某等诉杨某继承纠纷案

《最高人民法院公布10起弘扬社会主义核心价值观典型案例》第4号

2016年3月8日

【基本案情】

原告张某夫妇及其子与被告杨某的父亲是邻居关系。自二十世纪五十年代以来，张某夫妇给予杨某父亲很多照顾，双方一直相处较好，往来较多。杨某多年未与父亲来往，直至2011年11月，才取得联系，并探望了父亲。此后，杨某父亲在住院期间，口头表示将其房屋遗赠给张某的儿子，并有多位证人在场证明。2012年3月，杨某父亲去世。后原、被告因杨某父亲的遗产继承问题发生诉讼，人民法院依法判决杨某父亲的房屋归张某的儿子所有，其他财产由杨某继承。

【典型意义】

弘扬的价值：友善互助

“远亲不如近邻”。邻里关系是人们生活中的重要关系，邻里之间互帮互助，是我国社会的优良传统和善良风俗。倡导、培育和维护良好的邻里关系，是互相关照、互相理解、和谐相处的社区建设的重要内容。本案中，杨某的父亲长期受到张某夫妇及其儿子的照顾，杨某的父亲将其房产遗赠给张某的儿子，于法有据，于情合理，人民法院依法予以支持。

陈某某、陈某祥与陈某英等遗嘱继承纠纷案

《最高人民法院公布10起残疾人权益保障典型案例》第5号

2016年5月14日

【基本案情】

陈某某系双下肢瘫痪的残疾人，因其大嫂陈某英意图占有陈某某父母遗嘱留给陈某某及其弟陈某祥的房产，陈某某、陈某祥向人民法院起诉，请求确认某楼房第一层归陈某某所有；判决确认某楼房第二层至第六层东边全部归陈某祥占有、使用。人民法院在依法确认遗嘱效力的基础上，根据查明的案涉房屋还未取得房屋管理部门颁发的房屋所有权证书的事实，判决案涉房屋的占有、使用的权益依照遗嘱内容分别由陈某某、陈某祥继承。

【典型意义】

依法切实维护残疾人的继承权

残疾人的继承权依法不受侵犯。本案中陈某某虽身体有严重残疾，但作为出嫁女，其父母在处分遗产时，并未坚持当地民间传统中将房产只传男不传女的习惯，将案涉部分房产以遗嘱的形式明确由身体有残疾的陈某某继承。人民法院通过判决的形式依法确认了遗嘱的效力，切实保护了陈某某的财产继承权，为陈某某日后的生活所需提供了坚实的物质保障。

自愿赡养老人继承遗产案
——高某翔诉高甲、高乙、高丙继承纠纷案

《人民法院大力弘扬社会主义核心价值观十大典型民事案例》案例九

2020年5月13日

核心价值：中华孝道

【基本案情】

高某启与李某分别系高某翔的祖父母，高某翔没有工作，专职照顾高某启与李某生活直至二人去世，高某启与李某后事由高某翔出资办理。高某启与李某去世前立下代书遗嘱，主要内容为因高某翔照顾老人，二人去世后将居住的回迁房屋送给高某翔。高甲、高乙、高丙为高某启与李某的子女，案涉回迁房屋系高某启、李某与高甲交换房产所得。高甲、高乙、高丙认为案涉代书遗嘱的代书人是高某翔的妻子，且没有见证人在场，遗嘱无效。高某翔以上述三人为被告提起诉讼，请求确认高某启、李某所立案涉遗嘱合法有效，以及确认其因继承取得案涉回迁房屋的所有权。

【裁判结果】

鞍山市中级人民法院认为，高某翔提供的代书遗嘱因代书人是高某翔的妻子，在代书遗嘱时双方是恋爱关系，这种特殊亲密的关系与高某翔取得遗产存在身份和利益上的利害关系，属于《继承法》第十八条规定的禁止代书人，因此其代书行为不符合代书遗嘱的法定形式要求，应属无效。本案应当按照法定继承进行处理。高某翔虽然不是法定第一顺序继承人，但其自愿赡养高某启、李某并承担了丧葬费用，根据《继承法》第十四条的规定，继承人以外的对被继承人扶养较多的人，可以分配给他们适当的遗产，高某翔可以视为第一顺序继承人。

《继承法》第十四条所规定的“适当分配遗产”，是指与非继承人所行扶养行为相适应，和其他有赡养义务的继承人所尽赡养义务相比较的适当比例。高某翔虽没有赡养祖父母的法定义务，但其能专职侍奉生病的祖父母多年直至老人病故，使老人得以安享晚年，高某翔几乎尽到了对高某启、李某两位被继承人生养死葬的全部扶养行为，这正是良好社会道德风尚的具体体现，并足以让社会、家庭给予褒奖。而本案其他继承人有能力扶养老人，但仅是在老人患病期间轮流护理，与高某翔之后数年对患病老人的照顾相比，高甲、高乙、高丙的行为不能认为尽到了扶养义务。据此，高某翔有权获得与其巨大付出相适应的继承案涉回迁房屋的权利。

【典型意义】

遗产继承处理的不仅是当事人之间的财产关系，还关系到家庭伦理和社会道德风尚，继承人应当本着互谅互让、和睦团结的精神消除误会，积极修复亲情关系，共促良好家风。本案中，高某翔虽没有赡养祖父母的法定义务，但其能专职侍奉生病的祖父母多年直至老人病故，是良好社会道德风尚的具体体现，应当予以鼓励。本案裁判结合《继承法》的规定对高某翔的赡养行为给予高度肯定，确定了其作为非法定继承人享有第一顺位的继承权利，并结合其赡养行为对高某翔适当继承遗产的范围进行合理认定，实现了情理法的有机融合，弘扬了团结友爱、孝老爱亲的中华民族传统美德。

贾某诉李某某继承纠纷案

《人民法院老年人权益保护十大典型案例》案例七

2021年2月24日

关键词：分配遗产中照顾老年人利益；优良家风；多元化纠纷解决机制

【基本案情】

李某某系被继承人曹某某母亲，年近七十。贾某系曹某某妻子，双方于2019年6月4日登记结婚。2019年8月7日曹某某因所在单位组织的体育活动中突发疾病去世。曹某某父亲已于之前去世，曹某某无其他继承人。被继承人曹某某去世后，名下遗留房产若干、存款若干元及其生前单位赔偿金、抚恤金若干元。贾某诉请均分曹某某遗产。本案在审理过程中，人民法院引入了专业的心理咨询师参与庭前准备工作，逐步缓解失独老人不愿应诉、拒绝沟通的心态，同时也对原告进行心理介入，疏导其与被告的对立情绪；在庭审中做了细致的心理工作，宣解中华传统优良家风，修复了双方因失去亲人造成的误解和疏远。本案虽然并未当庭达成和解，但在宣判之后，双方当事人多次向合议庭表达满意，并在本案一审判决生效后自行履行完毕。

【裁判结果】

陕西省西安市新城区人民法院认为，本案被继承人无遗嘱，应按照法定继承进行遗产分配。对被继承人尽了主要抚养义务或者与被继承人共同生活的继承人，分配遗产时，可以多分。结合对子女抚养的付出及贾某与被继承人结婚、共同生活时间、家庭日常贡献等因素，酌定遗产分配比例为：贾某分配20%，李某某分配80%。工亡补助金部分不属于遗产范围，被继承人单位已考虑实际情况对李某某予以充分照顾，故二人各分配50%。

【典型意义】

本案被继承人无遗嘱，应以法定继承进行遗产分配。对被继承人尽了主要扶养义务或者与被继承人共同生活的继承人，分配遗产时可以多分。被继承人母亲将其抚养长大，付出良多，痛失独子，亦失去了照顾其安度晚年的人，理应在遗产分配时予以照顾。法院在审理此类涉及保护老年人权益案件及遗产继承纠纷案件时，应注重对当事人进行心理疏导工作，充分释明法律规定，宣讲优良家风，修复双方的对立关系；利用多元化纠纷解决机制，化解家庭矛盾，弘扬中华孝文化，体现老有所养、尊老爱幼、维护亲情的和谐家风。